安徽省高校人文社会科学研究基地招标项目"大学生思想政治教育三支队伍工作的一体化平台建设研究"(项目编号：SK2015A050)成果
合肥工业大学宣城校区思政教授工作室研究成果
大学生体验式实践教育系列丛书

体验传统文化魅力
肩负文化传承重担

陈发祥　等　编著

合肥工业大学出版社

图书在版编目(CIP)数据

体验传统文化魅力 肩负文化传承重担/陈发祥等编著.—合肥:合肥工业大学出版社,2020.12

(大学生体验式实践教育系列丛书)

ISBN 978-7-5650-5216-3

Ⅰ.①体… Ⅱ.①陈… Ⅲ.①地方文化—传统文化—安徽—青年读物 Ⅳ.①G127.54-53

中国版本图书馆 CIP 数据核字(2020)第 241559 号

体验传统文化魅力 肩负文化传承重担

陈发祥 等 编著 责任编辑 陆向军

出 版	合肥工业大学出版社	版 次	2020 年 12 月第 1 版
地 址	合肥市屯溪路 193 号	印 次	2020 年 12 月第 1 次印刷
邮 编	230009	开 本	710 毫米×1010 毫米 1/16
电 话	综合编辑部:0551-62903028	印 张	14.25
	市场营销部:0551-62903198	字 数	247 千字
网 址	www.hfutpress.com.cn	印 刷	合肥现代印务有限公司
E-mail	hfutpress@163.com	发 行	全国新华书店

ISBN 978-7-5650-5216-3 定价:45.00 元

如果有影响阅读的印装质量问题,请与出版社市场营销部联系调换。

编 委 会

顾　问　　陈鸿海
主　任　　陈发祥
副主任　　崔　健　黄明永　袁文霞
　　　　　代永健　盛义保　贾殿坤

编 写 组

主　编　　陈发祥
副主编　　梅启梦　陈　君　黄　艳
　　　　　宣　丽

前　言

　　青年兴则国家兴，青年强则国家强。青年大学生的成长历程往往存在重书本知识、轻社会实践的问题，客观上影响着他们对社会问题理解的深度和角度，影响着他们的健康成长成才。大学生参加社会实践可以实现课堂教学与社会教育的有效对接，能够促进大学生知行合一和全面成长。因此，党和国家高度重视高校实践育人工作，将实践育人作为高校大学生思想政治教育的重要内容，社会实践成为大学生成长成才的有效途径。习近平总书记十分重视和关注青年在社会实践中锻炼成长，2016 年 12 月 7 日，他在全国高校思想政治工作会议上指出，"社会是个大课堂。青年要成长为国家栋梁之材，既要读万卷书，又要行万里路。社会实践、社会活动以及校内各类学生社团活动是学生的第二课堂，对于拓展学生眼界和能力、充实学生社会体验和丰富学生生活十分有益。高校学生支教、送知识下乡、志愿者行动等活动，都展现了学生的风貌和服务社会、报效国家的情怀。许多学生正是在这样的社会实践和社会活动中树立了对人民的感情、对社会的责任、对国家的忠诚"。这些重要论述，深刻体现习近平总书记在实践中培养青年的理念和思路，凸显鲜明的基层导向，为新时代青年健康成长和全面发展标定了时代坐标。

　　合肥工业大学历来重视大学生社会实践活动，每年开展丰富多彩、富有实效的暑期"三下乡"社会实践活动。广大同学通过各种社会实践的磨炼，更好地深入基层、了解社会，取得了良好的社会效益。学校连续多年被授予"全国大学生暑期社会实践先进单位"称号。合肥工业大学宣城校区从 2012 年招生开始，秉承学校重视实践育人的良好传统，注重搭建大学生社会实践平台，充分发挥地方资源优势，设计探索大学生体验式社会实践教育活动模式，分别从沐浴红色经典、传承传统文化、认知社会进步、服务地方发展和参与校区建设等方面，构建形式多样、内容丰富的实践框架，通过间接体验——前期资料查阅、直接体验——现场实践、反思体验——实践心得和体验内化——自我意识提升等四个环节，用积极体验激发大学生社会主义核心价值观形成的内在动力。总结宣城校区 8 年来大学生暑期社会实践工作，可以得出以下基本经验：一是学校高度重视。每年下发专门文件，对当年大学生暑期"三下乡"活动主题、活动组织和管理进行具体规范。二是各单位、各部门协调配合得力。宣城校区大学生社会实践活动不仅涉及校内部门，还涉及地方政府相关部门，如宣城市团市委、文明办等单位，大家对这一活动有着统一认识，协调配合流畅，为每年活动的有序开展提供有力的组织保障。三是资源整合有效。大学生社会实践活动内容广泛，不仅包括红色文化、徽文化、古建筑和古村落，还涵盖社会主义新农村建设、全国文明城市建设、环境保护、义务支教和法制宣传、政策宣讲等，每年结合不同主题进行资源有效整合。四是有一支高素质的指导教师队伍。为确保大学生社会实践效果和安全，需要一支强有力的指导教师队伍，这些年，许多教师以立德树人为己任，利用暑假带领学生开展"三下乡"社会实践，全程参与大学生社会实践活动，发挥着重要作用。五是建立考核评价机制。注重对社会实践的结果进行后续评价，不断总结提高，设立样板团队，发挥示范引领作用。六是精心组织，注意做好具体工作。暑期大学生社会实践涉及的事项繁杂，只有推动具体工作有效落实，才能保障活动顺利开展，如相关单位对接会、学生吃住行、活动安排组织、安全教育和应急方案处置等。七是抓好制度建设，加强政策引导。对积极参加社会实践活动的学生进行评价，对于参与指导的教师给予相关待遇保障，对于取得优异成绩的团队给予奖励。八是加强宣传，扩大影响力和效果。组织出征仪式和成果汇报交流会，组织编撰年度社会实践成果汇编，组织在多个媒体进行活动报道和宣传。8 年来宣城校区共组织近 6 000 人次集中参加暑期社会实践活动，得到了社会的普遍认可，先后被人民网、中国青年网、大学生网等多家全国媒体和地方媒体报道，有 10 余支团队获得团中央等单位的表彰，取得了良好成效。

为了总结成果、积累经验，更好地推动大学生社会实践教育工作，我们特组织力量编撰了"合肥工业大学宣城校区大学生体验式实践教育系列丛书"。本项目体现了宣城校区在人才培养过程中重视大学生社会实践教育，构建了内容丰富、形式多样的大学生社会实践活动体系，凸显了鲜明的实践育人导向。希望这项工作能够得到相关部门和同行的认可，起到相互交流和借鉴的效果。

编　者

2020 年 5 月于敬亭山下

目　录

第二篇　家风家教调研

第三篇　安徽地方戏曲调研

第四篇　徽派建筑调研

第一篇　文房四宝调研

　　文房四宝，是指中国独有的书法绘画工具（书画用具），即笔、墨、纸、砚。自宋朝以来文房四宝则特指宣笔（安徽宣城）、徽墨（安徽歙县）、宣纸（安徽泾县）、歙砚（安徽歙县）、洮砚（甘肃卓尼县）、端砚（广东肇庆，古称端州），元代以后湖笔（浙江湖州）渐兴，宣笔渐衰。后来，借着改革开放的东风，宣笔在市场中逐渐恢复了生机。

　　本篇以宣笔、徽墨、宣纸、歙砚为研习考察对象，以大学生体验式实践教育为路径，通过文献资料阅读、实地走访及数据调研，研究宣笔、徽墨、宣纸以及歙砚的历史渊源，探寻其制作技艺的历史传承和发展，分析目前文房四宝的生产、销售状况，探讨当下传统文房四宝制作技艺传承与保护的有效措施。通过社会实践的亲身经历与感悟，当代大学生增强了文化自信，明晰了传承和保护中国传统文化的使命感与责任感。

宣笔制作技艺传承与发展调查研究

摘　要：宣笔是产于安徽省宣城市的文房四宝之一，宣笔制作技艺是我国国家级非物质文化遗产。本文以大学生体验式社会实践教育为途径，通过查阅文献资料、实地走访与数据调研，分析宣笔技艺传承与发展的背景及意义，发掘宣笔制作过程中体现的中国工匠精神，重点探讨其传承与发展中所出现的问题及其原因，以学生视角给出当下宣笔制作技艺有效传承与发展的措施建议。

关键词：宣笔；制作技艺；传承与发展

一、研究背景及意义

（一）研究背景

文化流传，文字为先，书写工具是文化的载体，笔是文化传承最重要的工具。中华人民共和国成立以来，安徽的毛笔制作业取得了一些成绩，宣城的宣笔、六安的"一品斋"毛笔，还有阜阳临泉等地的制笔业都有较大的提升。宣笔是产于安徽省宣城市泾县的文房四宝之一，据韩愈《毛颖传》记载，秦朝将军蒙恬南下时途经中山（安徽省泾县一带山区）发现这里兔肥毫长，便以竹为管，在原始的竹笔基础上制成改良毛笔。到唐朝时，安徽省泾县便成为全国的制笔中心，故得名为宣笔，随后被列为贡品和御用毛笔。此后制笔名家辈出，宣笔盛行全国，成为文房四宝珍品之一。2008 年，宣笔制作技艺被列入国家级非物质文化遗产代表性项目名录。

习近平总书记在党的十九大报告中高度概括了中国特色社会主义文化的基本内涵，指出要"深入挖掘中华优秀传统文化蕴含的思想观念、人文精神、道德规范，结合时代要求继承创新"[1]。非物质文化遗产是千年文

实践团队主要成员：刘超颖、张玉巧、武治国、凌怡、邱雨霜、张生珍、徐梦圆、杨玉珂、汪钰浩。

指导老师：夏建圩。

明古国的历史积淀，是中华民族传统文化的瑰宝，对中华民族精神的构建有着潜移默化的熏陶作用。

2014年2月，经国务院同意，《皖南国际文化旅游示范区建设发展规划纲要》正式颁布实施，提出将皖南地区打造成世界一流旅游目的地，为美丽中国建设提供示范[2]。示范区建成后，将整合各市旅游资源，打造精品，包括加快实施"徽文化生态保护实验区"建设，加强徽文化保护开发，开发遗产旅游、修学旅游、节庆旅游三大旅游品牌等。在此背景下，团队对宣笔厂的基础设施建设、物流运输方式、相关人才引进和政策资金支持等方面开展调研，了解当前制约其稳步发展的主要因素，并提出相应建议；结合国内外其他相关企业案例，借鉴成功经验、吸取失败教训、发挥特有优势，因地制宜地提出适合宣笔厂发展的相关对策。

（二）研究意义

1. 经济方面

宣笔作为传统工艺美术产品，在地方经济建设中起着十分重要的作用，成为农民致富、弘扬文化、传承技艺、丰富市场的重要支柱产业。第一，宣笔产业的发展壮大，解决了当地农村富余劳动力的转移和就业，为农民脱贫致富、建设新农村开辟了一条有效途径。第二，宣笔生产原料的大量收购，带动了山区农民种植竹业和养殖山兔、石獾等产业的发展。第三，宣笔生产和发展，极大地满足了中外书画家和书画爱好者的需求，高档宣笔作为国家礼品赠送给国际友人并出口东南亚及欧美市场，为世界文化艺术的传播和交流作出了新贡献。2008年，"宣笔制作技艺"成功入选第二批国家级非物质文化遗产代表性项目名录；2010年，泾县宣笔厂制笔能手余征军入选安徽省非物质文化遗产代表性传承人；"三兔"牌宣笔荣获2010年"安徽省著名商标"称号，并多次在全国文房四宝博览会、全国文化用品博览会以及国际徽商大会上荣获金奖，多次在国内重大赛事活动中进行"宣笔制作技艺"现场展演，赢得中外来宾的交口称赞。

皖南国际文化旅游示范区的建设以及"一带一路"倡议的实施，使宣笔迎来了传承与发展的机遇期。此时对宣笔进行调查研究，不仅有利于宣笔的"复兴"，更能发挥其经济文化价值，打造皖南地区一张亮眼的文化名片，助推皖南国际旅游示范区的发展，通过一支宣笔促进中国的文房四宝文化和其他优秀传统文化走向世界。

2. 文化方面

宣笔作为文化艺术的重要载体，具有一定的文化艺术价值。一支高档宣笔能集实用性、艺术性、观赏性和收藏性于一体，价贵如金，世人难求。正如林散之大师题词赞曰："人人都爱湖州笔，岂料泾城笔亦佳。秋水入池花入座，斜笺小草兴无加。新制几支初试手，尖圆齐健足堪夸。谁谓今人不如古，蒙恬自有后生家。"并说道："制笔有妙理，唯宣笔厂为得之。"虽然现代书写工具很多，但毛笔的书写功能效果是现代书写手段所无法替代的。尤其是中国传统的书法绘画艺术，离开了毛笔为书写绘画工具就无法表达出艺术的理想妙味。

3.历史传承方面

宣笔生产最早出现在秦代，确立了"以竹为管，以毫为料"的传统制作技艺。后经唐宋诸葛氏、陈氏家族世代相传，举族为业，使宣笔技艺得到进一步改进和创新。作为一种历史文化载承主体，在其发明传世二千多年的悠久历史长河之中，宣笔为中华文明的传播和发展发挥了巨大作用，众多的历史珍贵资料和历代书画艺术佳作得益于宣笔等书写工具而传承于世，其功永载史册。

4.工艺制作方面

在漫长的历史长河中，笔工制匠们经无数次的辛勤劳动和不断创新、实践，形成了一套较为完整的制笔操作规程，共分为八大工序一百多道操作过程，且每道工序均有详细的技术标准和制作要求。这是宣笔传承的宝贵财富，是几千年来宣笔工匠们的智慧结晶和劳动成果，具有一定的科学技术价值和丰富高超的传统手工创作价值，是确保宣笔传统技艺代代相传、流芳百世的关键所在。

二、研究内容

通过对泾县文化馆、泾县三兔宣笔厂、宣城市博物馆、宣城宣笔市场的实地走访与调研，团队了解了宣笔的特点、宣笔的制作过程、宣笔的营销及推广方式、宣笔行业经营状况与规模以及宣笔发展面临的困难等内容。

（一）参观泾县文化馆，了解宣笔的特点

在安徽省泾县文化馆调研时，文化馆馆长按照时间顺序，耐心地介绍了宣笔的相关历史与发展，并引荐了国家级非物质文化遗产的传承人——佘征军大师。

佘征军大师是安徽泾县人，佘家制笔第六代传人，是国家级非物质文

化遗产"宣笔制作技艺"的代表性传承人、安徽省第二批工艺美术大师。他的祖辈是清代制笔老艺人。

在此次采访中，他主要向我们介绍了宣笔的特点：尖、圆、齐、健；选料精严、制作考究；毛纯耐用、刚柔并济。他说这与其本身复杂精细的制作过程有关。

（二）走进泾县三兔宣笔厂，体验宣笔的制作过程

在泾县三兔宣笔厂调研时，参观了解了宣笔的制作流程。宣笔制作需经过选料、水盆、制杆、装套、修笔、镶嵌、刻字、检验包装等八大工序一百多个环节，技艺极为复杂。

宣笔制作材料主要分两个部分：一部分为笔杆，普通的有木杆和竹管，较高级的有玉管、瓷管、雕漆管等，另有奢华者在笔管上雕镂象征吉祥的图案；另一部分为笔头，主要有紫毫、狼毫、羊毫、鼠须、鸡毛、鹅毛等兽毛禽羽，其中又以紫毫为精。不同毫性能不同，紫毫偏硬，狼毫次之，羊毫较软，适合于不同的字体和画风。

选料。笔料工要熟知毛料及各种毛的不同品质，并能鉴别其毛质、性能和用途。根据收购来的山羊毛、山兔毛、黄狼尾毛、石獾毛以及笔杆、牛角等主要材料进行分类，按长短、粗细、色泽、有锋无锋等区别整理归类，防止混杂，以备取舍选用。

水盆。又叫水作工。因为这道工序是在水中完成而得名，是宣笔制作过程中最为复杂而关键的步骤。水盆工一手捏着角梳，一手攥着脱脂过的毛反复梳洗整理排列、组合、分类，将各种制笔毛料做成刀片状的刀头毛，再根据需求不同将其进行配置。然后缕析分毫，把断头的、无锋的、曲而不直的、扁而不圆的毛剔除出来，再进行圆笔、盖笔、晒笔头等工序。最后要将千毛万毫的笔头捆扎粘合在一起，谓之扎笔。这道工序对笔的使用起着至关重要的作用，须做到笔的头底平整，线箍深浅适当。

制杆。主要是挑选合格的笔杆原料，按规格分清颜色，要求粗细一致、外表圆直，并且其直径、杆长、椭圆度、弯曲度均要达到一定的技术指标。剔除干裂、虫蛀、皮色苍老、粗细不匀的劣质笔杆，以确保笔杆配备的质地要求。主要工序有下料、车管、接管、接挂头等。

装套。制好的笔头和笔杆需要装套，装套工按照一定的规格、型号将扎好的笔头和精选的笔杆仔细装套起来。

修笔。又称择笔，也是宣笔制作过程中的一道关键工序，要求十分精

细复杂，一般要经过焊毛整理、蘸胶水、修整成型及日光晒毛等工序，择笔工在操作时必须屏气凝神、心平气和，方能择好。

镶嵌。为了使笔杆造型具有美观典雅、富丽华贵的气势，还可以进行镶嵌，即将以湘妃竹、凤眼竹、罗汉竹、象牙、红木、檀木等贵重材料制成的笔杆，用牛角等进行镶嵌装饰，主要分为锉、锯镶、刨等工序。

刻字。是宣笔生产中功夫极深的一道工序，需要极好的文学修养和刀工技艺，还要熟练掌握不同书体。刻字工依照不同产品规格造型的需要，在圆笔杆上刻上各种书体的笔名及厂牌号，要做到字体排列均匀、大小一致、字间有序，达到不拼刀、不偏刀、不脱体、划头平整等要求。

检验包装。就是将成型的宣笔，按照一定的质量指标进行出厂前的逐一检查验收，以确保每支宣笔均能达到"尖、圆、齐、健"的标准。

（三）探访宣城宣笔市场，了解宣笔的营销及推广方式

如今，宣城宣笔产业多方争取政府扶持和投资类项目。文化上争取获得省文化产业发展基金支持；工业上争取对已取得的"全国工业旅游示范点"的支持和争取列入省"农业产业化龙头企业""产业集群专业镇"；旅游上把握"皖南国际文化旅游示范区"建设的机遇，创新思路实现文化和旅游融合发展，促进中国宣笔文化园项目争创 AAA 级景区。同时，用足用活现有政策，给予三兔宣笔厂、晟锋堂宣笔厂等龙头企业土地、税收、规费方面的减免或补助，推动企业做大做强。

泾县政府精心编制《黄村镇促进宣笔产业发展的行动计划》等系列文件，明确宣笔产业发展思路；引进民间资本，投资建设中国宣笔文化园、宣笔博物馆、宣笔技艺传习基地；加大技术人才培训力度，积极联系宣城市工业学校开设"宣笔制作专业"，建立宣笔人才培训基地；举行中国宣笔文化园开工仪式，成立泾县中国宣笔协会；筹备举办宣笔技艺传承优秀工人表彰大会，提升从业工人荣誉感。同时，泾县政府支持泾县宣笔厂等老牌宣笔企业壮大企业规模，求同存异，走联合发展之路；引进建设晟锋堂宣笔厂，激发行业内良性竞争。

（四）宣笔行业经营状况与规模

宣笔，源于秦，鼎盛于唐宋。据宋朝邵博《闻见后录》记载，王羲之、柳公权都曾写《求笔帖》向宣城制笔名家求笔。宋末元初，江淮之间战乱频繁，宣笔制作技艺遂传至湖州一带，湖笔兴起。历明清两朝，宣笔仍呈衰败之势，逐渐被湖笔取代。

直至 20 世纪五六十年代，在党和政府的关心下，先后组建多家宣笔生

产企业，宣笔技艺重新得到传承，宣笔产业逐渐恢复生机。20 世纪 80 年代，宣笔产业迎来发展兴旺时期，拥有厂家 130 余家，年产宣笔 600 万余支，在全国毛笔市场占有率近 25%[3]。

但是，由于宣笔行业存在的突出问题长期没有得到解决，如缺少企业家队伍、龙头企业带动不强、技工培训时间长、原材料日渐稀缺且价格飞涨，宣笔行业发展停滞不前，市场份额逐渐被其他笔类蚕食。目前生产企业主要集中在泾县黄村镇，黄村镇共有 30 多家宣笔生产企业，年产量 500 万支左右，产值 2 000 多万元[4]。产品销往全国各地并出口日本、韩国、新加坡等国家和地区。泾县三兔宣笔厂和晟锋堂宣笔厂 2 家企业产值和规模相对较大。"宣笔制作技艺"于 2008 年被列入第二批国家级非物质文化遗产代表性项目名录。2012 年泾县黄村镇获评"中国宣笔之乡"。

（五）宣笔传承与发展的"危"与"机"

1. 发展优势

（1）具有悠久的历史与深厚的文化底蕴。宣笔已有 2 000 多年的技艺传承历史，远远长于其他流派的毛笔，唐代时宣州府成为全国的制笔中心。新中国成立后，宣笔曾获得省优、部优、出口免检等荣誉，多次蝉联全国文房四宝协会行业金奖并荣获"国之宝"称号。

（2）品牌优势较为突出。三兔牌、三毛牌宣笔曾相继荣获省、部优产品称号；2008 年"宣笔制作技艺"被列入国家级非物质文化遗产代表性项目名录；2010 年，三兔牌宣笔被认定为"安徽省著名商标"，现已被确定为全国三大名笔之一；2012 年，黄村镇被中国轻工联合会和文房四宝协会联合授予"中国宣笔之乡"荣誉称号。

（3）有"中国文房四宝"之乡强大背景做依托。宣城是中国轻工业联合会、中国文房四宝协会授予的"中国文房四宝"之乡，文房四宝中的宣纸和宣笔均产自泾县，宣纸是享誉中外的国之瑰宝，历史上宣纸、宣笔的发展相互影响、相互依托、相得益彰，宣笔在如此厚重的文化氛围中，其发展优势可谓得天独厚。

（4）有相关法律政策做后盾。2011 年，《中华人民共和国非物质文化遗产法》颁布施行，并建立了较为完善的国家、省、市、县四级非物质文化遗产保护名录体系。安徽省政府也出台了《关于促进安徽省工艺美术产业发展的指导意见》和《安徽省传统工艺美术保护和发展办法》，泾县也出台了《泾县促进宣纸宣笔产业发展行动计划》，这些法律法规和保护办法的出台体现了国家和地方各级政府对保护非物质文化遗产的重视，也为宣笔技艺的传承与发展提供了坚强的法律、政策保证。教育部于 2011 年 8 月 2 日下发的《教育部关于中小学开展书法教育的意见》，也为宣笔产业的发展提供了新的契机。

2. 存在的问题

随着当今社会经济和文化的发展，宣笔行业面临着一系列的挑战，主要表现在主、客观两个方面：

（1）主观方面

一是企业规模偏小，缺少龙头企业带动。泾县宣笔生产主要分布在黄村、泾川和桃花潭等镇。过去几个骨干企业均为乡镇企业或集体企业，管理水平较低，企业改制后大多数仍依靠早期累积的客户资源维持原状，市场拓展强度不够，造成企业经济效益比较低。宣笔新品种开发不够，产量停滞不前，产值不高，从业人员减少。

二是对外宣传力度不够，宣笔文化挖掘不足。宣笔起源于泾县，历史悠久，由于宣传不够，使宣笔的社会认知度越来越低，市场越来越萎缩。江西文笔和浙江湖笔在宣传推介方面由政府牵头组织，如毛笔企业举办或参加各类展会，拍摄、制作专题电视宣传片和专刊对外进行宣传，建立专题网站等。湖州市政府专门出资兴建了湖笔博物馆，江西进贤县政府出资兴建了文笔技艺传习所。而泾县除企业自身编印的宣传册外，口口相传仍是宣传的主要方式，鲜有政府层面组织系统宣传宣笔的图文资料和媒体资料，缺乏宣传宣笔文化的浓郁氛围。

三是后备人才不足，技术人才青黄不接。宣笔生产枯燥单调，技术要求高，制作工序烦琐，习艺周期长，笔工收入低，而且工作环境较为艰苦，这就造成了一线熟练技工改行较多，年轻人很少有意愿从事宣笔传习。目前一线技工年龄 40 岁以上的已占到总数的一半以上。

（2）客观方面

一是传统书写方式的弱化。毛笔曾是人们用来交流、记录所用的工具之一，随着信息时代的到来，现代书写方式的改变与普及，使宣笔面临着一个尴尬的境地。书法赖以生存和发展的传统文化土壤正在弱化和变异，这种传统的书写方式，慢慢淡出了人们的生活，也加速了毛笔市场的萎缩。

二是宣笔技艺传承难。宣笔工序繁多，分工明细，讲求协作，整个过程皆为手工操作，完成个体传承的难度很高。现在从业人员一般只掌握一到两个工艺，掌握全部工艺的笔工寥寥无几；加上笔工培养周期长、待遇不高、工作环境差、社会地位相对较低，长期从事这一职业易患多种职业性疾病，导致技艺传承后继乏人，制作技艺濒临失传。

三是原材料匮乏。泾县制笔企业均无自己的原材料基地，绝大多数原材料靠外地采购，且许多制笔高档原料如黄鼠狼、香狸、石獾等稀有动物的皮毛逐年减少，原料的供给越来越困难，且价格也越来越高。

三、问卷调查及数据分析

根据以上实地调研内容，实践团队有针对性地设计并发放了调查问卷，以了解当代社会大众对宣笔的认知及传承情况。通过实地问卷调查及网络问卷调查两种形式收集了人们对宣笔的了解状况，共投放问卷 500 份，其中实地发放 100 份，回收有效调查问卷 87 份；网络投放问卷 400 份，收集了 186 份有效问卷，共收集有效调查问卷 273 份。

（一）调查人群的基本情况

调查人群的年龄分布如图 1 所示。调查对象包含多个年龄段、多种职业（包含学生、上班族、个体经营者等）以及不同的文化程度（小学 1.47%、初中 1.10%、高中 19.05%、中专 4.46%、大专 16.12%、本科及以上 57.80%），这对团队全面了解社会大众对宣笔的认知情况有着积极作用。

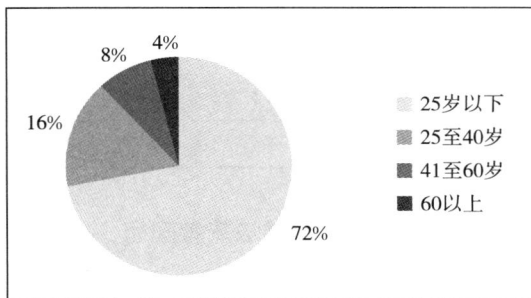

图 1　调查人群的年龄分布

（二）社会大众对宣笔的了解情况

社会大众对宣笔的了解情况如图 2 所示。从调查结果可知，超过 60% 的人听说过宣笔，但仅有 12% 的人使用过，并且有 25% 的人完全不知道。39.95% 的人知道宣笔是非遗文化的一种，60.05% 的人不知道。由此可见，大部分人虽听说过宣笔，但是只有极少数人会选择使用宣笔，这说明，宣笔的社会认知度较低，这也与我们实地走访的调查结果一致。

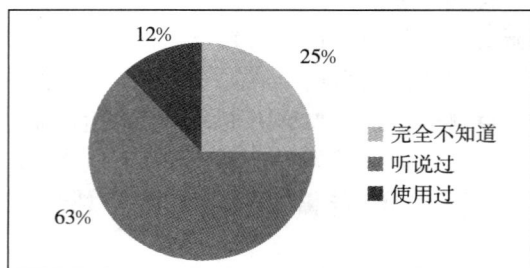

图 2 社会大众对宣笔的了解情况

（三）社会大众书写工具的选择情况

社会大众书写工具的选择情况见表 1 所列。调查结果显示，将近 80％的人选择水笔作为书写工具，仅有 2.2％的人选择毛笔。由此可见，在现实生活中，毛笔是最不被广泛使用的书写工具。因此，我们应从这方面着手，努力扩大毛笔的受众面。

表 1 社会大众书写工具的选择情况

书写工具	选择人数（人）	所占比例（％）
铅笔	21	7.69
钢笔	32	11.72
水笔	214	78.39
毛笔	6	2.20

（四）社会大众是否有意向学习书法或者国画

"在条件允许的情况下，未来您本人或者子女是否有意向学习书法或者国画？"调查结果显示，82.78％的人选择"有很大兴趣"，17.22％的人选择"没有兴趣"。由此可见，未来宣笔市场潜力巨大。

（五）社会大众购买宣笔考虑因素

社会大众购买宣笔考虑的因素见表 2 所列。调查数据显示（多选题），价位、材质是社会大众购买宣笔时最主要的考虑因素，其次是工艺。"选择什么价位的宣笔"调查数据显示，44.67％选择 20～50 元，36.63％选择 51～200 元，只有 5.86％的人选择 200 元以上。因此如果想要扩大宣笔市场，主要应该考虑"物美价廉"。

表 2　社会大众购买宣笔考虑的因素

考虑因素	选择人数（人）	所占比例（%）
价位	149	54.55
材质	170	62.27
外观	110	40.27
工艺	132	48.35
其他	35	12.82

（六）社会大众对宣笔主要优势的认识

社会大众对宣笔主要优势的认识见表 3 所列。超过 50% 的人认为，宣笔的主要优势是"非物质文化遗产，历史价值高"，可以利用这个优势对其加以宣传。仅有 7.69% 的人认为宣笔的主要优势是"物美价廉"，而"社会大众购买宣笔考虑因素"的调查数据显示，价位、材质是社会大众购买宣笔时最主要的考虑因素。因此，如果要扩大宣笔的影响力，必须让"物美价廉"真正成为宣笔的主要优势。

表 3　社会大众对宣笔主要优势的认识

主要优势	选择人数（人）	所占比例（%）
非物质文化遗产，历史价值高	137	50.18
物美价廉	21	7.69
使用价值高	41	15.02
结合文化优势发展经济	74	27.11

（七）宣笔制作技艺保护面临的最大问题

宣笔制作技艺保护面临的最大问题见表 4 所列。调查数据显示（多选），社会大众认为宣笔制作技艺面临的最大问题是"人们的意识不够"、宣笔制作技艺"缺乏有效的保护和传承机制"以及"传承人老龄化"。在泾县三兔宣笔厂调研时，团队随机选取了 27 名工人，调查了其年龄。宣笔厂工人年龄分布如图 3 所示。目前宣笔制作的主力军在 40~60 岁，30 岁以下的较少。由此可见，宣笔技艺传承后继乏人。

表 4　宣笔制作技艺保护面临的最大问题

问题	选择人数（人）	所占比例（%）
人们的意识不够	185	67.77
缺乏有效的保护和传承机制	180	65.93
外来文化和现代文化的冲突	109	39.93
原材料匮乏	96	35.16
传承人老龄化	164	58.60
其他	27	9.89

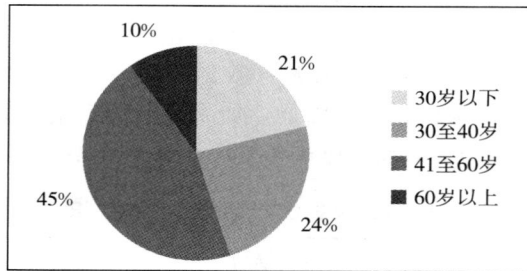

图 3　宣笔厂工人年龄分布

（八）保护宣笔制作技艺和宣笔产业的措施

保护宣笔制作技艺和宣笔产业的措施见表 5 所列。调查数据显示（多选），大部分人赞同保护宣笔制作技艺和宣笔产业的措施应为"加大宣传力度""政府加大保护力度""在内容和形式上加以创新""发展旅游业带动""向广大学生推广展示宣笔制作技艺"等。

表 5　保护宣笔制作技艺和宣笔产业的措施

措施	选择人数（人）	所占比例（%）
加大宣传力度	177	64.84
政府加大保护力度	180	65.93
在内容和形式上加以创新	166	60.81
发展旅游业带动	140	51.28

措施	选择人数（人）	所占比例（%）
向广大学生推广展示 宣笔制作技艺	173	63.37
其他	30	10.10

（九）非物质文化遗产的宣传方式

非物质文化遗产的宣传方式见表 6 所列。调查结果显示（多选），将近80%的人认为，"拍成纪录片，在电视台播放"这种宣传方式最有效。同时还应"举办各种活动，比如展会"等，扩大宣纸的影响面。

表6 非物质文化遗产的宣传方式

问题	选择人数（人）	所占比例（%）
拍成纪录片，在电视台播放	216	79.12
举办各种活动，比如展会	185	67.77
发放各种资料，比如宣传册	112	41.03
其他	25	9.16

四、宣笔制作技艺传承与发展的措施

（一）宣笔生产企业的发展，要紧跟时代节奏，顺应时代潮流

首先要积极吸取当前传统文化的精髓，以文字、图片、视频等方式将可传承的技艺记录下来，尽可能完整地传承先人们的技艺。其次根据时代特点，在保护传统手工艺的基础上，将传统工艺与现代机械相结合，提高生产效率，提高企业生产利润，降低宣笔销售价格，让"物美价廉"成为宣笔的真正优势。在宣笔销售方面，可以采取网络直播、网络拍卖等新型销售方式。

（二）加大宣传力度，在内容和形式上加以创新

1. 制作专题电视宣传片，在电视台、网络等平台播放

调查数据显示，79.12%的人认为，"拍成纪录片，在电视台播放"这种宣传方式最被社会大众所认可。因此，可以将宣笔技艺的历史渊源、宣笔制作的工艺流程等内容，制作成专题电视宣传片，在电视、网络等平台

播放，让更多人认识宣笔、了解宣笔。

2. 举办各种活动，参加各类展会

调查数据显示，67.77%的人认为"举办各种活动，比如展会"是较好的一种宣传方式。因此，宣笔企业应积极举办各种活动或参加各类展会，将宣笔的主要优势等相关信息宣传出去，为社会大众所熟悉。

3. 建立宣笔的专题网站，出版相关书籍

调查数据显示，虽然仅有 2.2% 的人选择毛笔作为书写工具，但是有 82.78% 的人有意向本人或者让子女学习书法或者国画，由此可见，未来宣笔市场潜力巨大，且有 41.03% 的人赞同"发放各种资料，比如宣传册"的宣传方式，因此可以建立宣笔的专题网站，出版相关书籍，进行经常性宣传，提高宣笔在社会大众中的知名度。

（三）提高技艺传承人的待遇，改善其工作环境

调查数据显示，目前一线技工年龄结构 40 岁以上的已占到总数的一半以上。为留住人才，吸引更多的年轻人加入宣笔制作，应提高宣笔技艺传承人的待遇，改善其工作环境。

（四）对青年学生进行传统文化教育，并向其推广展示宣笔制作技艺

对青年学生进行传统文化教育，增强他们从事传统工艺的责任感、使命感、自豪感和荣誉感，并向其推广展示宣笔制作技艺，激发他们从事宣笔制作的兴趣。同时也需要国家、各级政府的大力扶持以及企业的重视，真正实现宣笔技艺的传承和宣笔事业的发展壮大。

五、结语

宣笔，作为历史上鲜明的存在直到今日，承载了中华几千年来的起起伏伏，是历史沉默的证人。宣笔，作为当代中国毛笔的鼻祖，已经向世人展示出其复出的状态，但在实践过程中，依然有不少传承上的难题。宣笔技艺虽然已被列为非物质文化遗产，但现在的制笔工人依旧很少，制笔大师佘征军说过："制笔一定要亲力亲为，机器是代替不了的。"从佘征军和那些默默无闻的宣笔工人身上，我们看到的是对文化的传承、对文明的守望，那一份坚持，让我们动容。佘大师对宣笔制作技艺传承和推广所做的一切，就是他留下的最扎实的印迹！作为当代大学生，对宣笔的传承与发展不能袖手旁观。

传承便是非物质文化遗产保护的重要内容，传承人的培养成为非物质

文化遗产保护的核心任务。现代化是现代社会经济、政治、文化的全面发展，它将带来各民族的共同繁荣，民族文化的繁荣是构建和谐、稳定的现代化社会的重要因素。在现代化建设的过程中，如何做好传统文化的传承工作，如何将民族文化发扬光大，值得我们深思。挖掘、守候并珍藏、保护我们的非物质文化遗产，对于今天的中国来说意义重大。保护传统文化，我们正在努力。

参考文献

［1］中国新闻网 ［EB/OL］. http：//www. chinanews. com/m/gn/2019/10－02/8970786. shtml.

［2］安庆市发展改革委 ［EB/OL］. http：//aqxxgk. anqing. gov. cn/show. php? id＝476561.

［3］中国宣城网 ［EB/OL］. http：//www. xuanwww. com/news/xcxw/2014－08/19/content _ 175181. htm.

［4］泾县人民政府 ［EB/OL］. http：//www. ahjx. gov. cn/OpennessContent/Show/1344154. html.

徽墨文化传承与发展调查研究

　　摘　要：徽墨是中国汉族制墨技艺中的珍品，是闻名中外的"文房四宝"之一。本次社会调查活动以实地走访制墨厂、参观绩溪县博物馆、专访徽墨优秀传承人等方式开展，调查分析徽墨制作技艺传承与发展现状，分析遇到的问题及原因，提出相应的解决对策，并深入挖掘徽墨文化内涵，让世人从不同角度去了解徽墨，以此来达到弘扬博大精深的中华文化，学习坚韧不拔的工匠精神的目标。

　　关键词：徽墨；制作技艺；传承与发展

一、研究背景及意义

（一）研究背景

　　在中华文明数千年的历史进程中，墨是不可或缺的，其强大的书写功能深深影响着中华文明的前进历程。在众多中国墨中最负盛名的当属徽墨。徽墨，安徽省黄山市、宣城市特产，国家地理标志产品。徽墨有落纸如漆、色泽黑润、经久不褪、纸笔不胶、香味浓郁、奉肌腻理等特点，素有拈来轻、磨来清、嗅来馨、坚如玉、研无声、一点如漆、万载存真的美誉[1]。徽墨创始于唐，在宋代快速发展，元代多承宋制，明代则达到鼎盛。清朝，尤其是康、雍、乾三代，徽墨发展进入黄金时代。道光年后，受外来廉价原料和西方商业资本的影响逐渐由盛转衰。

　　在当今社会，人们对于传统手工艺的重视程度不断加深，徽墨传统制作技艺迎来了新的发展生机。2006年徽墨制作技艺被列入第一批国家级非物质文化遗产代表性项目名录，并成功申报为国家地理标志保护产品。这一系列举措把徽墨非遗保护工作全面推向法制化、制度化，徽墨的传承与保护逐步向规范化保护轨道转变。除了法律制度上的保护外，地方政府还给予徽墨产业足够的政策倾斜，对相关企业实行定点扶持，助力徽墨产业

　　实践团队主要成员：李冰清、张孟杰、郑捷、刘瑞溥、叶杨。
　　指导老师：唐桂兰。

快速腾飞。

徽墨在得到很大发展的同时也面临着诸多挑战。纯手工徽墨由于产量有限往往处于供不应求的状态，且由于工作环境和发展前景等现实问题，制墨工匠普遍数量少、年龄大，传统技艺的传承缺少年轻血液的涌入，陷入了后继无人的困境。再加上市场监管力度不足，假冒伪劣产品层出不穷，工业墨汁凭借低廉的成本也占有一定的市场份额。在品牌效应并不明显的激烈竞争下，手工徽墨如果不贴合时代寻找新的发展突破，将处于非常不利的地位。加之生态环境的逐步演变，极端天气与病虫害的发生频率越来越高，制墨所需的动植物资源也存在一定缺口。生产原料的日渐匮乏也逐渐成了目前徽墨发展不可避免的难关。因此，徽墨生产前景堪忧，相关的制作技艺也有失传的危险，急需传承与保护。

（二）研究意义

徽墨在徽学文化，乃至整个中国传统文化的发展中都起着无可代替的作用，尤其是对中国传统文人画的发展。在不同的历史时期徽墨种类随着时代环境的变化和需求而不断增多，生产技艺也越来越精细、复杂，而徽墨不同的制作工艺则决定了徽墨的内在品质、质地和所达到的成就。制墨是我国传统手工艺文化传承的一项历史悠久的传统工艺，从材料上推动着我国书画艺术的发展变化。

徽墨文化是我国优秀传统文化的重要部分，对徽墨制作技艺传承与发展进行研究，不仅能推动我国书画艺术、文化与美学艺术的发展，对我国优秀传统文化的弘扬与保护也具有积极而重要的意义。

二、研究内容

（一）走进徽墨厂，探寻其现状及生产、销售方式

1. 歙县老胡开文墨厂和绩溪县上庄老胡开文墨厂

歙县老胡开文墨厂是皖南地区最大的制墨企业，目前的产品生产采用机器炼烟和古法炼烟并存的方法。前者产量大，但质量不如古法炼烟来得好，主要用于生产面向大众的低端墨；后者得来的烟品质高，主要用于生产高端墨，因此，墨厂的产品价格从几元到上万元不等。十几元的墨条主要供学生练习书法，上万元的名家徽墨供收藏。老胡开文墨厂同时也是安徽省研学旅游示范点，经常会有学生前来研学。这些学生恰恰是百元以下徽墨的主要消费群体。自 2018 年开始采用网上销售的方式，该厂徽墨年产量可达数万吨。老胡开文墨厂的制墨车间不是流水线工作，而是个人做个人的，每个人所做的品种都不一样。墨厂所生产的徽墨产品分十四大类、一千多个品种，采用动、植物油炼烟，拌以皮胶、天然麝香、梅片、金箔等珍贵材料制成，香味浓郁自然，书画自如，搦笔不胶，历久不退[2]。

绩溪县上庄老胡开文墨厂设在徽墨大师胡开文的故乡——安徽省绩溪县上庄镇。该厂规模较小，存在需求不足的难题，主要顾客是书法社以及学习书法的学生。同时由于日本中小学均开设书法课，墨厂很多产品会销往日本，但该厂目前没有采取网上销售方式。

2. 黄山市项氏徽墨有限公司

黄山市项氏徽墨有限公司所有员工均采用手工制墨的方式。总经理项德胜将徽墨雕成有着各式各样的图案、造型和色彩的工艺品。这些墨雕拥有一些美好的寓意，比如"功德圆满""指日高升"，很受消费者欢迎，多作收藏。项氏徽墨的产品中有雕工精美的工艺墨，也有一些实用徽墨。项氏徽墨中精美的工艺墨，项先生采用拍卖的方式销售，平均一块墨可以拍到上千元。对于普通的墨条，项氏徽墨有限公司会销售给一些学生和书画家，用于他们的创作。大部分墨会销往日本，且在日本受到广泛推崇。

综合以上走访墨厂，可以看出徽墨的销售多采取厂家直销的方式，少数兼顾互联网营销，比如网上拍卖或者网店销售。徽墨的销售对象是练习书法的学生、书画家、收藏家和日韩的书画练习者、爱好者。规模较大的墨厂往往销路广，同时因为政府政策的扶持，不存在需求不足的现象；规模较小的墨厂由于传统工艺的限制，存在产量较小、需求不足的难题。

3. 徽墨传承面临的问题

团队成员通过走访发现，徽墨的传承发展存在以下困难。

（1）一线缺工人

徽墨说起来"雅"，"制墨"却是个体力活，做起来相当辛苦。许多青年人怕苦怕累，并且觉得日复一日重复着同样的工作太过枯燥，制墨这样又脏又累的工作对年轻人来说毫无吸引力，因此，墨厂很难招到工人。许多前来谋职的青年人大多半途而归，无法坚持做到底。如何吸引青年人才奔赴一线生产是墨厂当下需要考虑的一个问题。

（2）徽墨缺好料

徽墨的主要原料是烟和胶，还有一些中草药。如今资源渐渐稀缺，配方质量越发堪忧。比如麝香，由过去的野生变成现在的圈养，品质就降低了；以前的松烟是烧老的、枯死的松树根，油脂含量极高，而现在根茎叶全都烧掉了，松烟质量大不如前。再加上松树受生态环境保护政策影响，砍伐量受限制，烧制松烟因破坏生态环境而受到严格限制，原料数量不足，价格上涨幅度大，墨厂收益不高。

（3）使用价值变低

现代社会逐渐趋向数字化，互联网信息技术迅猛发展使电子产品充斥人们的生活，汉字书写机会前所未有地减少。现代徽墨主要作为观赏艺术品进行生产，实用价值不高。

（二）前往绩溪仁里，探寻徽墨制作工艺与具体流程

仁里是个典型的徽州古村落，至今村里还保留着大量的元、明、清代的建筑。同时仁里依山傍水，文化积淀深厚，素有"小小绩溪县，大大仁里村"之说。仁里村古色古香，徽墨作坊掩映其中。根据我们搜集的资料，仁里村的程源峰老人是程翼堂的后裔和传人之一。据村民的介绍，徽墨的发源地是河北省的易县。唐代安史之乱时，程氏祖先迁至徽州，将徽墨也一同带到了徽州。南北朝时，程家又迁入绩溪仁里村。到明末，仁里村程氏八兄弟，是当时仁里的"八大户"，最小的老八程翼堂经营的就是徽墨。而程翼堂的后裔和传人正是我们想要拜访的徽墨作坊的主人程源峰。老人已经制墨六十年，守着一个小小作坊，也守护着世代传承的使命。

我们找到程源峰老人时，他正在砸墨饼。知晓我们的来意后，老人热情地向我们展示起徽墨的制作流程。

炼烟。徽墨的原料主要来自徽州本地的黄山松，将收集烟灰的灯盏放置在没有窗户的封闭空间内燃烧，燃烧后形成的烟灰附着在灯盏的内壁，工人们将其收集起来作为制作徽墨的主要材料。一般制墨的烟灰有两种，包括桐油烟和松烟，如今主要使用桐油炼烟。

洗烟。将收集的烟灰放入清水中洗涤，然后放置一段时间，静置的过程，也是杂质沉淀的过程。杂质比烟灰重，会沉淀到缸底，那么处于表层的就是无杂质的烟灰了，随即收集漂浮在清水表面的干净的烟灰。将清洗后的烟灰放到阴凉处，自然晾干后使用。

熬胶。使用动物的骨胶皮胶、中草药等，传统的熬胶方法为土灶熬制。现今，一般使用蒸汽锅熬胶，将骨胶原料倒入锅中，再加入温度为30～40摄氏度的温水，胶料与水的比例为1：20，同时用竹片搅拌。当胶料相互黏合时，开启锅炉的阀门，将蒸气引入；然后，向锅炉中添加燃料，保持温度，熬胶的温度保持在100摄氏度左右；骨胶熬制6～8小时后，形成黏稠的液体状。

和胶。将阴干的烟灰称重，按一定的比例加入动物的皮胶骨胶、十二味中草药等材料混合搅拌均匀，等烟和胶充分地融合到一起，呈现黑色的泥状即可。

杵捣。提前在案板上涂抹一层菜籽油，防止墨泥粘连。将墨泥放置在案板上，使用铁锤对墨团进行捶打，反复捣匀。敲打1~2分钟后，用手揉搓墨泥使其变得细腻，并且增强它的韧性。最后把墨泥揉成饼状，成为墨胚。

制模。将墨团放置在特定形状的模具中，模具一般由四部分组成：边框、底座、夹墨板和顶盖。将墨胚揉成一个球形，再逐渐揉成圆柱形挤压规整。冷却后脱模，将墨胚整齐放在木板中，再将模具组装好，让模具在一定的压力下静置3~5分钟。取下模具，将墨块取出。

晾墨。冷却后的墨块放在木板上，让墨自然阴干，起码需要6个月的时间，但晾墨时间的长短主要还是取决于墨块的大小。而且晾墨需要勤翻，以防墨胚收缩不匀而变形，同时工人每天需要根据天气、湿度等的不同，多次有规律地对墨块进行翻身晾晒。

锉边。用锉刀轻轻打磨墨块的边缘，将定型的墨块进行打磨使墨块的边缘平整、光滑。

洗水。洗去墨块表面残留的污渍和灰尘。

描金。用多种颜色的特制颜料，根据墨的规格和档次，选择描金的材料。根据墨块的纹路进行着色，刻画不同的图案和文字，也可将金粉、铜粉等描绘到墨条已有的图案上。

包装。将冷却定型后的墨块进行精心包装。

（三）参观绩溪县博物馆，了解绩溪墨业

绩溪县博物馆有各种不同的徽墨样品，种类丰富、做工精美。通过参观，团队成员了解到绩溪墨业的一些历史渊源。绩溪墨业始于晚唐，至清代达到顶峰，素有"天下墨业属绩溪"之誉。清代四大制墨名家，绩溪人独占其半，分别是胡天注与汪近圣。

胡开文墨店较为出名，由创始人胡天注于1765年创办。这里值得注意的是，"胡开文"是店的招牌，而不是店主的名字。"开文"二字是从旧时贡院的一块横匾"天开文运"上得来，胡天注取了正中"开文"二字作为店名。胡开文墨从造型、图案等来看都是别具一格的，在注重实用性基础上，更加注重装饰性与审美性。馆内还陈列有胡氏家族墨业后代的简介，通过这些，团队成员都为胡氏墨业的代代传承而感到震撼。

为了进一步了解胡氏家族的制墨历史，团队成员还参观了博物馆的另一个展馆——胡氏名人馆。此馆展陈有"胡天注子孙墨业承袭表"，从中我们了解到，胡天注三子、四子、五子因后代来自二子过继的原因，未继续墨业，这让我们对胡氏墨业的发展传承有了进一步的了解。除此之外，馆内更是介绍了相应的墨业与今日绩溪墨业的一些情况，从中可以看出绩溪墨业的传承之绵延久远。

（四）专访制墨大师，感受徽墨传承人的匠心之路

1. 徽墨文化传承人项德胜先生

项德胜先生是安徽省黄山市歙县人，安徽省非物质文化遗产传承人，其徽墨作品曾连续 7 次获得中国工艺美术"百花奖"金奖。项德胜先生的艺术展厅里陈列着其不同时期的艺术作品，其工艺之精美细致无不让人赞赏。项先生不仅介绍了每件作品的名称由来与背后的创作故事，还向团队成员们讲解了书法作品中"力透纸背""纸寿千年""水墨丹青""墨分五色"的真正含义。用墨写字之所以有"力透纸背"的效果，是因为徽墨中含有麝香，麝香有很好的渗透作用，高超的书法技艺加上麝香的作用，便可让书法作品达到入木三分、力透纸背的效果。而"纸寿千年"则代表书画作品保存时间长，许多名家画作流传至今，不仅是因为纸易于保存，还与前人在创作过程中使用的徽墨含有冰片这一成分有着密切的联系。冰片由樟树熬制而成，有防蛀功效，因此好的徽墨可以帮助保障"纸寿千年"。至于"水墨丹青"，则是指徽墨所含有的淡淡青色，这主要是胆汁在起作用。看来徽墨文化不是孤立的文化，而是与古典艺术结合起来的重要文化。经过项先生的解说，团队成员对徽墨有了更深更全面的了解。正是徽墨与其他文房四宝的配合使用，许多史料才得以流传至今。徽墨不仅仅是书写工具，而且还是文化传承的大功臣。

在项先生的工作场地参观时，能够感受到，徽墨制作是一件极辛苦也极考验耐性的工作。在点烟室与活胶室这两个工作间内，项先生为团队成员演示了徽墨制作中的点烟、活胶等工序。空气稀薄的点烟室内，连呼吸都略感困难，难以想象徽墨工匠们是如何日复一日在此辛劳工作的，这也正是徽墨传承人越来越少的原因之一。高温难耐的环境，乌漆墨黑的双手，没有足够的热爱、激情或是担当，做徽墨是无法坚持下来的。

2. 歙县古城墨砚博物馆馆长胡秋生先生

歙县古城墨砚博物馆，是胡秋生先生建立的私人博物馆，该馆馆藏十分丰富，有唐、宋以来各个时代的徽墨、歙砚代表作品，还有胡先生亲自

构思、设计和制作的优质作品，加总起来达数百件。从胡先生的口中我们得知，墨和砚都是从中原迁徙过来的，徽墨、歙砚在当时主要作为贡品来使用，中途尽管饱经战乱，但依然保留了下来，其中一个很重要的因素就是徽商的出现。徽商在经商过程中不断与外界进行交流，从而促进了墨与砚的传播。胡先生讲到，做墨和砚不仅要有技巧，还要有精神悟性。山水、人物、意境以及政治、经济、文化等都需要有一个互动，才能创作出与众不同的作品。胡先生的作品，其设计时间就超过了雕刻时间，他讲道："别人有的，没有什么新鲜的；别人没有的，你把它做出来了，那才是高手。别人看不出来的东西，你看出来了，你就是大师。人更多的是要有一种感悟。"

三、问卷调查及数据分析

根据以上实地调研内容，实践团队有针对性地设计并发放了调查问卷，以了解当代社会大众对徽墨的认知及传承情况。调研期间共发放调查问卷百余份，收回有效问卷 100 份，其中有在校学生、文创相关从业人员以及从事徽墨相关的工作人士等，来自各行各业的不同声音为调研提供了多元的思路和方向。

（一）调查人群基本情况

调查对象包含多个年龄段、各类职业（包含学生、上班族、文创相关从业人员以及从事徽墨相关的工作人士等），调查人群的年龄分布见表 1 所列。

表 1　调查人群的年龄分布

年龄	11～20 岁	21～30 岁	31～40 岁	41～50 岁	51～60 岁	60 岁以上
所占比例（%）	10	69	15	3	2	1

（二）社会大众对徽墨的了解情况

在问及调查对象是否了解徽墨时，有 10% 的问卷显示非常了解徽墨文化，42% 比较了解徽墨文化，48% 对徽墨文化不太了解。"非常了解徽墨文化"以及"比较了解徽墨文化"的人群中，大部分是 21～30 岁的人群，在后期的追踪调查中发现，这部分人主要是通过大学课堂"中国文化概论"了解到相关知识。而对于真正徽墨制作技艺，了解的人不多，数据显示只有40％的人一般了解，其余的人基本不了解。这说明，除了课堂外，社会大众了解徽墨的途径非常少。

（三）社会大众对徽墨文化的兴趣点

在问及调查对象对徽墨文化哪方面比较感兴趣时（多选题），39％的人选择"历史起源"，68％的人选择"制作过程"，55％的人选择"传承方式"，48％的人选择"艺术特色"。由此可见，大部分的人想要了解其制作过程。我们在问卷中还设置了一项问题是"如果有机会，你会愿意去了解和学习徽墨制作技艺吗？"有88％的人表示愿意去了解和学习。这说明徽墨文化传承的重点应在于多让现代人去深入地体验和感受，去实实在在地学习这项技艺，领略这份文化。而对于"传承方式"和"艺术特色"，应多加宣传，为社会大众所熟知。

（四）社会大众认为徽墨在传承与发展过程中遇到的阻碍

徽墨在传承与发展过程中遇到的阻碍（多选题）如图1所示。数据显示，70％的人认为徽墨在传承与发展过程中遇到的最大的阻碍因素为宣传力度弱，62％认为传播途径少，53％认为受到现代文化的冲击，35％认为受保护程度低。由此可见在徽墨的传承与发展过程中，首先需要解决的问题是，采取适当的方式大力宣传徽墨，将徽墨文化传播出去。其次要适应现代文化，找到传统文化与现代文化的衔接点，使徽墨融入现代文化中，增加徽墨的受众面。

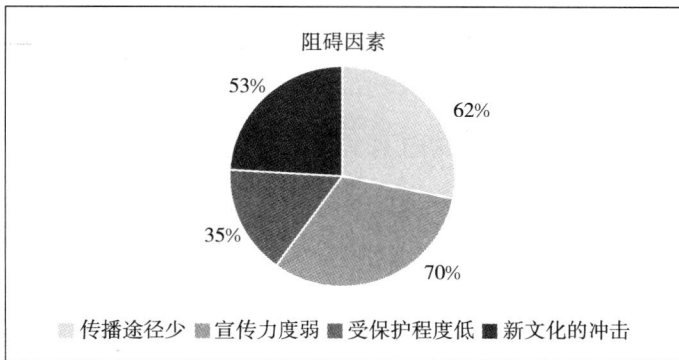

图1　徽墨在传承与发展过程中遇到的阻碍

（五）关注徽墨文化的方式

社会大众关注徽墨文化的方式（多选题）见表2所列。数据显示，社会大众认为通过"多做广告或拍成纪录片""非遗文化进课堂""观看非遗文化视频""徽墨作品展览"等方式，将会使人们更关注徽墨文化。

表2 社会大众关注徽墨文化的方式

方式	选择人数（人）	所占比例（％）
徽墨作品展览	63	63
多做广告或拍成纪录片	77	77
将徽墨作品作为商品出售	52	52
非遗文化进课堂	76	76
观看非遗文化视频	68	68
其他	5	5

（六）其他调研结果

调查数据显示，虽然只有20％的人表示有兴趣购买徽墨，但是94％的人认为有必要将徽墨这一类传统文化工艺普及，80％的人支持中国传统文化进行普及性教育，比如传统徽墨知识进课堂。93％的人认为徽墨技艺应该顺应时代潮流的发展，根据市场和技术进行一定的革新和变化，在保留古法的主体下创新发展。由此可见，虽然徽墨的认知度较低，但是绝大部分人在了解徽墨后，都认为应该将徽墨这一传统文化进行普及，将其传承发展下去。

四、徽墨制作技艺传承与发展的对策

（一）提高薪资待遇，改善工作环境，留住徽墨制作人才

实地调研发现，因为制墨环境又脏又累，薪资待遇又低，年轻人基本不会选择这样的工作，制墨厂很难招到制墨工人。徽墨厂应积极想办法拓宽销售渠道，增加利润，提高工人的薪资待遇。地方政府应大力扶持这类工厂，出台相关优惠政策，保障技术工人的福利待遇，为徽墨的生产留住必需的人才。

（二）重视徽墨原材料的可持续发展，提高对原材料的利用率

实地调研发现，徽墨的主要原料之一是松烟，因受生态环境保护政策的影响，松树砍伐量受到限制，烧制松烟因破坏生态环境而受到严格限制，优质原料数量严重短缺。因此，需要加强生产原材料的保护和利用。

一方面，要重视改善松树生长状况，加强病虫害的防治，重视林木资源的可持续发展；另一方面，可以通过提高对原材料的利用率来减少对原材料的使用。目前，基本采用现代机械化点烟设备，其点烟效率比传统点烟效率提高了近三倍，且质量稳定。

（三）拓展徽墨使用的商业空间，增加其市场需求量

徽墨的实用性因现代社会的数字化而逐渐降低，市场需求量愈加缩减，因此可以拓展徽墨使用的商业空间，增加其市场需求量。徽墨企业应积极创新，将徽墨与日常用品相结合，开发出与人们生活息息相关的文创用品，努力拓宽徽墨产品受众面。

（四）推进徽墨文化进课堂，重视学生在其传承与发扬方面的作用

调研数据结果表明，76％的人认为"非遗文化进课堂"是徽墨文化更受到关注的一个重要方式。也有调查人群反馈，是在大学课堂上了解到徽墨文化的。因此，应该积极推进徽墨文化走进校园、融汇课堂、深入教材，并将徽墨文化融入学生活动中，在活动中让徽墨文化"活起来"。让学生融入徽墨文化的发扬中，才能让"传统年轻化"，重现生机与活力。

（五）深化拓展"徽墨＋"行动，大力发展研学旅游

调研数据结果表明，大部分的人想要了解徽墨制作过程。因此，应以徽墨为核心，深化拓展"徽墨＋"行动，大力发展研学旅游，开发更多的文旅体验产品和特色徽墨旅游产品，让现代人真正从实践中深入体验和感受徽墨制作过程，去实实在在地感受这项技艺，领略这份文化。

（六）积极创新宣传方式，加大徽墨文化宣传力度

调研数据结果表明，社会大众普遍认为关于徽墨文化的宣传力度太小，严重阻碍了徽墨文化的传承与发展。因此，徽墨企业应积极创新宣传方式，大力推进徽墨文化的宣传。如，可以举办徽墨作品展览；将徽墨的历史渊源、制作过程等内容拍成纪录片在电视台或各大网站播放；开展徽墨传承学术交流会，利用网络直播等方式，推进徽墨文化"走出去"。

五、结语

中国徽墨源远流长，精彩纷呈，技艺独特，流派繁多，内涵丰富，列入首批国家级非物质文化遗产代表性项目名录，是中华文化的一朵奇葩，具有较高的文物价值、美学价值、欣赏价值和研究价值。此次调研，不仅

让我们大学生明白了书法作品中"力透纸背""纸寿千年""水墨丹青""墨分五色"的真正含义，也真正认识到了何为大国工匠，何为工匠精神，我们被他们的家国情怀、责任与担当深深感动着。

徽墨传承目前虽然面临一些困境，但先辈们对徽墨事业的热爱、青年人对祖辈手艺的敬重以及一丝不苟的大国工匠精神一定会让徽墨文化不断传承下去。中华文明绵延数千年，具有其独特的价值。中华民族生生不息地绵延发展、饱受挫折，却又不断浴火重生，都离不开中华文化的有力支撑。"中华优秀传统文化已经成为中华民族的基因，植根在中国人内心，潜移默化影响着中国人的思想方式和行为方式。"习近平总书记深谙中华优秀传统文化深厚的内涵和底蕴，一语道破徽墨得以传承的根本原因。相信在未来的岁月里，徽墨中所蕴含的工匠精神能够一代代传承下去。

作为当代大学生，对徽墨等文化遗产了解甚少，更提不上保护与传承。因此，我们应主动去认识了解徽墨，去了解其背后的故事和内涵，学习老艺人们的"匠人精神"，静得下心，耐得住寂寞，将中国传统文化通过独特的技艺展示给世人，展示我们文化的独特魅力。徽墨折射出了各个时代国家与人民的经济、民风、民俗等特点，是民族文化之根，是中华民族文化精神所在。高校大学生作为国之栋梁，更应该敢为人先担起这份重任，通过自己的努力，唤醒更多的人去进一步了解和学习非遗技艺，接过文化传承的接力棒，将徽墨这一类传统文化发扬光大。

参考文献

[1] 徽墨 [EB/OL]. https：//baike. baidu. com/item/％E5％BE％BD％E5％A2％A8/868330？ fr＝aladdin. 2018. 12. 06.

[2] 歙县胡开文墨厂 [EB/OL]. http：//www. oldhukaiwen. cn/qyry. html. 2018. 12. 10.

宣纸文化传承与保护调查研究

摘　要：宣纸作为文房四宝之首、传统手工纸的典型代表，是我国乃至世界非物质文化遗产中的瑰宝，它在人类文明发展中具有不可替代的作用。本文通过实地访谈和问卷调查，了解宣纸当下发展现状，分析宣纸在当代发展中所出现的问题及原因，并以大学生体验式教育为途径，探讨当下宣纸文化传承与保护的有效措施，增强当代大学生传承中国传统文化的使命感与责任感。

关键词：宣纸；制作工艺；传承与保护；发展

一、研究背景及意义

（一）研究背景

2017 年 7 月 26 日，习近平总书记在省部级主要领导干部专题研讨班上深刻指出，"中国特色社会主义是改革开放以来党的全部理论和实践的主题"，要求全党必须"牢固树立中国特色社会主义道路自信、理论自信、制度自信、文化自信，确保党和国家事业始终沿着正确方向胜利前进"[1]。在"四个自信"中，文化自信是更基础、更广泛、更深厚的自信，是更基本、更深沉、更持久的力量。一个国家、一个民族的强盛，离不开浓厚的文化底蕴支撑。坚定文化自信，才能推进我国文化事业的繁荣发展，才能促进当代社会的发展，为实现"两个一百年"奋斗目标和中华民族伟大复兴的中国梦提供源源不竭的精神动力和强大的文化保障。高校作为传播知识的场所，应该担当起弘扬优秀传统文化的使命，注重培养大学生高度的文化自觉和文化自信。而宣纸作为文房四宝之首和传统手工纸的典型代表，其文化传承和保护调查研究，能引导与培养大学生主动承担弘扬优秀传统文化的历史责任。

对宣纸的记载最早见于《历代名画记》《新唐书》等。宣纸起于唐代，

实践团队主要成员：彭俊宇、黄佳梁、廖雨轩、姚良通、游伟宁。

指导老师：黄艳。

历代相沿。在唐代，宣纸就已经被列为贡品，北宋著名文学家、书画家苏轼也称宣纸为"纸寿千年"，这都体现出宣纸历来的重要地位。一般的纸张都有着生命的上限，宣纸生命上限则长得多。20 世纪 60 年代，造纸专家陈志蔚等人采用美国国家标准局认可的 TAPPI 老化试验法，将纸样放在 105℃的恒温下，经过 36～126 天的老化试验，试验结果认为，新闻纸、普通白纸只能保持几十年就发生纤维断裂、炭化，到一定的年限后就消失，而宣纸在 1050 年后其纤维结构没有发生任何变化，而且还能继续使用。根据各大博物馆珍藏的纸质文献对比，损毁最轻微的就是宣纸实物，现存于安徽博物院的宋代张即之抄经册材质就是宣纸，至今完好无损。这是因为宣纸具有润墨性、变形性、耐久性和抗虫性等四大特性，是别的纸张（包括用来绘画的各种机制纸和手工纸等）所不具备或所不及的，因此宣纸是珍贵档案、图书、古籍、碑文拓片等专用纸之一。

（二）研究意义

宣纸作为我国乃至世界非物质文化遗产中的瑰宝，对人类文明的发展一直起着重要的作用，其价值不仅在于其独特的品质，更在于其复杂而精妙的手工技艺。然而，在市场经济大潮冲击下，宣纸技艺的传承与保护却面临着一系列严重问题，如宣纸生产机械化推广及严重的环境污染等[2]。很多研究学者们对宣纸研究做了大量工作，对于宣纸文化的传承与保护、宣纸生产过程中所产生的环境问题等也提出了一些建议与措施，然而，由于种种主客观原因，这些措施的作用并不理想，宣纸的传统制作工艺正在离我们越来越远，这急需我们快速采取措施挖掘、整理、研究宣纸文化相关资料，让宣纸文化在现代潮流中得以保护与传承。

二、研究内容

（一）探访小岭村

安徽泾县小岭村是中国宣纸的发祥地，小岭村隶属于丁家桥镇，境内群山环绕，重峦叠嶂，溪水川流不息，有"九岭十三坑"之称。据史书记载，南宋末期，安徽南陵县造纸专家曹大三迁至泾县西乡小岭一带，教族人制造宣纸维持生计。曹大三去世后，其子孙繁衍，后代遍布小岭全境，并且其后代以制造宣纸为主，延续到现在。小岭村属于丘陵地貌，处于中纬度南沿，常年气候温和，雨量充沛，得天独厚的地理位置，使得小岭村成为制造宣纸的圣地。

因实践团队事先已前往目的地进行考察，并与村委会进行了沟通，故活动开展时首先前往小岭村委会，与相关负责人进行简单的采访交流。

从采访交流中得知，以前进入村内主要是通过一条 4.1 千米长的砂石路，由于路面年久失修，严重影响到小岭居民的生活，对于小岭村的经济发展很不利，修路成为小岭人的迫切愿望。2006 年，由于"村村通"工程的相关政策，小岭村迎来了一次发展的机遇，在国家补助及小岭村民募集资金的帮助下，小岭村圆满完成了村级公路建设。泾县－丁桥 2 路公交汽车可以直接到小岭村，在路口下车再步行几百米便可以到小岭村委会。此外，泾县－方家山公交车也可以直接到达小岭村，其终点为方家山，在中途下车可以直接到曹大三广场，广场建有宣纸创始人曹大三雕像。负责人介绍说，公交线路的开通为宣纸的运输及发展带来了很大便利，也能起到一个很好的指示性作用，让远道而来的人们能够准确地找到目的地，以便其认识或购买宣纸。

另外，实践团队了解到，小岭村 85％ 的村民都从事与宣纸有关的工作，但是在宣纸制造一线上工作的主要是 40 岁以上的老一辈，年轻人较少，大多数年轻人更倾向于从事宣纸销售等相关工作，如开设网店售卖宣纸。小岭村主要以制造宣纸为主，没有其他的副业。所以负责人也说到，希望相关部门能够积极采取措施，推动小岭村宣纸产业与其他产业共同发展，彼此促进，尤其可以利用好小岭村自身的便利条件，打造宣纸方面的旅游产业，如体验宣纸制造，销售相关文化产品，以推动各产业共同发展。

（二）走进安徽泾县徽记宣纸有限公司

前往徽记宣纸有限公司进行调研，实践团队主要通过采访其负责人并进行实地调研来了解宣纸制作的相关内容。

1. 宣纸制作技艺的原料及流程

由中华人民共和国国家质量监督检验检疫总局、中国国家标准化管理委员会于 2008 年发布并实施的国家地理标志产品宣纸国家标准（GB/T18739—2008）对宣纸的定义：采用产自安徽省泾县境内及周边地区的青檀皮和沙田稻草，不掺杂其他原材料，并利用泾县独有的山泉水，按照传统工艺经过特殊的传统工艺配方，在严密的技术监控下，在安徽省泾县内以传统工艺生产的，具有润墨和耐久等独特性能，供书画、裱拓、水印等用途的高级艺术用纸[3]。

传统的宣纸制作技艺主要分原料收集、原料加工、制浆加工、成纸加工等部分，其中又分为草料、皮料、皮草台、稚班、做料、携纸、晒纸、看纸等八部分[4]。一般来说，生产一张传统优质宣纸，从原料加工到成品出厂需经一到两年的时间，其皮料制造过程共分为五个阶段四十三道工序，草料制造过程共分为四个阶段三十七道工序，配料过程分为四道工序，制纸过程分为六道工序，最后是整理包装成品[5]。因此，用传统技艺制造宣纸，是需要大量时间、人力的一项十分讲究且生产流程很繁杂的工作。徽记宣纸有限公司负责人介绍说，现在在制造宣纸时，其多个环节用机械代替了人工，生产环节和流程也有固定的标准。

2. 宣纸的分类

宣纸按配料分为棉料、净皮、特种净皮三大类，棉料宣纸是指原材料以稻草为主，檀皮含量在40％左右的纸，净皮宣纸是指檀皮含量达到60％以上的，特种净皮宣纸原材料檀皮的含量则达到80％以上；按厚薄分为单宣、夹宣、二层宣、三层宣等；按规格分为四尺、五尺、六尺、八尺、丈二、丈六以及其他特种规格，如"三丈三"超级宣纸，这种宣纸目前只有红星宣纸厂有能力制造；按纸纹可分为单丝路、双丝路、螺纹、龟纹等[2]；按加工方法分为生宣、熟宣、半熟宣，生宣是没有经过加工直接从纸槽中抄造出来的宣纸，熟宣是加工时用明矾等涂过，半熟宣是从生宣加工而成，吸水能力介于前两者之间。

3. 宣纸的产量、销售情况

宣纸主要分为手工造纸和机械造纸，手工造纸所需要的劳动力大、生产周期长、成本高，不能很好地满足市场需求，而机械造纸市场需求比较大，占有率高。手工造纸相比于以前萎缩了很多，其传统优势例如质量好等特点也在逐渐弱化；相反，机器越来越先进，所造的纸也越来越好，并且与手工造纸的差距越来越小，其在市场中的占有额逐渐增大。

在市场竞争方面，宣纸的销售主要受到四川机械纸的冲击，此外还有网上电商的冲击和丁家桥镇同类产品的竞争。外地仿制纸，尤其是四川机械纸，在网上进行销售时都说成是宣纸。因原材料的差别，四川机械纸比宣纸的价格低很多，而一般人无法真正鉴别宣纸，故在购买时，大部分人会倾向于购买四川机械纸。如，正常的宣纸一刀（刀是宣纸的使用单位，即100张宣纸），其价格会在200元左右，而四川机械纸的价格只在40元左右甚至更低。泾县的宣纸厂虽然在网上也有宣传并进行销售，但主要还是传统的销售模式，宣纸的主要供应对象为全国各地的代理商，且一般都是老顾客或者经熟人介绍，与各地图书馆的合作比较少，因此真正宣纸的销售渠道很有限，这对于宣纸的长远发展非常不利。

（三）宣纸传统制作技艺传承与保护面临的困难与挑战

在泾县小岭村与徽记宣纸有限公司实地走访调查后，了解到宣纸传统制作技艺传承与保护面临的一些困难与挑战。

1. 宣纸传统制作工艺面临失传

宣纸制造过程中，由于手工劳动环境差、工作时间长、强度大、待遇不高，年轻人宁愿外出打工，宣纸制作技艺的传承出现困难。虽然地方政府积极想办法想要解决宣纸传承后继乏人的问题，专门开办了培训学校，如泾县三中等，以培养更多愿意学习宣纸制造、传承宣纸技艺的年轻人，但是收效甚微。

随着机械化生产的推广，在不断追求经济效益最大化的时代，为了提高宣纸产量、更快地获得更多利润，有的企业利用科技手段对宣纸制作流程加以改进，现代化机械和合成化工产品在某种程度上取代了传统加工器具和天然材料。此外，用传统工艺生产宣纸，其单位产品比普通造纸耗水量要高，所产废水排放量大，污染也较严重。依据相关环保政策与法规，宣纸企业必须支出一笔不菲的资金用于治污，这无疑会增加企业的生产成本，影响企业的经营效益。因此，宣纸企业为了最大限度地节约成本，提高企业利润，在目前人们还无法真正鉴别机械纸与手工宣纸差异的情况下，会倾向选择机械生产，长此以往，必将导致宣纸传统制作工艺失传。

2. 宣纸制作会对环境造成一定程度污染

不论是传统手工造纸还是现代机械造纸都会对环境产生一定的影响。对于传统的手工造纸，檀皮纤维原料经碱法制浆蒸煮后会产生大量的废液，而且宣纸生产过程中，皮、草浆均需加次氯酸钙进行漂白，对环境污染很严重。而对于现代机械造纸，烧锅炉中的废气会排放到大气中，生产宣纸过程中也会产生大量的化学排放物，污染水源。

3. 制造宣纸的原料日益短缺

制作宣纸的主要原料是青檀皮和长秆沙田稻草，而这些原料是泾县特定的气候条件下的自然产物，在制造宣纸时，它们是不可替代的。但是，由于近年来不合理开发，青檀越来越少。同时，随着优质水稻的推广，长秆沙田水稻也越来越少，相应地，稻草的来源也成了问题。原料的短缺必将严重影响宣纸业的可持续发展。

4. 宣纸市场管理制度和秩序不完善

徽记宣纸有限公司负责人说，宣纸虽然不存在造假纸的行为，但是在零售环节很容易出现以次充好的现象。尤其是近年来，因宣纸产量有限，宣纸需求量较以前增加，宣纸价格水涨船高。在宣纸市场管理不到位、行业没有严格标准的情况下，一些宣纸厂家很容易受到经济利益的诱惑，出现将书画纸当作宣纸来卖、不是宣纸却说成是宣纸的情况。真正的宣纸一刀卖 200～1000 元，看售价也能初步判断是否为真正的宣纸，但也不可避免地存在网上乱标价的行为。因此对于宣纸的鉴别，外行人很难看得出来，最好的办法就是试笔，目前来说没有更为简便的方法。

三、问卷调查及数据分析

根据以上访谈及实地调研内容，实践团队有针对性地设计并发放调查问卷，以了解当代社会大众对宣纸文化的认知及传承情况。针对宣城市民在汽车站、宣城国购广场、大学校园等公共场所共发放并回收有效调查问卷 27 份；针对全国网络用户发放并回收有效网络调查问卷 85 份，两种方式共回收有效调查问卷 112 份。

（一）社会大众对宣纸文化的认知情况

1. 调查对象的基本情况

调查对象包含各个年龄段、各类职业（包含学生、食客、店主等），调查对象的基本情况见表 1 所列，这对实践团队了解社会大众对宣纸文化的认知情况有着积极的作用。

表 1　调查对象的基本情况

年龄	16 岁以下	16～30 岁	31～50 岁	50 岁以上
所占比例（％）	1.80	75.90	21.40	0.90
文化程度	初中及以下	高中	本科及专科	硕士及以上
所占比例（％）	4.46	3.57	90.18	1.79

2. 社会大众了解宣纸的途径

由调查问卷数据可知，对宣纸的了解，人们主要通过以下几个途径获知。20％的人是通过网络了解的，7％的人是通过电视了解的，24％的人是通过别人了解的，11％的人在课堂上了解到宣纸，还有 30％的人通过书籍方面获知，通过其他途径的为 8％。说明大部分人对宣纸有一定的了解，至少有所耳闻，少部分人非常了解宣纸。通过实地考察分析可知，近几年来宣纸知名度呈上升趋势，且因近几年宣纸文化园与宣纸博物馆建成并对外开放，吸引了很多对宣纸感兴趣的参观者，这对传承与保护宣纸传统制作工艺、弘扬宣纸文化、发展宣纸文化旅游产生了重大的推动作用。

3. 社会大众对宣纸的基本认知情况

在问及调查对象是否知道宣纸被称为文房四宝之一时，80.36％的受访对象表示知道，19.64％的人表示不知道。从中可以知道，大部分人对于宣纸作为文房四宝之一是很清楚的，只有少部分人不清楚，这也反映出宣纸是有一定的知名度及影响力的，但对于宣纸，我们应该加大宣传力度，让更多的人能认识和了解宣纸文化，从而推进优秀传统文化的传承与保护。

问卷中在对于只有安徽泾县及其周边地区才能做出真正的宣纸这一说法是否认同时，大部分人表示认可，只有少部分人表示不赞同。对于这一说法，实践团队在实地考察中，也询问了安徽泾县徽记宣纸有限公司的负责人，他解释，宣纸是采用安徽省泾县境内及周边地区的长秆沙田稻草和青檀皮作为原材料，不掺杂其他原材料，并利用泾县独有的山泉水，按照传统工艺经过特殊的传统工艺配方，在严密的技术监控下，在安徽省泾县内以传统工艺生产的，具有润墨和耐久等独特性能。可以这样说，宣纸的原材料只有安徽泾县及其周边地区才有，也只有在这里生产的宣纸才能称得上真正的宣纸。所以，这一说法确实是有根据的。

对宣纸的基本认识情况如图1所示。根据问卷调查数据，实践团队结合在当地进行实地考察的情况，认为大部分人对宣纸有一定的了解，至少有所耳闻，少部分人（约4％）非常了解宣纸。同时，近几年来，全国各地大学生关于宣纸文化的"三下乡"社会实践活动也逐年增加，说明高校对于宣纸文化的传承还是非常重视的。在加大宣纸文化宣传力度的同时，更应当提高大学生对中国传统文化传承与保护的意识。

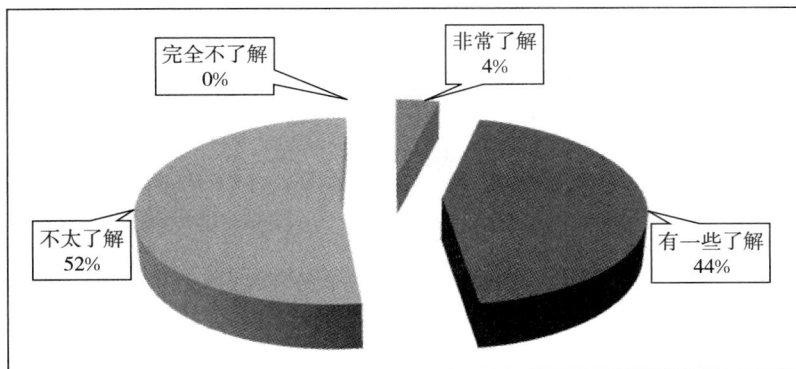

图 1　对宣纸的基本认知情况

4. 社会大众对宣纸用途的了解情况

对宣纸用途的了解如图 2 所示。根据调研数据可知（多选题），多数人对宣纸用途的理解还停留在创作书画和临摹上（分别有 98 人和 96 人选择），不少人同时也选择了制作书籍和赠送亲友（分别为 73 人和 62 人），没有一人选择自行补充。从这些数据可知，因宣纸的销售及宣传方式较为传统，大众对宣纸的了解不全面，以至于除了临摹、书画创作、赠送亲友等，大众很少会选择购买宣纸。

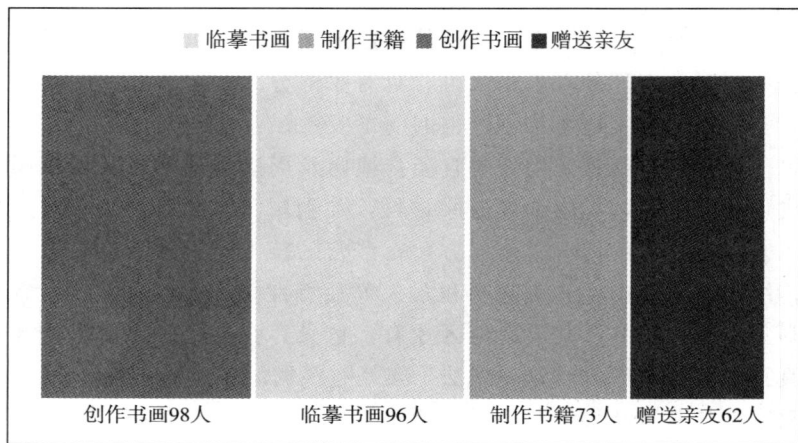

图 2　对宣纸用途的了解

5. 社会大众对了解宣纸制造的积极性

令人欣慰的是，当被问及是否愿意深入了解宣纸文化、实践体验宣纸的制作时，82.14% 的人表示愿意，只有 17.86% 的人表示不愿意。由调查数据可知，纵然在当代宣纸的受众如此之少的情况下，大部分人仍然想要并且希望了解宣纸，这让我们看到了宣纸传承的基石。我们相信，在宣纸爱好者的推广下，在传统文化的发扬下，只要我们付出努力，将会有越来越多的人认识、了解、喜爱上宣纸。

6. 社会大众对于宣纸文化传承与保护的看法

对于宣纸的保护情况，实践团队在安徽泾县徽记宣纸有限公司调研时，已知外地仿制宣纸等对当地宣纸的发展带来了很大冲击，因此在问卷调查时，特意调研了普通大众对保护宣纸文化的看法，普通大众对保护宣纸文化的看法如图 3 所示。结果显示，其中 48.61% 的人认为保护宣纸文化非常有必要。问及对于宣纸文化的传承有什么看法时，有 93.75% 的受访对象认为对于宣纸文化的传承很有必要，只有 6.25% 的人认为没有必要传承宣纸文化。由此可见，大部分人都希望能够很好地保护和传承宣纸文化，希望宣纸文化在未来能够得到很好的传承和发展。

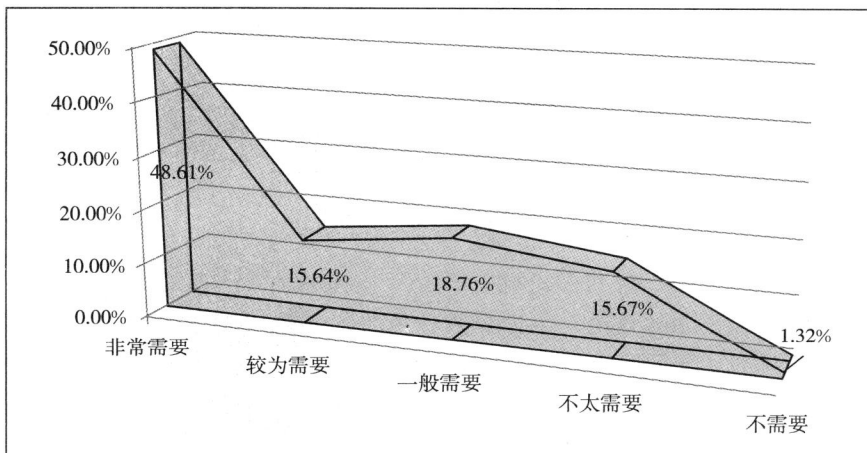

图 3　普通大众对保护宣纸文化的看法

7. 社会大众对宣纸价格的看法

大众对宣纸价格的看法如图 4 所示，19.64% 的人认为宣纸的价格偏高，33.93% 的人认为宣纸的价格合适，0.89% 的人认为宣纸的价格偏低，45.54% 的人认为对宣纸价格不了解。一部分人觉得宣纸的价格可以接受，说明宣纸的价格是比较合理的。但是将近一半的人对宣纸价格不了解，这说明大部分的人从来没有考虑过购买宣纸。

在了解宣纸的人中，39.29% 的人认为制造宣纸难以维持生计，

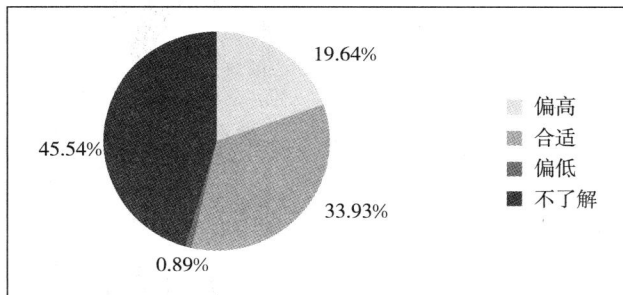

图 4　大众对宣纸价格的看法

38.22%的认为制造宣纸可以勉强维持生活，只有22.49%的人认为制造宣纸收入可观。这说明大部分人认为制造宣纸利润低，这也是越来越多的年轻人不愿意从事宣纸制造的主要原因之一。调研结果也证实了这点，调研过程中发现了大量倒闭的宣纸厂，徽记宣纸有限公司的负责人也表明其销售对象主要是一些老客户，了解并购买宣纸的人越来越少。

8. 对宣纸销售的具体看法

调研中提及宣纸的主要盈利方式有哪些时，共有112人回答了该问题（多选题）。宣纸的主要营利方式如图5所示，有79人认为与造纸厂合作，88人认为与各地图书馆合作，有87人认为供应给书法家，有79人认为供应给店铺，有45人认为通过其他方式。从这些数据可以看出，普通大众对于宣纸的销售方式、盈利方式不是很了解。通过对徽记宣纸有限公司的调研可知，宣纸的主要供应对象为全国各地的代理商，与各地图书馆合作比较少。而通过数据可直观看到，大部分人认为盈利的主要方式是与各地图书馆合作及供应给书法家，这说明大部分人认为宣纸的使用人群并不是普通大众，普通大众可能并不会主动去购买宣纸，所以这也是宣纸的销售不容乐观的主要原因之一。

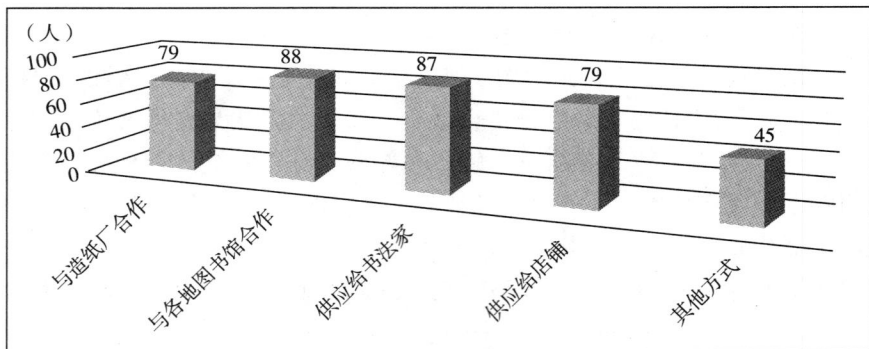

图5　宣纸的主要盈利方式

由上述数据分析可知，宣纸的生存现状不容乐观，因从事宣纸制造所需劳动强度大，收入相对较低，越来越多的年轻人不会选择从事宣纸制造。外地仿制纸对当地宣纸产业造成很大冲击，同时人们对于宣纸的价格也存在不清楚的情况，再加上宣纸的盈利方式也比较单一，产品输出渠道少，造成一些宣纸小作坊难以维持生计，这对宣纸的大众化发展造成了很大阻碍。

（二）宣纸制造对环境的影响

1. 宣纸制造对环境的影响

通过调查数据可知，76.79％的人认为传统制作工艺对环境有一点污染，9.82％的人认为完全没有污染。这与实践团队前面的调研结果也基本一致，不论是传统工艺还是现代工艺都对环境产生一定的影响。

调查数据显示，84％的人不了解宣纸的制作工艺，只有16％的人了解宣纸的制作过程，这就导致了人们忽视了宣纸制作过程所产生的环境污染问题。据调查，目前我国每吨浆纸废水排放量在300～600吨，而每吨宣纸的耗水量高达1 500吨，这大大增加了水资源的浪费[6]。另外，由于外部环境因素的变化，泾县周边区域的环境也受到不同程度的破坏，宣纸原料生长和加工环境受到影响，生产的宣纸品质也会受到影响。

2. 宣纸的原材料对环境的影响

调查数据显示，57位问卷调查人了解宣纸制作的原材料是青檀树皮、沙田稻草，11位认为宣纸的原材料是石灰浆、破布，44位问卷调查人认为宣纸的主要原材料是竹子、麻布。通过调查数据可知，大部分人了解宣纸制作的主要原材料，但是这些原材料只有在泾县当地才有，由于近年来的不合理开发，宣纸原料消耗速度加快，使得当地生态环境受到一定的影响。

四、宣纸制作工艺传承、保护与发展的对策

（一）宣纸文化的传承与保护

1. 保护手工制作的核心技艺，传承文化内核与精神内涵

实践团队在实地调研时了解到，随着机械化生产的推广，宣纸纯手工制作技艺面临失传。考虑到环境污染、企业成本等综合影响因素，实践团队觉得宣纸制造目前最重要的是传承与保护传统技艺，制作过程不一定要"纯手工"而拒绝使用现代工艺，应该是保护手工制作的核心技艺，也就是创造力、智慧、能力，还有积淀的那一部分技艺。对于宣纸，不仅要技术变通和文化内涵坚守的统一，更重要的是形成精神生产、文化精髓与产品创造的辩证统一，不能仅仅保留了物质产品的工艺而丢失了文化内核与精神内涵，这也是当代大学生在了解中国优秀传统文化时需传承的精髓。

2. 制定规范的宣纸标准，严厉打击以次充好

在走访企业时，实践团队了解到宣纸虽有不同等级之分，但行业没有规范的标准，这就从根本上为一些冒充宣纸的不法之人制造了有机可乘的空间。再加上网络电商的不断发展，中国市场变得越来越开放，故在零售环节出现了大量以次充好，甚至不是宣纸说成是宣纸的现象，这对宣纸的声誉产生极其不好的影响。因此要加强宣纸行业管理，整合资源，制定合理的宣纸产品标准，对于宣纸技师评选也要严格把关。对不顾宣纸制作工艺传承的生产企业进行整顿处理，防止在客观上不利于宣纸制造工艺传承与保护的现象出现。

3. 提高薪资待遇，留住宣纸制造人才

调研发现，泾县一带捞纸工一天走动的距离相当于常人走几十千米的路程，但收入却勉强与在沿海地区打工者的工资持平，这使得当地年轻人纷纷选择外出务工。尤其是高级熟练技工的大量流失困扰着宣纸企业的发展，不利于保证宣纸的质量。人员的缺乏还直接威胁着宣纸制作工艺的传承，使得宣纸制作工艺因为失去传承的载体与主体而面临断层危险。宣纸企业应当与地方政府合作，配合政府出台优惠政策保障技术工人的福利并提升薪资，为宣纸制作工艺的生产保护吸引并留住必需的人才，这样才能使宣纸得到传承，使中华瑰宝发出应有光芒。

4. 保护宣纸生产的自然环境，建设优质原料供应基地

由调研结果可知，不论是传统工艺还是现代工艺都会对环境产生一定的影响，对水及大气的污染最为严重。因此要建设优质水库，保护水源不被污染。其次要减少生产宣纸的污水排放，同时对产生的污水进行降解处理，采用分段处理，降低污水处理成本，提高废水的处理效率。在生产过程中，可用生物颗粒来代替木柴燃烧，以减少废气的排放。目前，宣纸原材料的种植面积正逐年减小，因此要加大投资，在生态条件好的地方建设宣纸原料基地，增加青檀树和优质沙田稻草的种植面积，从而解决宣纸原材料不足的问题。最后，当地政府需要提高种植宣纸原材料农户的收入，提高他们的积极性，以保证对宣纸生产的供应。

（三）拓宽宣纸文化的传播渠道

为让更多人认识并了解宣纸，建议从以下几个方面来拓宽宣纸的传播渠道。

1. 加强电视新闻方面的宣传

电视新闻是当代信息传播的重要手段，对于宣纸文化的传播，可以做

成一些专题宣传片进行展播，还可以融入一些文学性强、文学底蕴深的节目当中进行宣传，比如《中国汉字听写大会》《朗读者》等。

2. 出版相关书籍

深入挖掘宣纸文化资源的历史资料，从中学习宣纸文化所蕴含的丰富底蕴，编写相关方面的书籍等，着力于将研究与实际应用相结合。

3. 借助媒体平台宣传

充分发挥媒体平台的作用，利用微信、微博、论坛等年轻人经常使用的媒体平台来传播宣纸文化。还可以将宣纸制作流程、宣纸的相关知识做成视频，借助这些平台让更多人加深对宣纸的了解。

4. 借助大学生群体进行传播

每年都会有来自全国各地的高校大学生进行暑期"三下乡"社会实践活动，可以借助他们的力量进行传播；同时，也可以通过他们的社会实践成果展现、媒体对他们的报道来间接加强宣纸文化的传播。

五、结语

宣城泾县，书香四溢，山色秀丽，水波明亮，是一个青瓦白墙的古色城镇。没有工业的污染，没有利益的诱惑，这里的宣纸匠人们始终坚持着最初的技艺做法，保留着精湛的手工技艺。每一次重复的动作背后，都是对中国传统文化的崇敬；每一张完成的宣纸背后，都是历史的烙印和文化的传承。

此次调研，实践团队深切地感受到了传统文化的奥妙与魅力，更感受到了手工匠人对于传统工艺的虔诚，对每一道工艺的精益求精。在传统工艺与现代工艺的碰撞中发现，传统文化是随着时代不断地发展和进步的，它虽与现代工艺融合，却仍有着自己独特的一股力量，吸引着当代青年人不断去深入认识它、了解它，也仿佛拥有自己的一股风，在当代青年之间传承着、发扬着。对实践团队来说，这短短几天的社会实践不能浅尝辄止，还有很多传统手工艺需要当代青年去探索，这种工匠精神足以在心中扎根，成为当代青年与传统文化并肩前进的不竭动力。

参考文献

[1] 习近平：为决胜全面小康社会实现中国梦而奋斗［EB/OL］. 新华网. http：//www. xinhuanet. com//politics/2017－07/27/c_1121391548. htm.

[2] 姚超. 宣纸制作技艺保护状况调查研究［D］. 合肥：安徽医科大

学，2012.

[3] 中华人民共和国国家质量监督检验检疫总局，中国国家标准化管理委员会. 中华人民共和国国家标准地理标志产品·宣纸 [M]. 北京：中国标准出版社，2008：1.

[4] 黄飞松，汪欣. 宣纸 [M]. 杭州：浙江人民出版社，2014：66.

[5] 吴世新. 宣纸生产工艺与润墨 [J]. 中华纸业，2008 (7)：66.

[6] 戴健. 作为非物质文化遗产的宣纸制作技艺保护与传承 [J]. 内蒙古大学艺术学院学报，2016，13 (3)：102-107.

歙砚制作技艺的传承与发展调查研究

摘　要：歙砚是中国四大名砚之一，是徽文化的代表，其制作技艺的传承与发展对传统文化的保护与发展有着举足轻重的作用。本文通过实践团队的实地走访与问卷调查，了解歙砚制作技艺传承与发展现状，分析当代歙砚传承与发展的问题及原因，有针对性地提出解决措施，并深入研究歙砚文化散发出的传统文化精髓，唤醒当代大学生保护中国优秀传统文化的责任心和使命担当。

关键词：歙砚；制作技艺；传承与发展

一、研究背景及意义

（一）研究背景

2017 年 3 月 12 日，经国务院同意并发布由文化部、工业和信息化部、财政部联合制定的《中国传统工艺振兴计划》强调："中国各族人民在长期社会生活实践中共同创造的传统工艺，蕴含着中华民族的文化价值观念、思想智慧和实践经验，是非物质文化遗产的重要组成部分。我国传统工艺分类众多，涵盖衣食住行，遍布各族各地。振兴传统工艺，有助于传承和发展中华优秀传统文化，涵养文化生态，丰富文化资源，增强文化自信；有助于更好地发挥手工劳动的创造力，发现手工劳动的创造性价值，在社会中培育和弘扬精益求精的工匠精神；有助于促进就业，实现精准扶贫，提高城乡居民收入，增强传统街区和村落活力。"[1]其主要目标就是保护和传承中国优秀传统文化。徽文化是中国传统文化的精髓之一，歙砚制作技艺作为徽文化中的优秀技艺，被列入了第一批国家级非物质文化遗产代表性项目名录加以保护[2]。歙砚制作技艺的传承与发展有着重要的传统文化的保护与发展意义。

然而近年来，随着社会经济的发展，社会大众普遍不再选择传统书写

实践团队主要成员：夏瑞妍、陈思宇、阳光、吕睿、曹蕴卓、李金成、冯欣怡、王皓楠。
指导老师：陈君、梅启梦。

工具，而是选择先进的电子产品，人们使用歙砚的机会越来越少。再加上歙砚市场鱼目混珠、价格虚高，使得歙砚制作技艺发展受到严重影响。目前国内外对非物质文化遗产保护愈加重视，歙砚制作工艺在被列入首批国家级非物质文化遗产代表性项目名录后，其传承与保护具有重要意义，然而如何对其进行保护与传承是一个值得深思的问题。

（二）研究意义

1. 历史方面

歙砚至今有一千二百多年甚至更长的历史，长期以来，砚作为一种重要的文化载体，承载了中国千年来书画文化的发展，书写并记录了中华民族的历史，为彰显中华文明发挥了巨大作用。同时砚台不仅是书写工具，翻开歙砚史，多少文人墨客无不视歙砚为至宝，留下众多雅闻逸事。

2. 工艺方面

歙砚的石品含而不露、美而不艳，石品天然生成于砚石，是砚石中美妙之精华。歙砚制作技艺具有浓郁的徽州文化特色，造型独特兼具石质优、发墨好、雕琢精致、耐人品鉴等特点，长期以来为骚人墨客所珍视，这也是歙砚别具一格、区别于其他名砚而成为最具代表性的砚艺特色。

3. 艺术方面

歙砚诞生和发展在古徽州，徽文化的深厚底蕴为其制作提供了丰富的资源和坚实的基础，使其题材广泛、构图新颖、造型美观，集书法、绘画、雕刻、装帧于一体，与徽文化相辅相成。从古至今，歙砚经过历代传承和创新，技法和设计吸收了传统之精华，又弃其俗气、匠气，逐步从实用性向艺术性、欣赏性、收藏性转移，使这项传统工艺更具生命力。

4. 文化方面

歙砚文化是中华民族优秀文化遗产的组成部分，歙砚文化宝库里，不仅有歙砚的历代著述、诗词，还有许多与歙砚有关的传说、故事、书画等。歙砚艺术凝聚了千百年来劳动人民的聪明才智，同时也与历代文人雅士赋予歙砚以丰富的文化内涵分不开。

5. 交流方面

歙砚是我国历代的重要文书工具，也是文化交流、传播的使者，在促进社会文明进步和对外交往中发挥了重要作用。党和国家领导人出访时，多次把歙砚作为高级礼品赠送给国际友人。源远流长的中外文化交流，为传播中华民族文化艺术，增进我国与外国的相互了解和友谊起到了积极作用。

鉴于歙砚有多方面的价值，本文旨在通过对歙砚制作技艺的分析和探究，充分挖掘歙砚文化的内涵，使歙砚文化在当今社会得到更好的传承和保护。

二、研究内容

（一）参观歙县博物馆，感受歙砚文化

歙县博物馆依山而建，景色优美，馆藏丰富。砚台、徽墨等藏品种类众多，雕刻精美，其悠久的历史令实践团队赞叹不已。团队成员在太白楼观赏雕刻着各式各样图案的砚台，阅读先人留在纸墨中的一字一句；在新安碑园领会前人刻在石碑里的故事，感悟碑文中的一点一滴；在博物馆的历代瓷片展看清一块块瓷片的前世今生，感受千年文化传承下来的美好。一天下来，实践团队在这里看到了万千姿态的砚台，或大或小，或横或竖，或雕龙刻凤，或描山画水。这些砚台变化的是它们的材料和模样，不变的是千百年来传承的情怀。实践团队还采访了博物馆内工作人员，当谈到如何保护当地非物质文化遗产这一问题时，工作人员说道："馆内的藏品都需要参观者耐心欣赏品味，古砚、碑文都是徽州文化的一部分，希望更多的人了解古徽州的文化，让古徽州的文化能更好地传承发扬。"

（二）走进胡开文墨厂，深入了解歙砚制作及其发展所面临的问题

在胡开文墨厂参观过程中，负责人很热情地向实践团队介绍了歙砚的制作过程，同时也讲述了目前歙砚产业发展所面临的问题。

1. 制作过程

采石。砚石的开采过程非常艰巨，采石工人需成年累月在深山里，或在悬崖峭壁上，或在河流切割的深谷中，一锤锤地刻凿。砚石在开采过程中，不同于矿山开采，不能放炮。因为在放炮后，砚石容易震裂或震出裂痕，导致瑕疵过多无法成为砚料。歙砚的工艺要求又十分严格，砚石要求高，对块度、粒度、硬度、石料状态等都有规定，采砚工人每天只能采到几十公斤至几百公斤石料。采下来的石料还要经过精心挑选，抛弃一些较差的石料，方能制砚。好的砚石往往藏在巨大的岩石之中，两侧为砂岩或砂质板岩，即所谓"麻石三尺，中隐砚材数寸而已，犹玉之在璞也"。

选料。歙砚的选料要求十分严格，所选石料要有一定的块度、粒度，硬度也要适中。采下来的石料不等于都能制砚，往往还要经过挑选。选料工人按照规格、形状、工艺要求进行取料，然后剥板，将石料凿平，锯成

一定形状，用水砂细磨成砚坯。

制坯。砚坯分为定型坯、自然型坯两大类。定型坯是按计划生产的规格型坯，如正方形、圆形、不规则形等。自然型坯则是就砚石之自然形状加以修整，锯磨成坯。

设计。按砚坯大小、质地优劣、形状方圆等，认真考虑题材、立意、构图、造型以及雕刻的刀法刀路，然后在砚石上描出最理想的设计图案。规矩素砚只需要根据料的大小、薄厚选择风格，随型砚则要根据制砚人的构想思维进行设计。设计一般要求做到"因材施艺"，将歙砚自然形态和纹理与雕刻有机地融合在一起。

刻线和起线。根据在砚石上设计好的图案，用刻刀刻线。此外，还要对开始的设计进行深入思考，以寻求最佳的设计方案。刻线、起线结束后，砚台的设计方案将无法修改。

开池。砚池是一方砚台最主要的部分，是最能体现砚台实用性的地方。砚池的深浅、大小、形状主要取决于石材的特点和砚雕师的设计方案。

粗雕。粗雕又叫降底板，即将设计好的方案在砚石中体现出来。无论是深雕、浅雕、薄意，都需要降底板，这样方能凸显砚雕师所雕刻的图案。

细雕。在粗雕的基础上，再做一些精细的处理，以体现砚台的神韵和灵性，这是将砚雕师的思想融入歙砚的一个重要步骤。

磨光。首先用粗砂（200目左右）磨制，目的是磨去凿口、刀路，然后再用滑石、细砂纸，最好是1 000目至1 500目的水磨砂纸反复磨滑，使砚台手感光滑为止。砚石磨光的好坏，直接影响砚石的品质及使用的效果。人们在选择歙砚的时候，除了以水湿石鉴赏石质和石纹外，还常用手按摸砚堂（所谓手感），看是否细腻、润滑，这一切都与砚石的磨光有直接关系。

刻铭。将砚铭镌刻在砚背面或两侧。砚铭的内容有叙述砚的历史、特点，或赞扬砚的构图和雕工，以及砚的名称等。可别忽略砚铭，一个好的砚铭，有时候能对整方砚台起到画龙点睛的作用。

配盒。根据砚台的大小、形状、薄厚，配制砚盒，以保护整方砚台，防止尘埃入砚，又对装饰砚台有作用。

2. 歙砚产业发展面临的问题

（1）产业化程度较低。目前从事歙砚的大多数是家庭作坊式的个私企业，像胡开文墨厂这种规模的企业很少，制作人员一般是父子相传、师徒相传，人员少、工艺落后，产业虽然有发展但规模还不大，企业虽然有集聚但关联度还不高，家庭作坊式生产、"前店后坊"式经营在规模及品牌效应等方面还存在各自为政以及散、小、乱等缺陷。

（2）创新意识较低。歙砚作为原有的使用功能已经在变化，目前已向着欣赏性收藏方向发展。但是目前大部分歙砚产品单一、包装粗糙、不方便携带，歙砚销售市场狭窄。

（3）原材料供应面临困境。歙砚的生产离不开歙砚的原材料——歙石，歙石指的是在古徽州范围内（或徽州文化生态保护实验区范围内）开采出的适合制作砚台的石头。歙石主要品种有江西砚山龙尾石、济溪鱼子金晕石、歙县溪头坑龙潭石、岩源坑彩带石以及歙红和歙青、紫云坑紫云及玉斑、庙前坑罗纹石、洽河坑车川罗纹石等，除了龙尾石的开发利用有着悠久历史，以上其他种类有待进一步科学开发与合理利用。作为歙砚原材料之一，龙尾石的产量已不足以支撑起整个歙砚行业的发展，其居高不下的价格也是发展中必须面对的瓶颈。

（4）扶持政策较弱。对非物质文化遗产的保护及利用缺少相应的法律、法规等制度约束、调整或保障，无论是政府或传承单位、传承人对非物质文化遗产的传承和利用无章可循，单靠项目传承单位或代表性传承人显然力不从心。

（三）专访歙砚传承人，传承匠心精神

在调研时实践团队专访了柯崇、凌红军（鸿君）、周美洪等歙砚传承人，他们都是歙砚文化的守卫者、传承者，在他们身上，可以看到对中华传统文化的挚爱和自信以及千年传承的工匠精神。

柯崇，号枕石，砚雕艺术家、砚石研究专家、中华传统工艺大师、国际注册高级工艺美术师、高级传统工艺师。1986年开始砚雕生涯，三十余年砚雕不辍，制砚刀工独到，线条流畅，常根据石料的造型、纹理、颜色等天然风韵因材施艺，追求自然与人工协调统一，达到出神入化的艺术境界。其砚作品注重文化内涵，题材广泛，意境深远，是歙砚制作技艺的主要传承人之一。多年以来常为歙石发掘新资源，在古体范围内发现并开发利用了金皮、银线、金星、金晕、冰纹、千层石、刷丝纹等若干砚石新品，开发利用这些砚坑砚石对歙砚新资源供给有重要意义。

凌红军（鸿君），1971年生，歙县人。安徽省工艺美术大师、高级工艺美术师、安徽民间文化传承人、民间工艺大师。其砚雕作品多以诗、书、画、印、雕合一体，强调主题的深化、意境深远；追求砚雕的创意、

设计及雕刻的品位和格调，使歙砚雕刻传统工艺得到传承与发扬。

周美洪，徽墨制作技艺国家级非物质文化遗产代表性项目代表性传承人，非歙砚制作技艺传承人，历任中国文房四宝协会第三、第四、第五届副会长，现任安徽省歙县老胡开文墨厂、安徽歙砚厂（歙县工艺厂）厂长，兼任徽墨研究所、歙砚研究所所长。周美洪1957年生于徽墨世家，自幼耳濡目染，对徽墨制作产生了浓厚兴趣。1979年，周美洪进入老胡开文墨厂工作。他继承明清两代传统，研制生产了成套的"集锦墨"，不仅品质精良，而且造型融绘画、书法和雕刻于一体，具有很高的观赏性。代表作有"李廷珪牌超漆烟墨""李廷珪牌宝墨"和"贡墨"等。"李廷珪牌徽墨"于1994年荣获第五届亚太国际博览会金奖，并于2000年在中国文房四宝协会举办的专业博览会上被评为"20世纪名墨"，此后又多次荣获"产品质量金奖"和"国之宝"等称号。

三、问卷调查与数据分析

（一）调查人群基本情况

根据以上实地调研内容，实践团队有针对性地设计并在歙县古城发放了调查问卷。歙县古城在古代为徽州府治所在地，也是文房四宝之徽墨、歙砚的主要产地。队员们在古城内进行问卷调查，主要收集古城居民与游客们对歙砚制作技艺传承与发展的看法。在歙县古城共发放问卷100份，回收有效问卷68份。同时，调研小组也在网络上进行了问卷调查，共回收有效问卷85份。本次调研，共回收有效问卷153份。

调查人群年龄分布见表1所列。调查对象包含多个年龄段、各类职业（包含学生、游客、当地居民以及歙砚从业人员等）。78.43%的调查对象不会书法，62.09%的调查对象不是安徽人，80.39%的人正在安徽或曾在安徽上学。

表1　调查人群年龄分布

年龄	20岁以下	21～30岁	31～40岁	41～50岁	51～60岁	60岁以上
所占比例（%）	7.84	58.82	17.00	6.54	5.88	3.92

（二）社会大众对歙砚的了解情况

在问及调查对象是否了解歙砚时，仅有9.80%的人表示从小就知道歙砚，51.63％的人对歙砚有大概的了解，其余人对歙砚没有任何了解，甚至都没听说过。在调查中发现，大部分人是在安徽上学时了解到歙砚的，在安徽上学之前基本没听说过。这说明，歙砚有明显的地域局限性，在社会大众中的认知度较低。

（三）歙砚的收藏价值高，还是使用价值高

在问及调查对象觉得歙砚的收藏价值高还是使用价值高时，79.74％的人选择"收藏价值，制作赏心悦目，值得收藏"，仅有20.26％的人选择"使用价值，比普通砚台质量好当然要派上用场"。由此可见，大部分人更看重它的收藏价值，普通社会大众一般不会选择歙砚作为平常用的砚台。

（四）社会大众对歙砚文化的兴趣点

社会大众对歙砚文化的兴趣点（多选题）如图1所示。结果显示，34.64％的人选择"发展历史"，60.13％选择"制作流程"，54.90％选择"鉴赏方法"，65.36％选择"品种分类"。由此可见，大部分人想要了解歙砚本身相关知识，尤其是制作流程及品种分类。实践团队在问卷上还设置了一项问题是"如果有机会，你愿意去了解和学习歙砚制作技艺吗?"有83.67％的人表示愿意去了解和学习。这些调研数据说明，在宣传歙砚文化时，应侧重让社会大众自己去体验与感受。

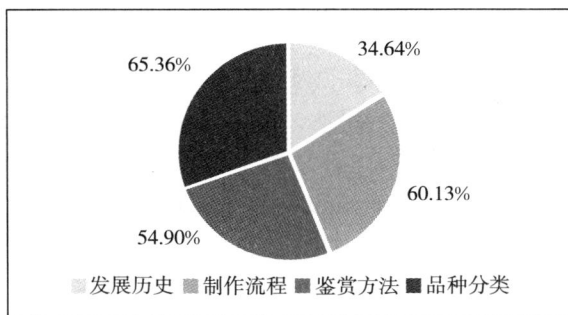

图1　社会大众对歙砚文化的兴趣点（多选题）

（五）歙砚制作技艺传承与发展遇到困境的原因

歙砚制作技艺传承与发展遇到困境的原因（多选题）见表2所列。调研数据显示，将近70％的人认为歙砚制作技艺传承与发展遇到困境的原因首先是从事歙砚工作报酬少，其次是制作过程过于繁杂。由此可见，在歙砚的传承与发展过程中，首要需解决的问题是，提高歙砚制作厂的利润，提高歙砚制作人的薪资待遇。

表 2　歙砚制作技艺传承与发展遇到困境的原因（多选题）

原因	选择人数（人）	所占比例（%）
原材料短缺	54	35.29
工作条件艰苦	61	39.87
学艺时间长	84	54.90
报酬少	105	68.63
制作过程过于繁杂	100	65.36
粗制滥造的小作坊较多	77	50.37

（六）发扬歙砚传统制作技艺的方式

关于发扬歙砚传统制作技艺的方式（多选题）的调查，结果显示，69.93%的人选择"将歙砚制作技艺带进课堂，让更多人了解歙砚"。78.43%的人选择"在职业学校创立制作歙砚的专业和课程，选择出优秀的年轻人传承技艺"。30.07%的人选择"研究相关项目的学者应该扩大研究范围，继续深入研究，寻求传统技艺走出困境的解决方法"。50.33%的人选择"将制作作坊统一管理，关闭技艺不精、粗制滥造的小作坊，加大对原材料供应的关注度"。59.48%的人选择"减少歙墨原材料的出口，控制出口数量，加强对原材料产地的保护"。81.05%的人选择"加强对歙砚徽墨传承与保护的宣传，让更多人重视歙砚徽墨的发展"。

（七）其他调研结果

调查数据显示，虽然只有少部分人了解歙砚，但是有75.16%的人认为歙砚文化很有价值，非常有必要保护和传承歙砚传统文化。而且有67.97%的人认为安徽传统文化在中国传统文化中占有重要地位，其发展对中国传统文化的发展影响很大。而歙砚文化是徽文化的代表，因此要重视歙砚文化的传承与发展。

四、歙砚制作技艺传承与发展的对策

（一）走集约化、品牌化、规模化之路

实地调研发现，歙砚产业化程度较低，严重影响歙砚制作技艺传承与发展。因此，在珍惜珍贵的歙石资源前提下走集约化、品牌化、规模化之路势在必行。这样不仅能推动歙砚走出去，更能增加歙砚企业利润，从而

能提高歙砚从业人员薪资待遇，留住人才。政府着重抓住行业整体与长期规划，以骨干企业为龙头，投入优势力量，重点培育、扶持优势产品，使歙砚发展成为在国内、国际市场上都具有广泛影响的规模大、竞争力强的中国名优品牌产品。坚持精品创作，进一步做好精品背后的产业链延伸，通过现有资源的重组和整合，引进现代生产工艺，创新生产方式，在中低端产品方面走批量化、机械化、标准化生产之路。加大招商引资力度，推进徽文化长廊内"文房四宝展销基地""非遗展示园"等项目建设，以增加歙砚产业的规模，增强品牌和名人效应，从更高层面推进歙砚产业的发展。

（二）提高创新意识，注重多元化、品牌化发展

除了在工艺上保持传统特征外，要提高创新意识，在多元化、品牌化上多下功夫，以适应旅游市场的要求，产品结构要向着多元化发展，包装设计要向精品化发展，产品定位要向品牌化发展，做到"送得出、留得下、带得走"。定期组织开展歙砚产品创作大赛，在创作中融入博大精深的徽文化内涵，促进歙砚制作技艺的传承和创新；争取设立歙砚工艺品研发机构，促进传承与创新的有效结合；重视对创新技艺的专利保护，提高自主创新的积极性。

（三）科学、合理、充分开发歙砚其他原材料

目前，在龙尾石高价格的影响下，其他砚石已形成对歙砚原材料的绝对冲击，主要有江西玉山罗纹石、江西九江星子石、四川攀枝花苴却石、云南贵州紫袍玉带石等，这样的状况容易混淆歙砚的定义以及在无形中降低了人们对歙砚的美誉度。因此，要科学、合理、充分地开发歙砚原材料中除龙尾石之外的优秀品种，维护歙砚品牌。

（四）设立歙砚非物质文化遗产传习基地

在端砚的产地肇庆，端砚的雕刻工艺已成为一门学科，在肇庆市肇庆学院及部分院校中均有设立工艺专业以供学生学习端砚雕刻，这大大提高了端砚雕刻技艺传承人的文化素养及雕刻水平，有利于端砚技艺的长远发展。歙县亦可参考此法，最大程度上提高歙砚制作技艺的吸引力与创新力。

（五）大力推进歙砚等优秀传统文化进课堂

目前歙砚传承人老龄化问题严重，新一代接班人的培养面临窘境。歙砚制作技艺的传承，很大问题在于愿意接触歙砚、学习歙砚雕刻、研究歙

砚雕刻的年轻人匮乏，且大部分学习者文化知识水平有限，对歙砚雕刻构图巧思甚少。由于缺乏对中国优秀传统文化的深刻认知和了解，歙砚在制作过程中，难免容易遭遇瓶颈。因此，应大力推进歙砚等优秀传统文化进课堂，鼓励青年学生尤其是大学生接触歙砚，学习歙砚技艺，使歙砚得到更完好、更长远的发展。

（六）加大歙砚文化的宣传力度

调研发现，歙砚文化有其地域局限性，因此，应积极创新宣传方式，加大对歙砚的宣传力度。如制作纪录片、发展研学活动、参加各种展会等，将歙砚制作流程、鉴赏方法、品种分类等社会大众感兴趣的内容进行宣传，让社会大众了解歙砚，激发其兴趣。在开展宣传活动时，应增加歙砚制作体验环节，让人们真真切切体验制作过程，实实在在感受歙砚文化。

（七）加强对歙砚企业的引导管理，健全行业管理机制

歙砚行业管理机制尚不健全。经营活动大都是由企业和个体业主自主进行，存在无序开发和恶意竞争现象，有些企业占据大量资源而另一些则为了砚石而发愁。政府引导、企业主导、社会参与的管理体制还需进一步完善。

五、结语

歙砚涩不留笔，滑不拒墨，呵气生云，贮水不涸，深受古今天下文人喜爱，但制作过程却是十分繁复，每一个步骤都很讲究，都蕴含数十年的经验和数以万计的琢磨和考量。然而这一历经千年的文化遗产，在这光怪陆离的现代社会，有逐渐被人遗忘的危险。

采访老胡开文墨厂时，实践团队了解到，2017年以前，厂里所产歙砚百分之八十销往日本，因为日本教育对书法极其重视，现在内销比例有所增加。在调研时，实践团队也观察到，不管是老胡开文墨厂，还是其他的制砚坊，年轻人的身影可称罕见。老胡开文墨厂负责人说："招聘的工人基本是专科学生，或者附近中学招学徒来的，但是也难招，大学生更不可能来这。"歙砚的传承不是砚坑的问题，不是砚石的问题，而是人的问题。越来越少人知道如何去开矿采石，越来越少人愿意去开矿采石，越来越少人愿意去学习制作歙砚，越来越少人能沉下心来制作一方歙砚。

其实又何止是歙砚，羌笛、贝雕、泥塑、剪纸、木偶戏、皮影戏等

等，都面临即将失传的困境。非物质文化遗产继承人中，过半是 70 岁以上老人，时间日益流逝，文化也在不断流失。

当前，为了让歙砚再度复兴，砚雕艺术家们用最珍贵的砚料、最传统的技法、最现代的审美、最简约的线条、最精致的雕刻、最真挚的情感，挑战歙砚创作的极限。

长江后浪推前浪，歙砚创作也是这样，这与徽州深厚的文化积淀密不可分。歙砚这些年的复兴之路，也见证了徽州文化的修复和回归。让博大精深的徽文化元素和砚石相融合，是每一代歙砚雕刻家的责任和使命。让中国优秀传统文化的魅力，仍能继续在历史长河中闪着光亮，被人们看到、被认识、被守护、被传承，也是当代大学生的历史责任。

参考文献

［1］中华人民共和国中央人民政府．国务院办公厅关于转发文化部等部门中国传统工艺振兴计划的通知［EB/OL］.http：//www.gov.cn/zhengco/content/2017－03/24/content_5180388.htm.

［2］方红旗．解析歙砚雕刻技艺的传承与发展［N］.安徽经济报.2017－10－20（007）.

第二篇　家风家教调研

　　家风家教是传统文化和伦理道德在家庭中的传承和体现，对于塑造人们的价值观和养成人们的行为规范具有重要的作用。习近平总书记强调："不论时代发生多大变化，不论生活格局发生多大变化，我们都要重视家庭建设，注重家庭、注重家教、注重家风，紧密结合培育和弘扬社会主义核心价值观，发扬光大中华民族传统家庭美德，促进家庭和睦，促进亲人相亲相爱，促进下一代健康成长，使老年人老有所养，使千千万万个家庭成为国家发展、民族进步、社会和谐的重要基点。"以家风家教为抓手，既是培育和传承中华传统美德最直接的方式，也是弘扬和践行社会主义核心价值观最基础的手段，对于家庭血脉的传承、社会文明的延续、民族的复兴和中国梦的实现有着重要意义。

　　本篇以徽文化中优秀家教家风为切入点，展示了皖南地区历史上优秀家风家教的内涵，以学生视角探寻优秀家风的产生、传承、发扬与创新，挖掘皖南优秀家风蕴含的深层现实意义。广大学生通过社会实践活动的现实体验，亲身感受到皖南家风家教的发展现状，年轻学子对尊老爱幼、守礼尚节、勤劳节俭、团结友爱等发端于家庭、外推到社会、传承至今天的传统美德的探索学习精神跃然纸上，让青年学子深入体会到中华优秀家风文化的精神内涵，感受到中华民族最深层的精神力量。

传承传统优秀家风家训，
助力现代良好家风建设

——基于安徽查氏家风家训与宣城市城南社区家风建设的调查

摘　要：本文通过文献资料收集、研究以及实地调研，对安徽查氏优秀家风家训的形成及悠久传承的原因、查氏人才辈出的现象与良好家风建设之间的联系、查氏家风民风对查济发展的影响以及现代查济在经济发展和家风建设上面临的问题等方面进行了分析和论证。同时，结合对宣城市城南社区现代家风建设的现状进行调查分析，以及对从古至今经济结构和生活方式的转变到现代科技导致原有家风传承的式微做了深刻的分析，提出传统家风在促进家庭建设、社会发展方面具有重要作用及现代家风传承面临问题的解决方案，为创建和谐家庭、和谐社区、和谐中国提供了智力支持。

关键词：查氏；家风家训；城南社区；家风建设

一、研究背景及意义

当前受社会变革所带来的人口流动、居住结构和生活方式转变以及计划生育影响下家庭结构核心化、家庭德育弱化等因素影响，我国家风建设出现了传承意识日趋淡化、优良内容渐遭忽视、传承方式逐渐被摈弃等问题。现代化建设需向古人借鉴智慧，通过探寻查氏家风家训的优秀内容、传承历程及查氏人才辈出的社会现象，找寻到当代家风建设中所需要吸收的内涵与可借鉴的方法，同时将传统优秀家风家训推广出去，以此引起社会的重视与社会风气改善。

实践团队主要成员：张亮、褚玉超、余朝刚、陈焱、张明涛、高旭峰、赵家豪、王慧。
指导老师：谢宇。

二、研究内容

（一）查济查氏家风家训研究

1. 查氏家风形成及千年传承的原因

查氏家风的形成是伴随着历史的演变而进行的，但综合起来，有两点是颇为重要的。

首先是外部条件。查济位于皖南泾县西端，南连黄山区，北邻青阳县。它四面环山，山为佛教名山九华山脉，惟东较为平坦、开阔。有岑溪、许溪、石溪穿村而过。村依河而建，两岸及巷陌皆用石板铺砌。路随水转，曲折迂回，绵延数里。正街以外，宅第散布，高低起伏，疏朗有致，是一派天然淳朴之田园景色。查济地理环境相对闭塞，村落周围大多为天然屏障，聚家成族，聚族成村，形成一个以同族血缘亲族集团为核心组织的封闭社会，在观念和行为方式上与外界隔绝，人们本真的优良品质得到良好的发展环境，避免了外来社会风气的冲击和影响。

其次是内部条件。村落内部成员保持着紧密的沟通，古代男耕女织的小农经济家庭在日常生活中多有交互，如耕田与较大的纺织工作，在物品交流上也交往密切。此外家族中保持着良好的长幼秩序，加之受千年儒家文化的浸润，宗法血缘成为文化认同的主要纽带，为良好家风的创建和传承提供了内在的动力——氏族文化的认同感。这两者成为查氏家风形成的主要原因。

查氏文化得以千年传承的原因具体而言为以下三点。

第一，家风传承意识很强。家风是一种家庭或家族的精神面貌、状态和特质，也是一种家庭教育的方式途径和载体，据我们在洪公祠对查氏后人的采访中得知，他们的家庭、家族观念很强，这也是得益于父辈、祖辈在生活中的熏陶。氏族的一些价值观念、道德规范、行为习惯和生活方式虽然历经千年，但至今仍有所体现。

比如 2015 年春节展现的大型公益广告《中国字中国年》，正是拍摄于查济。我们认为，这种家风传承的意识对于查氏族人而言是自发、默契、忠实的。查氏家训已经内化成为族人共同的道德操守。

第二，查氏家风内容优良。时代的发展如大浪淘沙，那些优良的传统文化始终如真金，不随流水逝去。查氏家风里蕴含着中华文明的优良内涵。查氏家规家训如下。

家规：戒忤逆、戒凶横、戒赌博、戒盗窃、戒强莽、戒伐荫、戒淫邪、戒事讼、戒轻佻。

家训：尊君上、敬祖先、孝父母、隆师长、宜兄弟、正闺间、尚勤俭、睦宗族、务读书、重节孝、勤职业、崇阴骘。

在封建社会，这些家规、家训和家理就是查济的法律。这些家风诠释了孝悌忠信、孝老爱亲等中华传统美德，传递了助人为乐、敬业奉献、诚实守信、见义勇为的正能量。

第三，查氏家风传承形式丰富[1]。首先是祠堂。查济的祠堂里最为有名的，即查氏宗祠仁孝堂，还有八甲祠、二甲祠、四甲祠、宝公祠、七公祠、洪公祠、髦官祠等，但由于历史原因至今较为完整保留的只有宝公祠、洪公祠、二甲祠和镏公厅屋以及一些小型的祠堂。祠堂集物质、精神于一身，它是封建宗法制度的载体，是族权自治的象征。祠堂提供了祭祀祖先、隆礼报本的平台，每年在祠堂进行冬春二祭，以腊月二十四冬祭更为隆重，大祭结束后，由族长训话并报告本族这一年中的大事及本年度收支情况，最后是全族大会餐，称之为"族食""分胙"。查氏家族通过祭祖等活动凝聚了族人的思想，通过祠堂商议处理本族大事、管理宗族财产。族长、族中长辈及乡绅构成宗族的最高领导层，祠堂大厅摆放的八把又高又大的椅子就是给他们坐的，一般人不能坐上去，他们在祠堂决定赈济、兴学、修桥筑路、重大庆典、处理与外族纠纷，一旦做出决定，全族须坚决执行。查济祠堂立足于此，建立了"义仓""义学""义葬"的"三义"制度，通过祠堂建立道德教化体系，订立祠规祖训约束族人，惩办违规者，在一定程度上，维护了氏族内部的稳定，这也为家风的传承奠定了良好的基础。

其次是家规家训。自唐宋以来，查氏族人在查济繁衍生息，建立了一系列的家规、家训及家理。明嘉靖庚戌年间，泾川查绎又进行整理订立了家规十条、家训十四条和家理五条（其内容在前文已部分列出，此处不再赘述）。可以看到，家规家训多以三字成条，简明扼要，容易记忆且能整体概括查氏家族的价值观念、道德规范及行为习惯。这也为族人在日常生活中时刻提供导向，推动着查氏文化向良好的方向稳步发展。

最后是当地民俗活动。每一个氏族都有自己的文化与传统工艺，这些以具体形式呈现出的民俗活动或技艺背后不单单是为了满足生活需求而制造的一种娱乐形式或工具，我们更要看到背后的精神内涵，中国所倡导的和谐与大国工匠精神，其实就是在每一个地方都呈现出这样一种状态。查济自古就有舞龙、写书法的习俗，鼎盛时期为20世纪80年代末，舞龙要从正月初七持续到正月十五。时至今日我们在查氏的祠堂内仍能看到大大小小的龙节和各类书法器具。龙作为中华民族的图腾，舞龙正是一种图腾的崇拜精神，祈求和谐与祥瑞。舞龙是对先辈的敬仰，是对氏族文化的一次集体学习，也是对氏族核心价值观认同的一种体现。此外，团队成员在调研走访过程中，遇见身怀诸多传统技法的村民，在与他们的对话中，不难发现他们对于传统技法的热爱和依赖。比如查氏毛笔中蕴含的尚文精神、棕榈蒲扇所代表的勤劳与孝道、空心面中的做人处世哲学等，都是传统工艺中所蕴含的丰富精神内涵，以这种载体流传下来。

2. 查氏人才辈出的现象与查氏家风的联系

据《查氏宗谱》记载，查氏人才辈出，其中：查仪为中书侍郎，查伟为池州、南岩州刺史，其他如泉州刺史、礼部侍郎、江淮漕运使、校书郎、九江通判、富阳令不一而足。南唐时期查氏声名更为远扬，查文徽为国家军事支柱，其弟查文徵为宣歙观察使。宋代科甲连绵，查盛、查道、查拱之、查元修、查元规、查塾、查应辰、查远、查揆、查元衮、查维、查琛、查文颠、查籥、查元高先后登第，查道进为龙图阁待制。明清之际，查氏科甲之盛为天下瞩目，文魁、武魁如星，特别是浙江海宁清康、雍、乾三朝"一门十进士，叔侄五翰林"，创天下科甲奇迹。康熙大帝为查姓题联："唐宗以来巨族，江南有数人家"[2]。

当代有抗日英雄、《亮剑》原型查玉升将军，向邓小平诤言一谏、改变了千千万万人命运的院士查全性，影响了无数人的诗人查海生（海子），海内外闻名的企业家查济民……

可以看出查氏的优秀人才遍布在文、武、仕、商以及科学各个领域，千年家风集中体现了社会生活各个方面的优秀品质。入仕途者忠君爱国，涌现出一大批为国为民的好官；入商海者诚信立德，作为徽商的一部分，查氏族人也将家族理念带入经商之中，徽商自古有"诚信为本，以义取利"的经营理念，以信接物、义利兼顾，以勤奋和吃苦耐劳而著称，素有"徽骆驼"的美称。查济富商巨贾不可胜数，然鲜有行奢靡之者。实践团队在调研过程中，当地居民讲述，此处曾是显赫人家，但门庭与普通人家无异，并没有像其他一些地方盛行的购置田产，修建豪宅大院。那这些曾经的有钱人把钱用到了何处？答曰：修桥、筑路、置牌坊。之前提到过查济有三溪穿村而过，若无桥则诸事不便，而现在可以看到三溪之上横架着很多桥梁，有命名的如红楼桥、财神桥、聚德桥、兄弟桥、双溪桥、晋公桥、种玉桥、善济桥等；牌坊如贞节牌坊、仁让坊、查绛门楼等，大多为查氏族人出资修筑。

这些基础设施不仅方便了当地的居民，同时也是查氏族人在社会责任感方面的体现。从小浸润在这些优良传统文化中的人们，在成长为社会建设的主要力量后便开始按照他们接受的教育来建设家园、建设国家。这种社会担当也是当代青年大学生成长为中国特色社会主义的建设者所必须具备的。

3. 查氏家风对查济发展的影响

团队成员在对查济有了一定了解后采访了当地村党支部的余书记。以家风促民风，以民风促发展。查济的秀丽风光与良好的人文底蕴吸引了大量前来参观旅游的游客、调研工作者以及写生的高校学子。查济之所以山川秀丽不仅仅是得益于大自然的造化，更多的是在历经千年中人们对于这片灵秀之地的保护意识。余书记告诉团队成员，查济的发展讲求"重贤不重财"，力求延续祖辈留下的优秀传统。目前查济有一部分已经成为画家村。余书记说，这在未来也将成为查济的宝贵遗产。

查氏族人热情好客。在查济行走不用担心迷路，就算找不到客栈，查济人会带你去；在查济没有菜单，家常的时蔬自己去看着点；在查济行业竞争几乎不存在，正如团队入住的客栈老板所说："邻里之间讲求和睦，钱多挣一点少挣一点无所谓。"查济旅游业持续向好，这与查济良好的民风是密不可分的。

4. 关于查氏家风现代传承的隐忧

时代发展至今，虽然查济力求避免商业过度开发带来的文物破坏及对原有文化的冲击，但不难看出商业发展带来巨大利益，要做到不渗透是非常难的。查济的生命力在于原著居民，如何能在保证居民对物质生活的要求的同时，保护好历史遗留的物质及精神财富，这有很多难题需要应对。采访中已经有居民认为查氏的家训家风非常重要，但是要完全做到也是有难度的，而且有些家风家训已经不太适合现代社会的生活，如在封建社会传播了几千年的"忠君上"思想。家风也需要进行更新与创新，以此来适应现代的生活方式。

（二）宣城市城南社区家风建设状况调查

1. 现代家庭家风建设情况及普遍面临的难题

团队成员针对宣州区城南社区进行了走访，就家风的传承和发展进行了调查。本次调研共发放问卷 300 份，回收问卷 297 份，有效问卷 297 份。根据调查结果，发现家庭对孩子教育方面集中在学业和才艺上，是为了孩子们在未来更具有竞争力。家长在平时会向孩子们讲述做人做事的道理，但也表示因为工作繁忙等原因也显得有心无力，加上一些家庭是留守儿童与空巢老人的组合，对小孩子的教育呈现出溺爱或者不会教育就采取暴力的方式解决的现象，非常不利于和谐家庭的建设，这样也容易导致家庭成员对家风的传承上意识淡薄。计划生育影响下的家庭结构简化，家庭的自我教育轻化，内部气氛弱化，都让良好家风失去赖以生存的土壤。结合我们自身的生活实践，这种情况在农村地区尤为严重，优良的家风内容逐渐遭到忽视，优良的家风传承载体被摒弃[3]。优秀传统家风在传承上的缺失程度调查如图2所示。

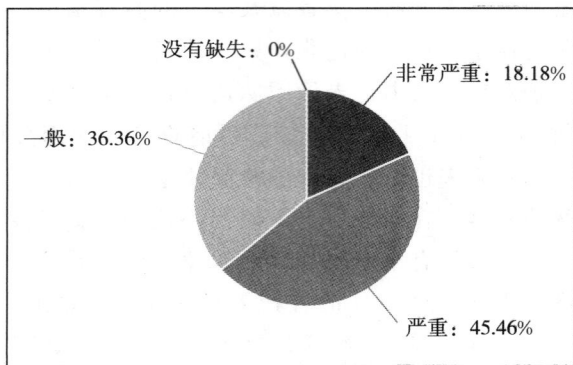

图2　优秀传统家风在传承上的缺失程度调查

经济快速发展但精神文明建设没有完全匹配，从而使人们投入大量精力追求物质生活，大量劳动力向发达城市转移，带来现代家庭生活的结构性变化，无法保证家庭生活的完整性，这也给家风建设带来很大的障碍。北京上学路上公益促进中心于2017年7月21日发布的2017年度《中国留守儿童心灵状况白皮书》显示，9.3%的农村留守儿童认为父亲或母亲去世对自己"几乎没有影响"，而把城镇的留守儿童纳入进来后，比例上升至9.7%。和谐家庭的建设遭到前所未有的挑战，亲情的淡漠、家庭成员间的沟通大幅降低都亟待解决。

2. 传统家风传承的式微原因分析

随着科技进步及经济发展，手机、电脑等科技产品进入千家万户，书信已经成为人们记忆中的东西，很少有人再使用，不会再有现代版的《诫子书》《曾国藩家书》《傅雷家书》。快速带来便捷，但是快速也削弱了那一笔一画间的情感，虽然我们可以储存大量的信息，但过后又有多少会翻起？这也致使家书的纪念意义不再凸显。这种良好的传承家风的载体逐渐式微。

科技给生活带来了巨大的改变，父母开始有父母的圈子和乐趣，而大家的时间是有限的，父母逐渐将时间放在通过科技带来的视觉、听觉的娱乐上，与孩子沟通的时间就会缩短。而一旦孩子们开始学会使用电子产品，找到他们感兴趣的东西，如动画片、游戏等，他们也将像父母一样投入时间去享受这种视觉、听觉的体验，这样沟通的时间又将缩短。我们并不是要把责任归咎于科技的发展，而是要提醒大家对这种隐患的注意。我们要利用便捷的科技，但是我们更应该找到合适方式去规避科技带来家庭成员间沟通的减少，探索现代家风传承的新载体成为一个值得研究的方向。

3. 对现代家风建设的探索

（1）实践团队认为目前解决留守儿童和"空巢"老人问题是家风建设中的首要内容，应保证家庭在日常生活中的完整性。国家已经通过一系列政策来解决此类问题，比如农民工子女入学问题和异地高考制度、廉租房制度，国家大力促进中小企业发展、鼓励创业、在源头解决就业问题，这些都是相当重要的举措。此外，亲子阅读——团队想通过设计一种 App 实现父母与孩子的交互式趣味阅读，在接受教育的同时增进家庭成员之间的沟通，既利用了现代便捷的科技，也有利于家风建设。

（2）要充分发挥社区的引导作用，定期组织开展社区活动，增进家庭成员感情，增进邻里关系。例如，举办社区运动会、广场舞表演、家庭安全趣味活动、亲子讲座等。定期评选社区文明家庭，树立邻里模范，发挥榜样的力量。社区教育资源的建设与完善，是社区教育的重要条件，也是社区文明建设的重要内容，更是社区促进优良家风建设的基础内容。我们既要开发利用看得见的显性教育资源，如公开的社区讲座会谈、讨论学习等，又要进一步拓展无形的隐性教育资源，如组织观看爱国主义主题电影、开展送关爱主题活动、打造社区文化景观等。在教育资源的内容上，应着重搜集和传递家庭优良传统文化，如家风、家训的格言和典故等，实践团队此次进入城南社区开展家风宣讲活动正是基于这样一种想法。

（3）重视农村乡风建设。村民委员会应当充分号召留守子女家庭的亲戚和邻居，尤其是父辈成员完整的家庭，多关心、帮助留守子女家庭，多走家串户，发扬"传帮带"精神，让留守子女感受到家庭的温暖，切实以亲情、乡情促进留守子女家庭家风的培育。此外，积极帮助"空巢"老人，发扬文明家风，也是继承和发扬乡村地区文明家风的重要内容。尤其是对于有德行名望的留守老人，更应当从其言行中获取当地的优良传统，这对优良乡风、家风的践行有示范意义。

（4）开展乡风教育。开展优良传统风俗教育，继承淳朴乡风民俗；开展现代文明乡风教育，破除不良乡风弊病。

（5）提高家长思想道德素质，家长应汲取优秀传统思想。一方面，家长应继承优秀传统文化，尤其是优良传统家风的内容；另一方面，家长应注重传统家风的现代性转换，特别是应结合当下的主流价值观，给孩子传播社会的正能量。家长日常对于孩子教授道理的频率调查如图 3 所示。家长除了领会"言教"和"身教"的实质要点，还应辩证地继承家训、家规中的合理精神，不可照搬[4]。

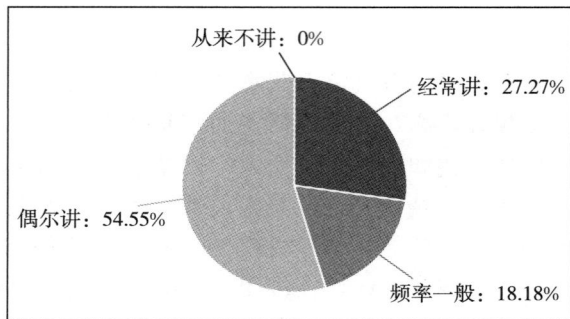

从来不讲：0%
经常讲：27.27%
偶尔讲：54.55%
频率一般：18.18%

图 3　家长日常对孩子教授道理的频率调查

（6）培养孩子劳动观念。调查发现，63.64％家庭一般会安排孩子做些家务，18.18％的家庭会经常让孩子做家务。孩子在家做力所能及的事的频率调查如图 4 所示。让孩子在辛勤劳作中体会传统美德，体验家风家教，树立正确的世界观、价值观，自觉践行社会主义核心价值观。

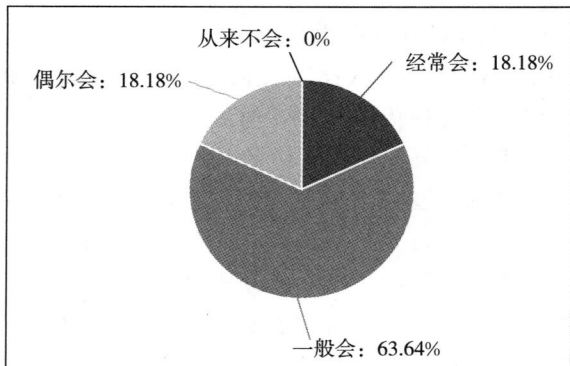

从来不会：0%
偶尔会：18.18%
经常会：18.18%
一般会：63.64%

图 4　孩子在家做力所能及的事的频率调查

三、结语

我们国家拥有大量像查氏家族一样有着优良家风家训文化的家族，做好家风建设我们要从中汲取智慧，找到这些传承千年而不衰的家风的内在动力，结合现代社会的生活实际，找到家风建设的有力支点，创新现代家风建设的新形式，解决社会发展给家风建设带来的新问题。家风建设是一项长久的系统工程，其建设的思路不仅要在社区、新农村和家庭三个方面共同推进，更重要的是各社会组织需达成重视新时期优良家风传承、培育和塑造的共识，并依托优秀传统文化教育、家庭教育和社会主义核心价值观教育的合力，切实推进当前的优良家风建设。正如习近平总书记对当前家风建设的论述："不论时代发生多大变化，不论生活格局发生多大变化，我们都要重视家庭建设，重视家庭、重视家教、重视家风。"[5]

参考文献

[1] 张惠明. 查济历史文化名村价值特色研究 [J]. 中华民居，2011 (2)：13-15.

[2]［清］李德淦主修，洪亮吉纂. 汪渭、童騄点校. 泾县志 [M]. 合肥：黄山书社，2008.

[3] 李奥运. 当前家风建设存在的问题与对策 [J]. 南京工程学院学报（社会科学版），2016，16（2）：7-12.

[4] 曾玲，黄筑联. 家风家训的认知与影响——同仁幼儿师范高等专科学校学生家风家训问卷调查报告 [R]. 2095-9052（2017）0004-000448-02.

[5] 习近平总书记在 2015 年春节团拜会上的讲话 [EB/OL]. http：//www. xinhuanet. wm/politics/2015-02/17/C_1114401712. htm.

探访优秀家教家风文化，
践行社会主义核心价值观

——以走访桐城方氏为例

摘　要： 优秀的家风家教文化代表着中华民族优秀的精神文化，是社会主义核心价值观的历史源泉。本文通过组织在校大学生深入族居村落，实地探访桐城方氏家族，收集整理其祖训族约，梳理方氏文化脉络，提炼家风家教文化中与社会主义核心价值观相辅相成的成分，探求家风家教文化中优秀的品质，发掘践行社会主义核心价值观的新渠道。通过对优秀家风家教文化的探究，引导大学生弘扬中华文化传统，从周边生活中去体验社会主义核心价值观的价值源泉、力量基础，从而增强思想政治教育效果，增强文化自信。

关键词： 家风家教文化；社会主义核心价值观；桐城方氏

一、研究背景

在传统思想政治教育中，教育者占主导地位，将对社会有益、对青少年成长有益的思想观念和行为道德规范等正能量的内容，以言传身教的方式带给青少年，潜移默化地引导他们形成正确的世界观、人生观和价值观。随着互联网的不断发展和新媒体的快速兴起，青少年的主流意识形态教育受到多方面的影响，新媒体带来的信息无所不包、良莠不齐，这些都影响着青少年世界观、人生观、价值观的形成，有些甚至超出了教育领域所能控制的范围。再加上青少年对事物分辨能力不足，不少青少年深受网络上庸俗文化的毒害，带来不可预估的危害。新媒体和网络给传统思想政治教育方式带来了前所未有的冲击。

语言具有极强的断章取义以及再诠释的功能，很多在音乐、动漫、影

实践团队主要成员：杨若初、刘宏浩、朱玉泉、甄诚、杨晓伟、张智晟。

指导老师：陈君。

视等领域呈现出来的一些"生动"的句子、自嘲的话语，能契合青少年在无力、无奈、无趣、无感时的心境，因此能引起他们的共鸣，于是互相调侃、互相宣泄，这是现如今青少年较常见的表达方式，也是缓解压力的一种常用途径。但这种消极的话语在大家的相互调侃、相互宣泄的过程中，也相互影响着每一个人。青少年群体是社会主义核心价值观构建极其重要的一部分，是正处于世界观、人生观、价值观形成的关键时期，长期在这样的话语环境里生活，很容易会沾染消极的情绪与思想，从而影响到社会主义核心价值观的培育与践行，对于个人的成长以及社会的和谐，都有极大的危害。

面对各种社会问题，中央高度重视培育和践行社会主义核心价值观。对此，习近平总书记多次作出重要论述、提出明确要求。中央政治局围绕弘扬中华传统美德、培育和践行社会主义核心价值观进行集体学习[1]。2017年10月18日，习近平总书记在十九大报告中指出，要培育和践行社会主义核心价值观，要以培养担当民族复兴大任的时代新人为着眼点，强化教育引导、实践养成、制度保障，发挥社会主义核心价值观对国民教育、精神文明创建、精神文化产品创作生产传播的引领作用，把社会主义核心价值观融入社会发展各方面，转化为人们的情感认同和行为习惯。中共中央颁布的《关于培育和践行社会主义核心价值观的意见》为积极培育和践行社会主义核心价值观提出了要求，指明了方向[2]。

家风家教是传统文化和伦理道德在家庭中的传承和体现，对于塑造人们的价值观念和行为习惯具有重要的作用。青少年正处于世界观、人生观、价值观形成的关键时期，将优秀的家风家教与青少年思想政治教育相结合将成为培育与践行社会主义核心价值观的又一有效途径。

二、研究意义

家风是一个家族在传承过程中形成的较为稳定的生活习惯、文化氛围以及待人接物之风格方式的总和，它一般在家训、家规、族谱等文献载体中以生活经验、实践智慧和价值理念的形式存在，也以实践理性的样态渗透在人们的日常行为中。家教是在家庭或家族中展开的对其成员的涵养、教化，尤其是对下一代的教育。如果说良好的家风是结果，那么家教就是实施的工具[3]。

家风家教也有好坏之分。"好"的家风家教就是在传承过程中，能够与时俱进地留其精华弃其糟粕的家风家教。而"坏"的家风家教不仅仅包括那些含有自私自利的负面思想,更多的是指那些顽固守旧的,难以接受新思想、新理念且无法进行适当调整的家风家教。这种家风家教贻害后人,在优胜劣汰的时代,必定难以长期存续。

在近代社会的巨大变革中,在历经各种运动的风雨洗礼后,家风在现代化进程中受到了多次"考验",它不是被笼统地当作文化的糟粕,就是被片面地看成"害人的枷锁"。与此类似,作为传承家风的重要工具,家教面临的形势也不容乐观。在智识教育兴盛而价值教育式微的背景下,特别是中国现代的应试教育方式下,家教从德行为主、知识为辅的一端滑向了知识为主、德行为辅的另一端。无论是家风家教文化的精华还是糟粕,这样的经历都让其渐渐式微,但是就社会的长远发展来看,传统的家风家教文化依然有着不可忽视的作用,并且对于社会风气的影响乃至对社会主义核心价值观的构建都有着举足轻重的作用。

习近平总书记系列重要讲话中,高度肯定了中华优秀传统文化的时代精神和当代价值,赋予了中华优秀传统文化新的时代内涵。中华优秀传统文化是根,培育和弘扬社会主义核心价值观必须立足于中华优秀传统文化这个根基。毫无疑问,优秀的家风家教文化正是属于中华优秀传统文化的一部分,更是中流砥柱。文化是软实力,文化兴,则民族强。

然而,现代社会越来越多的问题浮现出来,与之相应的社会主义核心价值观的践行也将面临巨大的挑战,在这种情况下,优良家风家教文化的振兴刻不容缓。

三、研究方法

关于探析桐城方氏优秀家风家教的方法,主要分为文献研究法和实践调研法。

知己知彼,方能百战不殆。开展研究之前,必须进行前期的知识储备,确定研究的方向、思路以及目标。团队成员通过查阅地方志及方氏家族的家谱族训,了解方氏家族的基本信息及历史变迁,通过对其家风家教内涵的研究,探究优秀家风家教与社会主义核心价值观的关系。

实践调研法是去往实地进行调研,获取第一手资料,并对前期的理论准备进行实际的验证。通过实地调研考察,探析桐城方氏家风家教的文化内涵和特点,并与社会主义核心价值观联系起来,找到构建社会主义核心价值观的新渠道。

四、实践调研

2018 年 7 月 12 日，团队成员正式开始了对桐城方氏家族家风家教的调研，联系了规模最大的桂林方氏以及有历史记载最久远的方（璇）氏，进行了详细的采访与交流，并在各氏族宗亲理事会会长的带领下翻阅了桐城县志、方氏族谱等文献资料，对桐城方氏的发展历程、历史变迁、杰出人物以及家风家教有了细致深入的了解。桐城方氏延续 600 余年历史未曾间断，人才辈出。梁实秋曾说："桐城方氏，其门望之隆也许是仅次于曲阜孔氏。"

（一）桂林方

桂林方是最古老的方氏家族之一，桂林方氏历来重视文教，家族中仅进士出身便有 28 人，以方苞、方以智等著名历史人物为代表，族中文风兴旺。

1. 实地采访

团队成员在对桂林方氏宗亲理事会副会长方锐先生的采访中了解到，桂林方氏子孙在桐城历史上作出贡献并有县志记载的达百余人，其中桂林方氏一世祖方德益出资修建的紫来桥经过多次修缮仍沿用至今。经过详细的交谈，团队了解到桂林方几百年传承不断，不仅仅由于其族中人才辈出，更是源于良好的家风家教对子孙的塑造作用，让他们功成名就之后依然可以不忘本心，为民造福。

2. 文献整理

桐城方氏，传承百世，家风家教必已深深地刻在每一位方氏子孙的骨髓之中，帮助他们成长，指导他们行事，引领他们前进。他们做人行事的一举一动，一言一行，无不体现出家风家教的影响。若要更加深入地了解到桐城方氏家风家教之精髓，一定要了解族内之人的所作所为、所思所想，那么便能从中窥探到桐城方氏家风家教之精华。图 1 为团队成员们与方氏族人一起查阅档案资料。

方氏家谱中记载："桐城桂林方氏先辈居江西广信，后迁居今之鄱阳，宋时迁至皖南休宁，宋末迁至今贵池之池口镇，始祖德益公于元初迁至桐城凤仪坊北。"凤仪坊一带古称凤仪里，方家因地为名，称"凤仪方氏"。后改"桂林方"。

对于桂林方来说，其家风家教更多的是一种文化的熏陶，融入族人生活的方方面面。

图1　团队成员们与方氏族人一起查阅档案资料

（1）读书论世。桂林方氏是书香门第，家谱中多处劝勉族人要勤奋读书，以儒报世。家谱中记载："士大夫家不可令读书种子断绝，有才气出群者，自当名世。吾家素业儒，儒即多困而明道德修身善俗功，固远且大也，世有轻儒者，谓不能事生，乃徙而之农之工之商之吏，即能自赡术不逮儒远矣，其有不能儒者，将奈何曰，次士者，农伊葛不躬耕乎，次百工虽贱独自食其力，若商可罔利，而宝心则漓吏，虽近贵而狙诈益甚儒者，固羞之况任，时艰难必舞交易败，不若农工可无失也，吾家三百年无一吏，惟多儒生，子孙世习儒，吾之愿也，不得已则为农，又不能则修一艺，苟暂试于商，稍得利即弃去，勿自沉溺至于吏，有非吾所愿者，吏且不可况胥吏门皂之流乎。"这段记载，表现出桐城桂林方氏家族以儒立身、以读书立己为主要的人生方向。正如家谱中所记载，在家族传承的几百年里，无论是成为农民、工匠，还是成为商人、官吏，他们的发展前途都难以与儒士相比，因此大力劝勉族人"立身以立学为先，立学以读书为本。"

良好的家风不仅劝导族人多读书，也指明了读书就要读好书，在书目的选择上要谨慎。家谱中记载："稗官野史小说之书不可入目，盖此种书最能移荡人心志，他所载传奇如才子佳人偶合之奇，皆是谎话，臆想造出，为贾人生利，汝曹少年血气未定，骤闻所说遂信，以为自然，以为风流，而始才士因放荡遂成孽种，则丧德败行，则神怒冥罚，则损身伤命，其害可滕言哉。"这警示族人稗官野史小说之书，内容虽然传奇美好，但大多虚假编造，只为商人获利，而血气方刚的少年却容易信以为真，从而扰乱自己的心智，甚至做出伤风败俗等误入歧途之事。

（2）为人处世，品行端正。家谱中记载的"做人孝悌是根本，忠厚为第一，谦谨为第二"，以此告诫族人，为人须忠厚谦谨，以孝悌为本。不仅如此，家谱中还写道："家以道义持己，以礼让接人，不占土地，不夺女子，不肆暴横，不压乡闾，不凌宗族，不扰官府，不事奢华，必使弟逊其兄，侄敬其叔，妇顺其夫，奴尊其主，而其所以然者，又在一忍字，并一让字耳，语云以礼让为国乎，何有自家而推之也，不能尽此数者，虽三公九卿不足为宗族贵，若能尽皆知此，则虽布衣韦素，亦足为闾里贤，吾当与吾宗族子弟共勉之。"这段记载告诫后人，待人接物要讲究道义，戒骄戒躁，以礼待人，忍让他人，不得欺凌他人。例如，"汝祖父生平一言一动皆可以告天地鬼神，从无一语欺人，一事与人争，处处克己，事事让人"。以此作为族人们的榜样，加强在为人处世方面的正向引导。

（3）守孝悌。桐城桂林方氏对孝悌的理解，不仅仅是长辈与晚辈之间，它还有着更丰富的内涵。家谱中记载："大而细做孝悌的工夫，原不在高远奇难，虑做，即平常日用一语一动一静一饮一食一饭一粒，步步能让人，事事能自忍，便为圣贤。内而事尊长，外而虑朋友，即下而侍妻子奴仆，事事谨忍，处处宽大和平，都是孝悌。"守孝悌，不仅对父母，也对妻子儿女、朋友兄弟，甚至是对外人和奴仆。这份对他人的尊重，是桐城桂林方氏成为名门望族的重要原因之一。

3. 心得体会

桐城桂林方的历史源远流长，通过对其家族历史的了解以及对家谱的阅览、整理，团队成员认为桂林方传承至今其因有三：

（1）立德修身。桂林方家风家教综合了中国传统文化中的诸多思想，尤其在道德方面要求最多，这也体现了方氏"尚德"的思想。总章中对读书处事、待人接物、为人持家都有着详细的训诫，言简意赅，是对家规家训的高度概括，也是方氏后代为人处事的基本要求。其中很多内容都慢慢演变为当代人们的道德准则，指导着人们思想的进步。

（2）世代积累。始祖方益德于宋末元初举家迁至桐城后，开枝散叶、人丁兴旺，其后裔虽无高官厚禄，却也都小有名气，家族治理井井有条，为后世人才辈出做了铺垫。及至五世祖方法殉江，他的妻女苦节自守，成为方氏族人代代相传的精神标榜，指引着方氏后裔不断向前。正是在这种精神榜样的引导下，桐城桂林方氏不断发展，成为当时的名门望族，自此桂林方氏族内形成了一种高标准、高要求的道德准则。

（3）人才辈出。桂林方氏后裔秉承家学渊源，将刻苦读书、钻研学问当成人生的一种生活方式，任何情况下都不放松，后辈涌现出一批又一批的人才。据记载，桂林方氏历史上进士出身 28 人，举人数不胜数，其中方苞是桐城派的鼻祖，名扬天下，官至礼部侍郎。桂林方家历代文人志士都重视家风家教，文化之家蔚然成风，其中方法之子方自勉有五子，五子皆贤，时人有"五龙"之誉。方自勉"训诸子厉学"，家教得法，子孙勤恳刻苦，并使良好的家风世代相传。

（二）方（璩）氏

1. 实地采访

团队成员在挂车河镇的方（璩）氏宗亲理事会，拜访了两位副会长。两位老先生给团队成员展示了清宣统二年修撰的珍贵族谱，并详细讲解了方（璩）氏家族的渊源。方（璩）氏六百多年的历史传承未曾间断，从一世祖便注重家风家教，以"绳祖武，克勤克俭；贻孙谋，唯读唯耕"为家风家教之精华约束着族人，也是赣浙文化的优秀代表。在两位老先生的讲解下，团队成员了解到方（璩）氏本姓璩，为报桂林方祖先收留与抚养之恩，遂改姓方，为表不忘本，死后还姓"璩"，这也是"姓璩不忘本，姓方不忘恩"的来源。感恩是方（璩）氏优秀家风家教文化的集中体现，方（璩）氏立族之本便是知恩图报。他们制定了完善的家规家禁，以约束子孙。两位老人告诉我们，早期家族有着专门的惩罚机构，族人犯错，轻则禁闭数日，重则逐出家族，璩、方两姓都不再允许使用。当团队成员将要离开时，老人依然十分激动地告诉我们，方（璩）氏虽然外人所知不多，但是家风家教严明却不输于其他任何方氏家族。

2. 文献整理

《桐城璩氏宗谱》记载："我祖德先公讳魁，配吴氏，生子三，祖一、慎一、鸿一，居江西饶州府鄱阳县瓦霄坝。元季，人民流难，三公于洪武元年（1368年，一说洪武六年1373年）迁安徽安庆府桐城县之西乡。"

根据族谱记载，方（璩）氏的家训以"勤俭持家，耕读传家"为本，内涵丰富、全面，体现了中华民族的传统美德。共整理出：家规六则、家禁六条、家训十二条和礼制四则。

（1）家规六则。它们是明宗法、立宗长、修宗祠、置祭田、别嫡庶、严立继。明宗法是宗法制度，是典型的封建观念，是封建社会的立足之本，首重宗法，则遵规守纪，严于律己。立宗长、修宗祠、置祭田、别嫡庶、严立继五者均是宗法制度下的产物，亦是宗法观念的精髓，是封建社会的主流思想，是方（璩）氏古代的立足之本，也是家训得以遵循的制度要求。家规家训，综合了中国传统文化中的诸多思想，对其子孙的各种行为进行了约束，为一个家族的发展早早定下规矩。

（2）家禁六条。它们是禁赌博、禁健讼、禁学戏、禁当差、禁妇人寺院烧香、禁男女舍为僧道。对于家族的管理有着严格的六条红线，违者轻则家法处置，重则逐出宗族。赌博，是被人所唾弃的恶习，方（璩）氏更是不例外，严禁子孙参与任何性质的赌博。健讼，即好打官司，方（璩）氏人应当有果决力，不可为鸡毛蒜皮的小事纠缠不清，大丈夫应不拘小节。禁学戏、禁当差，方（璩）氏对于戏子与官差十分厌恶，古代戏子官差一直是三教九流之末，方（璩）氏要求，子孙即使再贫苦也不可舍下身段去做那些有辱门风之事。禁妇人寺院烧香、禁男女舍为僧道，方（璩）氏认为出家是陷其子于无父无君之教，同时家族对于封建迷信行为很反感，他们认为人生在世就应当靠己，而不是祈求神佛。

（3）家训十二条。它们是孝父母、宜兄弟、肃闺阃、附妯娌、敬长上、厚宗族、重师傅、教弟子、恤奴婢、睦邻里、敦信义、尚勤俭。"孝"为家训首则，足见其重。方（璩）氏家训中记载"五刑之属三千，而罪莫大于不孝。孝之道无穷不能阐述不孝之条，无书亦不能悉数然。大抵在父母面前，愉色婉容，不起怡声，不拂乎亲之心，这必孝子也。若是己非亲凡事悻匕自好独断独行，以伤父母之志者，必不孝子也。至于忤逆怨怼忍心害理苟贱卑污亏体辱亲，及犯孟子之所谓五不孝者，皆五刑之所不赦者也。善事父母为孝，一竭字中有无限艰难无限刻厉，一善字中有无限委曲无限权宜，为人子者果能体贴此二字，则贫富贵贱无不可书之，职常变顺逆无不可顺之亲矣，凡我族人守此家训矣首务之"。百善孝为先，"孝"成为方（璩）氏家族首条家训，此乃做人之本。

宜兄弟，兄弟和睦，以正家风。家训中记载"兄弟之形，难分而气，则连故比之手足明，其谊属一体也"，方（璩）氏家训重兄弟之情，指出兄弟和睦然则家道兴隆矣。

重师傅，师道既尊，学风自善。"师傅之重等于君亲，故诗礼之家必知尊师重道之义，凡所以待之者，须情文俱备礼俭适，宜设有不合可以辞谢，而不可以谤毁，方不失为尊师之道。如此教子必食其报，但为师亦当体东人教子之念书心。训诲不可欺罔误人子弟，近来延师者，不但不知以尊师之道，惟一味悭吝并外面仪文，全然没有而为师者枉自徇人，不存体统，是又皆名教之尊人也……"

其余家训，不再一一细述，这十二条家训，对子孙做出了方方面面的要求，晓之以理，指明其中的利害关系。

（4）礼制四则。它们是冠礼仪、婚礼仪、丧礼仪、祭礼仪。礼制四则对族人行为礼仪做出了明确规定，集中体现了我国封建社会的礼仪准则，处处映衬着儒家思想。而对于违反家规家训和家禁者有不同的惩罚措施，甚为严苛。

　　3. 心得体会

　　方（璥）氏家族的家风家教文化之所以传承至今得益于家族"姓璥不忘本，姓方不忘恩"的祖训，这十个大字，被高高挂在宗祠之上，告诉族人，也告诉世人，桐城方（璥）氏，既不忘本，也不忘恩，不能忘本，更不能忘恩。这一祖训在宗族观念深厚的古代，所包含的传承之心、报恩之德，无不令人动容。

　　方（璥）氏家族这一祖训体现出中华民族感恩传统美德，心怀感恩，报恩先行。作为当代大学生，团员们深刻体会到其中的文化含义，在当下中国特色社会主义发展关键时期，党领导一切才是我们取胜的法宝，才是一切成就的缘起，对党对祖国要心怀感恩，要用努力学习、不断锤炼自己的意志、服务社会、服务人民来报效祖国。

五、问卷调查及数据分析

　　中国人自古注重家风家教，曾子杀猪教子、孟母三迁等故事耳熟能详，历史上的名臣、大儒都留有家训，甚至家禁，对族人有着极强的约束力。在这些家风家教中，中国传统文化中的核心思想理念、传统美德得以代代相传，对后世子孙产生很大的影响。团队成员就本次家风家教调研做了相关问卷调查，结果如下。

（一）调查样本基本情况

　　本次调研共发放问卷100份，回收83份，有效问卷83份。样本基本情况见表1所列。

表1　样本基本情况

性别	人数（人）	占比（％）
男	45	54.22
女	38	45.78
合计	83	100.00
年龄段	人数（人）	占比（％）
18岁以下	4	4.82
18～30岁	21	25.30

年龄段	人数（人）	占比（％）
30～60 岁	40	48.19
60 岁以上	18	21.69
合计	83	100.00
文化程度	人数（人）	占比（％）
初中以下	11	13.25
初中	32	38.55
高中	24	28.92
高中以上	16	19.28
合计	83	100.00

（二）对家训的印象

图 2 为关于家训印象的调查。结果显示，84.34％的被调查者觉得这是"优良的家族风气"，8.43％的被调查者觉得这是"一种可有可无的东西"，4.82％的被调查者觉得是"完全没有相关的联想"，2.41％的被调查者觉得这是"暴力式家庭教育"。

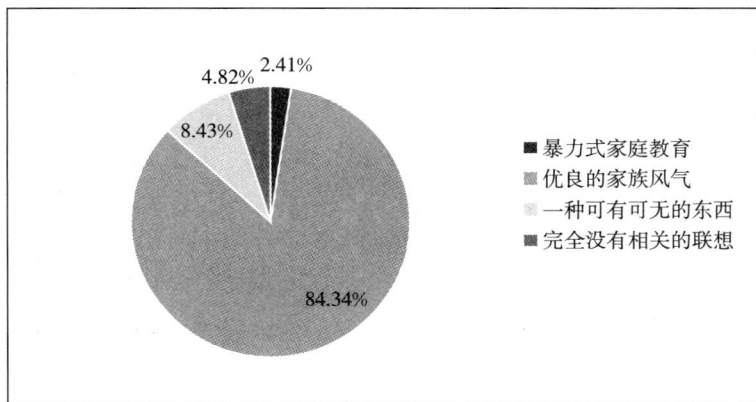

图 2　关于家训印象的调查

这一结果表明，绝大多数人认为家训承载着一个家族的优良传统，对社会发展起到积极作用。

（三）重视家风家教建设问题

图 3 为家风家教建设调查。结果显示，24.10％的被调查者认为"家庭和谐社会才能和谐"，15.66％的被调查者认为"重视家庭建设，注重家教家风能促进社会风气改善"，40.96％的被调查者认为"注重家庭家教家风有利于增强家庭观念、促进家庭和谐"，18.07％的被调查者认为"能促进社会道德领域存在问题的解决"，1.21％的被调查者认为"重视家庭建设没有什么意义"。

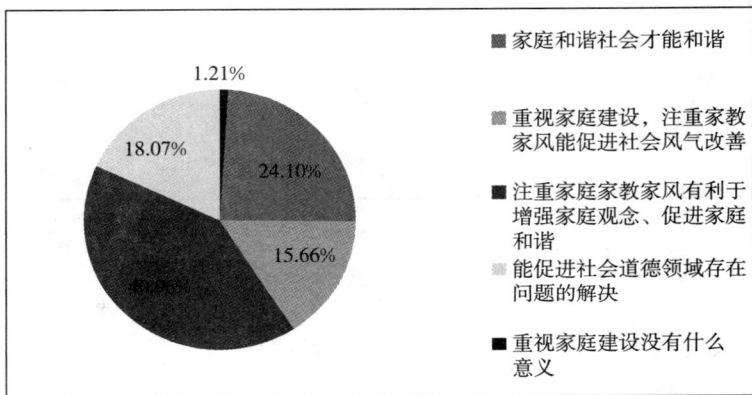

图 3　家风家教建设调查

这一结果说明，对于家风家教建设，绝大多数人是持积极的态度，觉得家风家教对于家庭、社会风气、道德领域都有着促进作用。

（四）家风建设在促进当代中国家庭教育中发挥什么样的作用

图 4 为家风建设在当代中国家庭教育中的作用调查。结果显示，43.37％的人认为家风建设有"对家庭成员加强道德修养有导向作用"，21.69％的被调查者认为家风建设"发挥传承中国优秀传统文化的作用"，20.48％的人认为家风建设有"发挥促进家庭凝聚力的提升的作用"，9.64％的人认为家风建设在促进当代中国家庭教育中发挥着"改进、提高家庭教育的方法和效果"的作用，3.61％的人认为家风建设在促进当代中国家庭教育中"有助于构建新型家庭成员关系"，只有1.21％的人对此认为"没有太大的作用"。

这一结果说明，家风建设在促进当代中国家庭教育中有着积极的作用，无论是对于构建良好的家庭成员关系，还是提高教育成效，特别是对家庭成员加强道德修养的导向作用都得到人们的肯定。

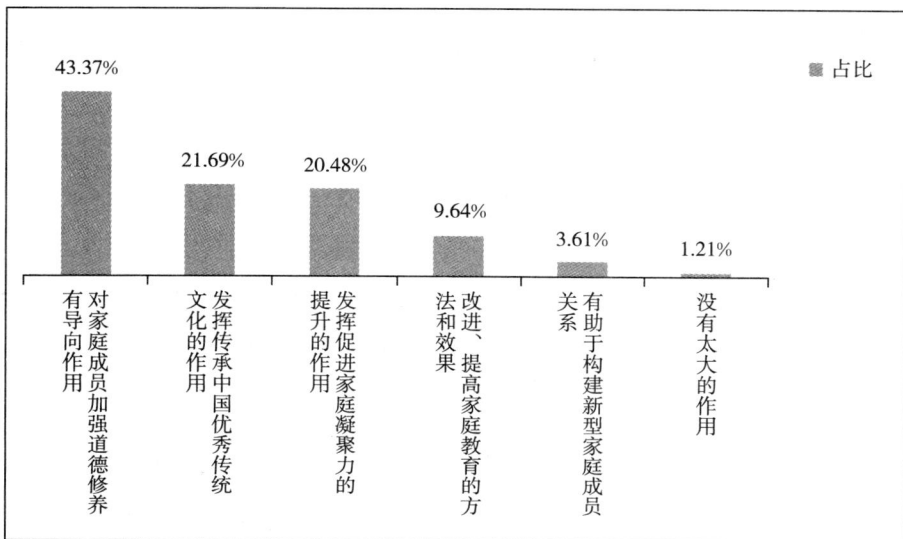

图 4　家风建设在当代中国家庭教育中的作用调查

（五）是否有必要传承和传播家风家教文化

图 5 为传承和传播家风家教必要性调查。结果显示，77.12％的被调查者觉得"有必要，这是中华民族一笔瑰丽的非物质文化遗产"，15.66％的被调查者觉得"有必要，这是构建社会主义核心价值观的重要部分"，6.02％的被调查者觉得"不是很反对，也不是很赞成"，1.20％的被调查者觉得"反对，这是没有意义的"。

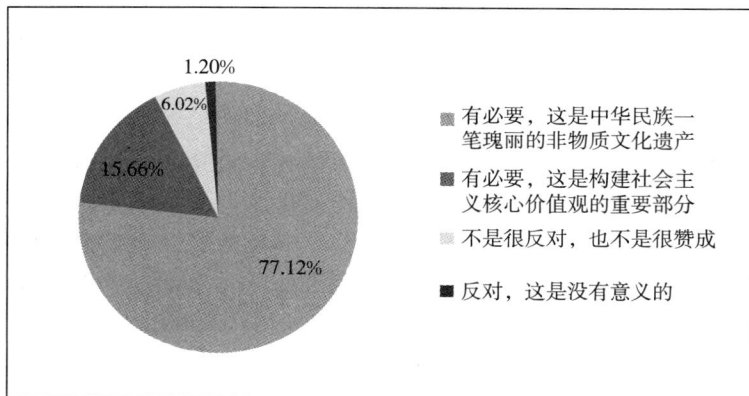

图 5　传承和传播家风家教必要性调查

由此可见，优秀的家风家教文化是中国优秀传统文化的重要组成部分，社会主义核心价值观亦根植于中国优秀传统文化之中，因此弘扬和发展优秀家风家教文化可成为践行社会主义核心价值观的新途径。

六、结论及拓展

通过调研，团队成员认识到桐城方氏家族立家 600 年来，人才辈出，声名远播，与其重视家风家教的传承有着密不可分的联系，如桂林方注重文化教育，方（璇）氏不忘感恩。

中华民族历来重视家风家教文化，从古代的宗族制度，族内规矩森严，等级分明，到现在以小家为本，各亲戚又通过血缘和其他社会关系相互联结。中华传统美德时刻铭记在人们心中，一脉相承，融入家庭成员的日常生活中，成为一种无形的力量，潜移默化地影响着人们。虽然一些家风家教文化已经失去了文字记载，随着时间的流逝，消失在历史长河中，但祖先遗留下来的优秀品质，已经融入人们日常生活的角角落落，并结合当今时代的特征，逐步形成新时代的家风家教文化。好的家风家教并不是特立独行的，很多优秀的家风都有着共同的特点，他们都有着严苛的道德底线、基本的行为准则、积极的情感氛围、良好的学习环境等。正是这些特点，引导人们树立正确的人生观、价值观和世界观，成长为一个身心健康、有作为乃至对社会有突出贡献的人。优良的家风家教同样也是我们的精神导师，是精神文明的风向标。

优良的家风家教是中国优秀传统文化的缩影。家风文化是中国历史中最常见也是流传最广最具代表性的文化传承。家风正，则民风淳；家风正，则政风清；家风正，则党风端。可见家风是社会优良风气形成的基础，优良的家风能够把优良的美德传递给孩子，引导他们为人处世，帮助他们形成正确的世界观、人生观和价值观，是孩子在成长中最重要的一个环节。优良的家风家教完美地诠释并继承了中华上下五千年历史中积累下来的美好品德，在一代代的积累和改善中，优良的家风家教文化越来越充实、丰富，我们应当继承并发展。

参考文献

[1] 新华网．习近平：决胜全面建成小康社会夺取新时代中国特色社会主义伟大胜利——在中国共产党第十九次全国代表大会上的报告[EB].

2017 - 10 - 27.

[2] 中国共产党新闻网. 关于培育和践行社会主义核心价值观的意见 [EB]. 2013 - 12 - 23.

[3] 冯丕红. 道德承续论 [D]. 长沙：中南大学，2014.

第二篇　**家风家教调研**

皖南家教家风认知及传承现状调查报告

——基于宁国市长虹村的调查

摘　要： 本文以大学生"三下乡"团队在宁国市河沥溪街道长虹村的问卷调查为数据来源，对皖南家教家风的认知和传承现状进行调查、分析，得出目前皖南地区对家教家风重视程度较高、群众对家教家风的认知状况良好的结论。同时，团队成员以大学生视角对皖南家教家风文化更好地传承提出了一些建议。

关键词： 家教家风；传承；认知

一、研究背景及目的

（一）调查背景

中共中央总书记、国家主席、中央军委主席习近平在 2015 年春节团拜会上发表重要讲话时强调："不论时代发生多大变化，不论生活格局发生多大变化，我们都要重视家庭建设，注重家庭、注重家教、注重家风，紧密结合培育和弘扬社会主义核心价值观，发扬光大中华民族传统家庭美德，促进家庭和睦，促进亲人相亲相爱，促进下一代健康成长，促进老年人老有所养，使千千万万个家庭成为国家发展、民族进步、社会和谐的重要基点。"

以家风家教为抓手，既是培育和传承中华传统美德最直接的方式，也是弘扬和践行社会主义核心价值观最重要的手段，对于家庭血脉的传承、社会文明的延续、民族的复兴和中国梦的实现，都具有重要的历史意义和现实意义。此次调研是为进一步贯彻落实习近平总书记"注重家庭、注重家教、注重家风"的讲话精神。

（二）调查地点

皖南指的是安徽长江以南地区，是一片人才辈出、文化底蕴深厚的圣

实践团队主要成员：方贤根、管卫星、谢正莹、徐坤。
指导老师：杨风云、夏建圩。

地。为了更好地了解皖南家教家风现状，实践团队选取始建于北宋崇宁年间，明清时期办有社学，先后建有凤山、谢侯和西津书院的宁国市作为此次调查的目的地。

宁国市河沥溪街道地处安徽省宁国市东郊，面积 98.6 平方千米，人口 3.2 万余人，下辖 4 个村、2 个社区。风景优美，人杰地灵，交通便捷，素有"小小宁国市，大大河沥溪"的美誉。长虹村是河沥溪街道最大的村落，由原来的几个自然村合并而成。值得一提的是前不久长虹村出了一位英雄人物——官东，2015 年 6 月 2 日 15 时 05 分，"东方之星"沉船救援现场潜水员官东在找到被困人员后，将自己的潜水装备给了对方，使其被顺利救出。他的事迹得到了各大媒体的争先报道，官东在第五届全国道德模范评选中，被授予全国敬业奉献模范，当选"感动中国"2015 年度人物。

（三）调查目的

通过此次调查以期全面了解皖南地区的家教家风现状，并且希望通过对调查问卷的统计分析，能从不同角度更好地反映当地居民对家教家风的认知和传承情况，以便探索皖南家风家教在当代得以更好传承的路径和方式。

二、调查分析

（一）调查内容

根据此次调查的主题，实践团队决定从被调查者的基本信息、家教家风情况及对家风的认知三个方面来设置问卷内容。问卷内容见表 1 所列。

表 1　问卷内容

基本信息	家教家风现状	家风认知
性别	对成长的影响	家风定义
年龄	是否提起过家风	家风的存在形式
职业	注重孩子哪方面教育	家风的决定因素
家庭成员	父母的教育要求	宣传家风的意义
是否有孩子		与社会环境关系

（二）数据分析

实践团队此次在长虹村共发放问卷 141 份，回收有效问卷 122 份，有效问卷回收率达到 86.52%。

1. 基本信息

性别年龄及职业分布见表 2 所列，其中男性 68 人，占 55.70%；女性 54 人，占 44.30%。从年龄分布来看，20 岁以下有 2 人，占 1.64%；20 至 30 岁 57 人，占 46.72%；30 至 40 岁 26 人，占 21.31%；40 至 50 岁 18 人，占 14.75%；50 岁以上 19 人，占 15.57%。

表 2　性别年龄及职业分布

性别	人数（人）	百分比（%）	职业	人数（人）	百分比（%）
男	68	55.70	农民	27	22.13
女	54	44.30	工人	21	17.21
合计	122	100.00	公务员	5	4.10
年龄	人数（人）	百分比（%）	教育界人士	10	8.20
20 岁以下	2	1.64	商人	11	9.02
20～30 岁	57	46.72	医生	2	1.64
30～40 岁	26	21.31	其他职业者	46	37.70
40～50 岁	18	14.75	合计	122	100.00
50 岁以上	19	15.57			
合计	122	100.00			

从被调查者的职业方面来看，农民有 27 人，占 22.13%；工人有 21 人，占 17.21%；政府工作人员 5 人，占 4.10%；教育界人士 10 人，占 8.20%；商人 11 人，占 9.02%；医生 2 人，占 1.64%；其他职业者 46 人，占 37.70%。

家庭结构见表 3 所列，从该村落的家庭结构来看，被调查家庭中父母健在的有 73 人，占近 60%；有兄弟姐妹的有 26 人，占 21%左右；祖父母健在的有 11 人，约占 9%；其他的 25 人，约占 20.49%。已有小孩的共 74 人，占 60.66%。

表 3　家庭结构

家庭成员	人数（人）	百分比（%）	孩子	人数（人）	百分比（%）
父母	73	59.84	有	74	60.66
兄弟姐妹	26	21.31	没有	48	39.34
祖父母	11	9.02	合计	122	100.00

家庭成员	人数（人）	百分比（%）	孩子	人数（人）	百分比（%）
其他	25	20.49			
合计	135	100.00			

2. 家风现状

家风是一个家族代代沿袭下来的体现家族成员精神风貌、道德品质、审美格调和整体气质的家族文化氛围。在现实生活当中，家风的表现形式多种多样，一个词、一句话、一段经历、一个故事都是家风的载体，都能体现家风的内涵和本质。

是否听过长辈提起家教家风字眼见表4所列。从调查结果来看，有80人听过长辈在家中提起家教、家风之类的字眼，占65.57%；有37人没有明确听过长辈提起家教、家风，占30.33%；还有4.10%的人对此不明确。家教家风对孩子成长的影响见表5所列，87.70%的人认为家风对孩子的成长影响很大，8.20%的人认为一般，4.10%的人认为不明显，没有人认为家教家风对孩子没有影响或不确定。

表4　是否听过长辈提起家教家风字眼

听过家教、家风之类的字眼	频率	百分比（%）
有	80	65.57
没有	37	30.33
不确定	5	4.10
合计	122	100.00

表5　家教家风对孩子成长的影响

对孩子成长的影响	频率	百分比（%）
很大	107	87.70
一般	10	8.20
不明显	5	4.10
完全没有	0	0.00
不确定	0	0.00
合计	122	100.00

在对孩子教育方面，自己对孩子和父母对自己的教育见表6所列。调

查结果显示，有约 8％的人注重对孩子爱国情怀的教育，约 19％的人注重勤俭节约，约 16％的人希望孩子刻苦学习，约 11％的人选择艰苦奋斗，约 19％的人注重尊老爱幼，约 25％的人要求孩子诚实守信，其他占 2％。与此相对应的，有约 5％被调查者的父母对他们的要求是精忠报国，约 22％是勤俭节约，约 16％是刻苦学习，约 13％是艰苦奋斗，约 19％是尊老爱幼，约 24％是诚实守信，其他仅占 1％。

表6　自己对孩子和父母对自己的教育

对孩子要求	精忠报国	勤俭节约	刻苦学习	艰苦奋斗	尊老爱幼	诚实守信	其他
频率	16	39	33	22	38	50	5
百分比（％）	7.98	19.29	16.26	10.96	18.72	24.87	2.00
父母的教育	精忠报国	勤俭节约	刻苦学习	艰苦奋斗	尊老爱幼	诚实守信	其他
频率	9	40	28	24	33	42	2
百分比（％）	5.18	22.47	15.73	13.48	18.54	23.60	1.00

3. 家风认知

正确认知家教家风在社会中的地位和具体内涵以及与社会、时代之间的关系是我们更好发挥家教家风在家庭、社会中的作用的重要基础。家教家规是否是富户家的玩意见表7所列。调查结果显示，约 90％的人对家教家风多是大族富户家的玩意表示反对，约 7％的调查者对此表示不知道。

表7　家教家规是否是富户家的玩意

家风是大户人家的玩意	频率	百分比（％）
赞成	3	2.46
不赞成	110	90.16
不知道	9	7.38
合计	122	100.00

家教家风取决因素与社会关系见表8所列，约 26％的人认为取决于父母本人，约 40％认为取决于社会大环境，约 32％的人认为取决于父母和周围的人际关系，约 2％的人选择其他。家教家风宣传意义调查见表9所列，约 93％的人认为有意义，只有约 7％的人觉得没什么意义，没有人表现出对此不关心。另外约 53％的人认为家教家风会随着社会的变化而变化，约 27％的人认为基本不变，约 12％的人认为不会变化，约 7％的人表示对此

不可预见。

表 8　家教家风取决因素与社会关系

取决因素	频率	百分比（%）	随社会改变	频率	百分比（%）
父母本人	32	26.23	不会	15	12.30
社会环境	49	40.16	基本不会	33	27.05
父母和周围人际	39	31.97	会	65	53.28
其他	2	1.64	不知道	9	7.37
合计	122	100.00	合计	122	100.00

表 9　家教家风宣传意义调查

宣传意义	频率	百分比（%）
有	114	93.44
没有	8	6.56
无所谓	0	0.00
合计	122	100.00

三、小结与讨论

（一）小结

此次家教家风调查报告分析结果，可根据问卷内容设置的三个部分进行分析：

第一部分：通过调查对象的基本信息可以看出，团队此次调查人群年龄主要分布在 20～50 岁，年龄分布较为广泛，能充分说明问题，且大多数都已有孩子，能更好地展现他们的父辈、本人、下一代之间不同的家教家风文化，有利于体现家教家风文化的时代差异和传承情况。同时调查对象总体涉及的职业也较为广泛，包含了现有的基本职业类型，具有一定代表性。

第二部分：通过对调查对象家教家风现状的调查结果可看出，大部分人对家教家风之类的字眼是比较熟悉的，而且都曾听长辈提起过，充分说明了皖南地区对家教家风文化的重视。另外对孩子注重哪方面的教育和父母对自身的要求两项的统计结果显示，二者的结果基本吻合，都主要是勤俭节约、刻苦学习、艰苦奋斗、尊老爱幼、诚实守信这些中华优秀传统美德。这说明这些优秀的家教家风理念得到了有效的传承，仍然是时代的主流。当然从勤俭节约和艰苦奋斗两个选项的统计结果来看，老一代人更加注重对孩子在这两方面精神的培养，这细微的差异，体现了我们生活水平的提高和时代的进步，优秀的家教家风伴随着这些变化也处于调整之中。

第三部分：通过对调查对象关于家教家风认知情况的结果分析，可得出大家对家教家风的认知是较为清晰的。绝大多数人都能意识到并不是大户人家或形成文字留存下来的才是家风，而是每户人家都有自己的家教家风。对于家教家风的取决因素每个选项都较为均衡，说明了当地家教家风的取决形式较为多样。另外近93%的人认为宣传家教家风是有意义的，体现了当地对家教家风文化的重视程度很高。最后大家普遍认为家教家风文化会随着社会环境的变化而变化，体现了当地与时俱进的精神风貌。

（二）讨论

通过此次对皖南地区实地走访调研，结合当地的实际情况，实践团队对皖南优秀家教家风文化的弘扬和传承给出了自己的建议。

1. 注重言传身教

《论语·子路》篇提道："其身正，不令而行；其身不正，虽令不从。"这句话的意思是只有自己在某方面做到典范，才能要求别人去做。换言之，父母长辈的实际行动对孩子思想观念、道德品质的形成具有重要的影响。因此，父母长辈在教育孩子时，要以身作则，通过自己的身体力行、言传身教，让孩子更好地理解、传承家教家风。

2. 注重典型的树立

一个典型就是一面旗帜，通过各种形式对家教家风典型模范事迹进行宣传，可起到良好的示范、带动和引导作用。尤其是对当下潜水员官东英勇救人的精神进行弘扬，对其家教家风文化进行挖掘、传播。同时积极开展一系列家教家风文化宣传评比活动，鼓励大家积极建设和谐家教家风文化，把家教家风文化与社会主义核心价值观相结合，使家教家风更加深入人心。

3. 注重与时俱进

皖南家教家风文化很多都源自儒家文化，然而要建设属于这个时代的家教家风，必须要从传统文化中重新发现价值、从传统文化中汲取力量，将这些前人的优良传统、文化精髓与当下的社会主义核心价值观的内容相融合，让皖南地区的优秀家教家风文化在得到传承的同时，又不失其与时俱进的先进性。

参考文献

[1] 习近平总书记在 2015 春节团拜会上的讲话 [EB/OL]. http：//www. xinhuanet. com/politics/2015 - 02/171c _ 1114401712. htm.

[2] 肖德安. 家庭、家教与家风 [J]. 前进，2015 (4)：55.

[3] 廖小明. 家风是践行社会主义核心价值观的重要载体 [EB]. 人民论坛网 . 2014 - 02 - 10.

"人伦基石　家国天下"

——皖南地区优秀家教家风调查报告

摘　要："家风正，则民风淳；家风正，则政风清；家风正，则党风端。"好的家风能促成好的社风、民风以及政风、党风，而好的家教本身就是社会文明进步的重要表征。实践团队以"扬家风，筑国梦"为主题，以徽文化中优秀家教家风为切入点，紧密围绕"探寻优秀家教家风之根源"和"传播优秀家教家风正能量"两条主线，于宣城市旌德县和绩溪县开展社会调研。本文以宣城市优秀家风家教为例，广泛搜集资料，展示了皖南地区历史上优秀家风家教的内涵与外延，同时从不同角度分析当代社会对优秀家风家教的传承与弘扬的现状，并提出了合理化建议。

关键词：家风家教；皖南；传承；弘扬

一、研究背景与研究目的

（一）研究背景

习近平总书记强调，"家庭是社会的基本细胞，是人生的第一所学校。不论时代发生多大变化，不论生活格局发生多大变化，我们都要重视家庭建设，注重家庭、注重家教、注重家风"[1]。由此可见，践行社会主义核心价值观一定要注重弘扬好的家庭家教家风。

首先值得注意的是，中国传统家教文化中蕴含着具有现代价值的思想道德教育方法。

中国有着丰富的传统家教文化，对中华民族的精神品格产生了难以移易的影响。尊老爱幼、礼让敬贤、守礼尚节、诚实有信、勤劳节俭、团结友爱，这些发端于家庭、外推到社会、传承至今天的传统美德，深深地渗入每个中华儿女的精神血脉之中，成为维系民族团结、推动民族发展的精神纽带和精神动力。同时，这些优良的传统家教文化也为今天的青少年道

实践团队主要成员：姚嘉浩、苏锡东、王菁、闫鹏麟、王明睿、孙孝、康星、范梁晨曦。
指导老师：夏建圩、陈君。

德教育及荣辱观教育提供了宝贵的经验。

不必讳言，中国传统家教文化中有其封建性、糟粕性的成分，但我们应该珍惜中国传统家教文化中那些优良的家庭教育内容和有效的教育方法。这些优良的家教文化既是我们中华民族文化的瑰宝，也是人类共同的精神财富，它们具有超越时空的恒久价值。

一方面，中国传统家教文化具有鲜明的民族特点。从传统家庭教育的方法与效果看，它们根植于古代中国独特的社会结构，高度重视家庭在道德教育中的地位，充分发挥家庭教育在社会教化中的基础作用、核心作用和统领作用，实现了家庭教育与社会教化的有效连接和高度贯通，这在世界各民族的教育实践中是独具特色的。从传统家教文化的内容看，它也具有突出的民族性。与高度重视个体道德权利的西方道德教育不同，中国传统家庭教育的根本点在于强调以"忠""孝"为核心、以整体至上为基本价值取向的道德责任和义务[2]。由家庭孝悌而外推至热爱乡土、忠于祖国，这正是具有中国特色的传统爱国主义精神的逻辑进路。

另一方面，中国传统家教文化中更蕴含着超越时空的普遍性价值。那些丰富多彩、行之有效的家庭教育方法是没有时代和国别限制的，那些强调对父母孝敬、对恩师尊敬、对朋友诚信、对社稷尽忠、对自然敬畏、对自己审慎的家教内容中既传达着为人做事的基本道德规范，也蕴含着对待人与他人、社会、自然、自身关系的深刻哲理，这些基本的道德规范和深刻哲理不仅具有民族的意义，而且也是人类普遍价值体系中稳定的核心要素，具有普遍性价值，完全可以为现代德育及荣辱观教育提供思想与方法借鉴。

其次，挖掘传统家教文化资源，培育良好家风，推动青少年荣辱观教育是当今社会的重要课题。

中国传统家教文化很早就认识到，儿童时期是一个人建立规则意识、形成价值偏好、树立道德榜样、培养审美意识的关键期。中国古代"家训之祖"颜之推认为，"人生小幼，精神专利，长成已后，思虑散逸，固须早教，勿失机也"。这表明传统家教文化中已经注意到了对儿童进行道德教育的时机问题。同时也认识到，家庭成员之间交往接触的亲密性、频繁性、深刻性、全面性和长期性，家庭群体中教育与生活的统一性等赋予了家庭教育得天独厚的便利条件，使得家庭教育具有其他教育形式不能替代的作用。《颜氏家训》认为，"同言而信，信其所亲；同令而行，行其所服"，也是看到了家庭特殊而重要的教育作用。

中国源远流长的传统家教文化表明，良好的家风是通过家庭教育培养家庭美德的极为重要的因素，而一个家庭的是非、善恶、美丑、荣辱等基本观念往往是其良好家风的主旋律，是家庭的习惯、风气、风貌、氛围和文化的集中体现。中国古代以家训、家范、家书、家仪、家规、治家格言，乃至家法、家祭、家谱等家教形式教导子女遵守道德规范，忠于家庭、宗族与国家。

因此，充分挖掘我国传统家教文化宝库中的资源，传承优良的家教文化，赋予传统家教文化以新的时代形式和内涵，培育良好的家风，以良好的家庭教育来加强和促进青少年荣辱观教育，是一个值得每个家庭深思和实践的重要课题。

（二）研究目的

美国社会学家 E. W. 伯吉斯和 H. J. 洛克在《家庭》（1953）一书中指出："家庭是被婚姻、血缘或收养的纽带联合起来的人群。各个人以其作为父母、夫妻或兄弟姐妹的社会身份相互作用和交往，创造着一个共同的文化。"[3]家庭作为一种社会制度，在社会的发展和延续中发挥着多种功能，即生育、经济、政治、文化、娱乐、情感、教育的功能。不过这些功能的表现和地位并非一成不变的。恩格斯在《家庭、私有制和国家的起源》中曾引用美国人类学家摩尔根的话："家庭，——摩根说，是一个能动的要素；它从来不是静止不动的，而是随着社会从较低阶段向较高阶段的发展，从较低的形式进到较高的形式。"[4]笔者认为，虽然不同时代、不同地区的家庭教育状况有所差异，甚至大相径庭，但是家长承担起对子女的教育义务却是世界各民族发展中共有的现象。

中国人对家庭教育的重视程度是世界上任何一个民族所难以企及的。其产生的原因是多方面的，既有现实的原因，也有历史的原因，它的思想根源往往扎根在中国传统文化土壤之中，不少文化学、社会学、历史学的研究都得出一个共同的结论，认为中国传统文化是以家庭（家族）为本位的。"国之本在家""积家而成国"，中国几千年来的儒家文化强调"修身、齐家、治国、平天下"。修、齐、治、平，要求人们做一个内在道德修养与外在建功立业相统一的君子、圣人。在这种"家国同构"的思维定向中，家庭教育被赋予的直接的、重要的社会意义是十分明显的。

二、研究内容

实践活动以"扬家风，筑国梦"为主题，以徽文化中优秀家教家风为切入点，紧密围绕"探寻优秀家教家风之根源"和"传播优秀家教家风正能量"两条主线，开展了实地调研、问卷走访、名人访谈、成果宣讲、走进课堂、室外互动等形式新颖、意义深远的实践活动。

团队先后赴旌德县白地镇洪川村、白地镇江村，绩溪县瀛洲乡坑口村、荆州乡上胡家村等地，搜集到很多历史上通过牌坊、宗祠、书籍等途径遗留下来的家风家规的珍贵资料，也了解到徽文化中优秀的传统家教家风的现状。团队先后赴荆州乡举办成果宣讲会、赴绩溪县新兰亭书画培训中心与同学们亲情互动、赴绩溪县祥云广场举办以"扬家风，承家训；品徽韵，筑国梦"为主题的室外宣传活动。

团队通过此次实践活动，探寻徽文化中优秀的家教家风，了解现代社会普通家庭家教家风的现状，探究徽文化中家风家教的传承方式以及发展状况，并借助现代公众媒体和多种信息平台把本次活动的成果展示出来，唤醒群众对于优秀家教家风重要性的认识，并引导公众将其精华融入个人行为准则和对下一代教育理念中去。这些活动被当地媒体全程报道，也在途经各地的信息平台上广泛传播，引起强烈的社会反响，受到了群众的一致好评。

此次实践活动受到了旌德县白地镇人民政府、洪川村村委会、江村村委会、绩溪县团委、绩溪县广播电视台、荆州乡人民政府等单位的高度重视和大力支持。在实践过程中队员们学习态度积极认真，与人交往礼貌大方，充分展现了青年学子积极乐观、蓬勃进取的精神风貌，也向社会各界展示出当代大学生吃苦耐劳、迎难而上的优秀品质。

（一）皖南地区传统优秀家风家教一览

1. 江氏家风"礼义廉耻，忠孝节义"

江村始建于隋末唐初，有 1 300 余年的历史。据记载，咸丰初年（1851 年）江村人丁达 8 万余口，号称"小杭州"。全村共有书屋 9 所，"重诗书，勤课诵，多延名师以训子弟"。明清时期，江氏族人考取进士、文举人、武举人共 126 人，民国十年又出博士、学士共 17 人，这在中国的古村落中极属罕见。1938 年，宁国府属六县联中师生员工 2 000 余人由宣城迁址旌德江村，8 年间，在江村求学就读的学生竟达 8 000 余人，在海内外颇有声誉。

发达的文化孕育了江村英才辈出：清代医学家"人痘接种法"发明者江希舜；清代翰林院编修、书法家江志伊；中国社会党领袖江绍铨；《语丝》发起人、民俗学家江绍原；著名数学家江泽涵；胡适夫人江冬秀等。

民国安徽省长江绍杰、民国海军将领江泽澍等也出自江村。"父子进士""兄弟博士"更是世代传诵。

2. 胡氏家风"以德立家，以和治家"

绩溪县是安徽省宣城市南部的一个下辖县。这个县的面积虽然不大，但历史上却出过不少名人，尤其以胡姓为多。如北宋名臣胡舜陟、南宋文学家胡仔、明朝户部尚书胡富和兵部尚书胡宗宪、清代徽墨名家胡天注和红顶商人胡雪岩、近现代著名学者胡铁花和胡适等都出自绩溪县的胡氏家族。绩溪县是全国胡姓最重要的聚居地之一。在这里，胡姓被公认为是家族最大、人数最多的姓氏（约占全县总人口的15%）。

绩溪胡氏，人才辈出，成为名门望族，除了得江南物华天宝之利和徽文化尊学重教之熏陶外，也发展了属于它自己的特点。

首先是重视读书教育。让子女读书、受教育，是每个徽州家庭的使命。我们可以将其归结为"耕读文化"和"亦儒亦商"。原新华社记者章恒全说，在重视读书的同时，龙川人并不强求。进则读书走仕途，退则耕田，做生意。但即便选择了外出经商或是下地耕田，龙川人也并不松懈对子女的教育。在古徽州，不管父辈是做官、从商，还是种田，都要竭尽全力让子女受教育，甚至有句俗语，叫做"养儿不读书，不如养头猪"。

除了重视教育之外，还重视家族的力量。龙川胡氏在重视徽州传统的家族力量的同时，对治家还有一个独特的秘诀，那就是崇尚和谐。在龙川胡氏宗祠里，可以看到大量以荷花为主题的木雕。当地人告诉实践团队，胡家推崇荷花，不仅因为其高洁的特质，更因为它谐音为"和"，体现了家族和睦、长幼有序、亲同手足的"和谐"之意。

顺着村里的小河一直走，团队偶遇龙川胡氏的第47代后人、《世界胡氏通谱》编委会主任胡增顺老先生。在胡老先生的家中，团队对龙川胡氏的家族文化又有了更深一步的了解。

胡增顺曾以行医为业，如今已经年逾古稀。他说，自己家中传下了很多从未公开过的族谱、家规和家训。他如今的心愿，就是将这些曾经熏陶、伴随他成长的人文遗产进行整理和编纂。

胡老先生告诉团队，龙川胡氏家族有自己的家规祖训，族人必须要熟读谨记。看到这部胡家祖训的时候，实践团队大为震惊：龙川胡氏的祖训并不是简简单单的几页纸，而是多个朝代多个版本的结合，拿在手中极有分量。早在宋代修谱时，胡家就已经制定了相当完善的祖训，往后的每一个朝代，胡家都有新修订的版本。其中"祖宗当知尊敬、宗族当知和睦、宗子当自慎重"体现了族内的和谐；"子弟不可纵容、闺门须当严谨、名分须当办正"体现了家风的严谨；"谱牒当知珍藏、祖例须当遵行"则教育子孙要饮水思源，不忘根本。

"胡氏家族的人言行低调，不善张扬，却愿意踏实做好本分的事情。"胡增顺老人言语极少，很多时候，他只是拿出各种资料给大家看。他的女儿胡雅萍告诉我们，如今胡老先生的听力、视力都有所下降，但他仍坚持修谱，甚至投入了大量经费。当问他为什么要如此苦心竭力于龙川胡氏族谱的编纂时，老人没有立即回答，只是默然翻阅着桌上将近一尺厚的资料。忽然，胡老先生翻出其中的一页纸，顺着他手指之处，可以看到这样一行字：是为了寄望同族同宗同乡共勉。

一个家族的规矩和训诫，能够长久地教育培养其子孙后代；一个家族的自律和勤勉，又能够影响乡邻，带动一个地区走向良性发展。在龙川的周围，还有汪姓、程姓、章姓等姓氏的大家族。和胡氏一样，他们也同样重视教育、尊重祖宗的规矩，这与绩溪县乃至整个徽州的文化传统不谋而合。几千年过去了，胡氏家族走出了大量国家栋梁，而其余的大部分族人，依然在这片土地上悠然生活着。他们坚持祖宗传下的道义，坚守族间邻里的和谐。

3. 梅氏家风"多元包容，保本传家"

宣城的名门望族——梅氏家族是由宋至清时期皖南地区最为显赫、独特的世家大族之一，其学术成就在世界范围都有深远影响。宣城梅氏，是地域文化与家族文化的统一体，是在宣城这一特定文化地域内产生的姓氏家族文化。梅氏家族在仕宦、文学、经济、理学各方面都能出类拔萃，成为人们津津乐道的世家大族，原因是多方面的。

梅氏家族文化，是以血缘亲情为纽带，以父系原则为主导，以家庭、家族成员之间的上下尊卑、长幼有序的身份规定为行为规范，以祖先崇拜和家族绵延兴旺为人生信仰的一整套家法族规，并把这一套家法族规从理论升华泛化到社会各个层面，成为传统文化中占主导地位的思想体系。家族文化通常包括家族的结构、行为、功能、伦理、观念、心理、精神和礼俗等层面，梅氏家族文化有着丰富的文化内涵：以血缘亲情为纽带的价值观念，以振兴家族为目的的人生观，尊祖敬宗睦族的团体意识，以孝为中心的家庭、家族伦理观念。其中孝道的全部内涵有三个方面：对长辈，要求生活上赡养，态度上尊敬；自身生活勤勉努力，事业持之以恒而不堕；应有传宗接代人，并且血统要纯正。孝道的这三种内涵，关系到家族的发展，它的实现，才有可能使家族不断地延续下去。

梅氏家族在漫长的历史发展过程中，常常受到外来文化的影响，因而具有多元性和包容性。但梅氏家族矢志守业，保本传家，经过长期的孕育发展，形成了梅氏家族特有的文化现象。

（二）皖南地区现代优秀家风家教一览

1. "勿以善小而不为"——善文化的当代传承

在白地镇民政所所长张志华先生的带领下，实践团队来到了洪川村立新组村民朱美赞先生的家开展此次"三下乡"活动的第一环节"模范话家风"。朱先生在 2013 年白地镇"6·30"洪水中先后将两户受困村民家中的老人、大人及小孩共计 4 人背出，并迅速转移到安全地方，被评为宣城市 2014 年见义勇为先进个人。

在访谈现场，朱先生详细地向团队描述了他在山洪中救人的先进事迹，并分享了他个人优秀品质的养成之源，团队也对他那种作为小组长的责任意识以及面对危险时挺身而出的大无畏精神感到由衷的敬佩。随后洪川村党支部书记吕盈勇先生的到来将此次访谈的气氛推向了高潮，他向团队一一介绍了村子中拥有良好家风的家庭，并深入分析了家风家教对孩子成长的重要性，紧接着团队就家风家教的养成以及家长在此过程中所起到的模范作用等问题展开了讨论。通过访谈和讨论，实践团队更加深刻地认识到家风作为一种价值共识的根基性作用，社会公共化程度越高，家风就越显得珍贵。毫不夸张地说，家风家教构建了中国人精神世界的基因图谱，尽管外部表现斑斓驳杂，但精神内核却高度一致！

在访谈过程中，朱先生的一句话让团队成员印象深刻，"勿以善小而不为"，把这句我们在小学时就已经耳熟能详的话落实到生活中却是如此困难。

善文化意识是中华优秀传统文化中重要的特质，善文化取向又是中华优秀传统文化的重要价值取向。悠悠五千年中华文明的历史，包含着中华民族勤劳向善的根本精神基因，镌刻着中华儿女以善为美、厚德载物的不朽业绩。今天，面对社会转型、经济转轨，人们思想文化意识多元、多样、多变的态势，研究和确立善文化理念，倡导和弘扬善文化重要价值取向，对我们正在进行的中国特色社会主义事业和全面深化改革，都有着极其深远的意义和作用。

2. "久病床前有孝媳"——孝文化的当代传承

实践团队专访了十年如一日精心照顾瘫痪在床的婆婆，用惊人的耐心和毅力抒写孝心之爱的"绩溪县第二届道德模范"舒爱春。质朴的语言，真情的流露，大家都被她的事迹深深感动。

舒女士的婆婆因病不幸成为植物人，卧床十余年，生活完全不能自理。舒女士辞去工作，在家一心一意照顾婆婆，每天为老人翻身、喂饭、擦拭、排便，直到老人去世，其中辛苦可想而知，而舒女士从未有过一丝怨言。老人有九位子女，却没有人能做到像她一样持之以恒。团队成员随舒女士来到了老人生前的房间，干干净净，一尘不染，完全没有久病之后的脏乱，可见舒女士的细心。老人生前已经没有什么意识，连她的子女前来都没有知觉，只有舒女士在她身边服侍时才会偶尔有些反应。

晚上为了帮老人翻身，舒女士常年不能好好睡觉，现在必须靠药物帮助睡眠，她吃了这么多苦，却总是笑着说："那是我的婆婆，这么做不是应该的吗。"当实践团队问起她照顾婆婆时心中的期待时，她回答说："人人都有老去的一天，假如有一天我能像婆婆那样接受儿女们给予的爱，那时我也是最幸福的母亲。"也许这就是千百年来，孝文化在"家"这个最基本的单位里最朴实的传递方式了。

孝文化是中国古代产生最早、影响最深远的家庭道德观念和伦理文化之一。孝的初义是"善事父母"，后来发展到包含文明礼貌、尊敬父母、友爱兄弟、家庭和睦、尊师敬贤、尊长爱幼、扶危济困、忠于祖国、热爱人民等美德范畴。孝的思想观念，经过历代圣哲与统治者的大力提倡，已经深深植根于中国传统文化的土壤之中，成为中华民族深层的文化积淀。几千年来，中国社会历经沧桑巨变，尤其在社会主义市场经济发展的今天，人们的思想观念发生了巨大变化。然而，孝文化并未随着历史的发展而消失，而是在社会主义和谐社会构建，尤其在社会主义新农村建设的过程中发挥着重要作用，如有利于提高农民素质、有利于农村家庭美德建设、有利于解决目前农村家庭养老问题、有利于农村社会的和谐与稳定、加快社会主义新农村建设的步伐。

三、凝练家风家教，注重传承弘扬

（一）凝练优秀的德教内容

我国古代的家训是围绕着"修齐治平"展开的，其中最重要的还是治家、教子、修身和做人，大致可分为以下几个方面：

1. 父慈子孝

"孝"是传统伦理的基本范畴。中国古代经济是以家庭为单位的自然经济，一家之长是由家庭中辈分最长的男子担任，父辈决定了家庭权力的转让、财产的继承等，因此儿子对父亲的绝对服从和孝顺成为最根本的道德规范。传统家训无一例外地都把"孝"放在家庭道德的首位加以强调。

2. 兄友弟恭，亲睦家齐

传统家训论中都把兄弟姊妹妯娌间的和睦团结作为一个重要规范。孙奇逢的《孝友堂家训》，方孝孺的《逊志斋集》和《颜氏家训》都分析了家庭成员之间的和睦相处对于"兴家""齐家"的极端重要性。《袁氏世范》也阐述了如何从财产的分配，不受婢妾仆隶的谗言迷惑以及避免姑嫂妯娌间的言行失和等方面的具体措施。

3. 正身率下，严谨治家

家庭中德高望重的前辈长者往往是家训的制定和撰著者，他们深知"其身正不令而行"的道理，因而，制定家训的道德要求时，总是把家长以身作则、正身率下放到一个突出的位置。《居家杂仪》《家训笔录》《庞氏家训》《药言》《袁氏世范》等还详细制定了管理家政的具体办法。

4. 勤劳俭朴，应世经务

勤劳节俭自古以来都是我们中华民族的优秀美德，这也在历代家训中得到了鲜明体现。无论是平常百姓，还是达官贵族，无不在家训中反复叮嘱家人尚节俭、戒奢靡。主张家人勤俭的同时，有些家庭还要求家人学些手艺，习些技术，耕读并重。这在尊奉"万般皆下品，唯有读书高"的等级观念极强的封建社会里别具一格。

5. 端蒙养，重家教

教子与治家同是传统家训的核心内容。子孙担负着延续家族、光宗耀祖的重任，因而历代家训都注重对子孙的教育和培养。

除了上述家训内容外，夫义妇顺、糟糠不弃、和待乡邻、讲究人道等也都是传统道德重点关注的方面。这些都是积极的方面。但由于特定历史条件的制约因而不可避免地存在着封建主义纲常礼教及唯心主义的糟粕，现今的发展中无疑是应该抛弃的。

（二）实施有效的德教措施

优秀的德教理论需要合适的实施措施，传统家训在家庭道德的教育方法上也都提出了一些独具特色的见解，形成了一套行之有效的家庭德教措施：注重家风的熏陶；注重规范、准则的可操作性，易使它们变为家庭成员的具体行动指南；实行奖惩结合、情法并用以及注重榜样的示范、激励作用等。多样的教化方法使家庭伦理道德的教育有了较好的效果。

四、深度解析，建言献策

科学地评价传统家训，取其精华，去其糟粕，古为今用，有利于我国当前的家庭美德建设。

首先，家庭生活、社会生活的稳定和发展中家训文化起着独特的作用。其次，家训文化中有关家庭伦理道德的规范和准则，可以与社会主义的家庭道德规范相结合。最后，传统家训的许多实际教育途径和方式方法都非常值得学习借鉴。

合理的教育，要把传统家风家教与社会主义核心价值观培育有机结合起来。当今时代，家风家教与国家的命运和民族的前途紧密相连。因此要十分注重现代家风家教的养成和创新，紧跟时代步伐，推陈出新，构建文化内核。社会主义核心价值观中个人层面的爱国、敬业、诚信、友善与我国优秀家风家教相当契合。通过教育引导，人们能充分认识到家风家教与国家和民族前途命运的血肉联系。

参考文献

[1] 习近平总书记在 2015 年春节团拜会上的讲话 [EB/OL]. http：//www. xinhuanet. com/politics/2015 - 02/171c _ 1114401712. htm.

[2] 冯秀军，朱小曼. 家庭教育为青少年荣辱观教育奠基 [J]. 北京教育 . 2006（6）：4 - 6.

[3] 中国百科大辞典编委会. 中国大百科全书（社会学卷）[M]. 北京：中国大百科全书出版社，1991：102.

[4] 马克思，恩格斯. 马克思恩格斯选集（第四卷）[M]. 北京：人民出版社，1972：25.

第三篇　安徽地方戏曲调研

　　戏曲具有悠久的历史、独特的魅力和深厚的群众基础，是表现和传承中华优秀传统文化的重要载体。戏剧的保护与传承需要所有人的力量，大学生肩负着戏剧艺术保护与传承的重任。

　　安徽戏曲艺术源远流长，遗产丰富。据不完全统计，历史上安徽戏曲约有60种，其中源于安徽且流行较广的约20种。诸多剧种，万般风韵，构成安徽戏曲艺术的"百花齐放""繁花似锦"。回顾江淮大地戏剧文化的先声肇音，"兼收并蓄"的徽剧、"清新浪漫"的黄梅戏、"乡土拙朴"的皮影戏、"活泼轻松"的花鼓戏，成为个中奇葩，绚丽多彩。

　　本篇主要选取近年来合肥工业大学宣城校区学生以安徽地方戏曲的实地考察为主要内容的社会实践活动调研报告，报告从学生视角，重现了非物质文化遗产——徽剧、黄梅戏、花鼓戏、皮影戏的历史发展变迁，生动展现了地方戏曲的特色与魅力，直面地方戏曲发展面临的危机与挑战，提出了地方戏曲保护与传承的建议和措施。行文间透着莘莘学子对中华优秀传统文化的热爱和溢于言表的真诚，以及他们对传统文化传承和保护的高度责任心。通过青年学子笔下极富魅力的地方戏曲，追寻时光的步履，共赏皖乐徽声的音韵悠长，我们欣喜地看到社会实践体验式教育的丰硕成果。

徽州徽剧的历史沿革和发展现状的调查研究

摘　要： 徽剧是安徽省古老的戏曲剧种之一，历史悠久。团队成员立足徽剧起源地——歙县、绩溪县两地开展调研活动，探究了徽剧的形成及发展，探讨了徽剧鼎盛时期繁荣发展的原因，了解徽剧的精神内涵。团队还调研了徽剧逐渐没落的原因，呼吁社会关注徽剧发展"低谷"现象，同时为徽剧的传播提出了相关建议。

关键词： 徽剧；溯源；没落；传播

一、选题背景

徽戏（新中国成立后定名为"徽剧"）是安徽省古老的戏曲剧种之一。在中国传统戏曲的百花园中，徽剧是一朵绚丽的奇葩，她诞生于明末的皖南大地，蕴含着浓郁的乡土气息，走遍大江南北，最后冲向京师，完成徽京嬗变。

2006 年 5 月 20 日，徽剧经国务院批准列入第一批国家级非物质文化遗产代表性项目名录。徽剧的表演艺术丰富多彩，技艺精湛。文戏以载歌载舞、委婉细腻为特点，武戏以粗犷、炽热、功夫精深、善于高台跌扑而震惊观众，生活小戏则凭借着浓郁的乡土气息和风趣、诙谐的语言吸引着观众。徽剧"滚白滚唱"，以唱、念、做、打的综合表演为中心，这四种表演技法有时相互衔接，有时相互交叉，但都统一为综合整体，展现着和谐之美。

徽剧通过其丰厚的戏剧精神，即海纳百川的融合精神、扎根民间的乡土精神、与时俱进的创新精神，使得这种艺术形式趋于成熟。徽州徽剧是个包罗万象、五彩缤纷的艺术宝库，亦是新安文化灿烂篇章的重要一页。

徽剧是徽州文化及其精神的缩影，它直观反映了徽文化的特性。徽文化极具地方特色，其内容广博深邃，深切透露出东方社会与文化之谜，囊

实践团队主要成员：高堃泽、唐思佳、谢雨沙、赵丽、刘凯、程红艳、范梓男、韩照堃、穆晗、贺福美。

指导老师：孙超平。

括了中国后期封建社会民间经济、社会、生活与文化的基本内容，是中国封建社会晚期主流文化的典型代表。而徽州亦是一个历史文化的区域地理概念，相对于整个中华民族的历史文化发展而言，它就是一个子系统，却有着极强的内聚同质性。研究徽剧文化亦要探寻其与母体的中华民族历史文化之间的互动关系，以确认其价值和地位。

习近平总书记在纪念孔子诞辰 2565 周年国际学术研讨会上说："优秀传统文化是一个国家、一个民族传承和发展的根本，如果丢掉了，就割断了精神命脉。"现阶段我国面临着多元的文化局面，戏曲遭遇"低谷"。剧团解散、剧种慢慢消失、戏曲发展青黄不接等现象屡见不鲜。徽剧发展面临着以下问题：传承后继乏人，剧团经营困难，资料、行头残存，观众基础不雄厚等。延续民间传统文化已成为政府、学者及艺术家们共同面对的时代课题。实践团队期望通过对徽剧的研究，为我国传统戏曲的发展、国家非物质文化遗产的保护及徽剧民间文化的挖掘与传承贡献一份微薄之力。

实践团队紧扣"弘扬徽州徽剧文化"主题，到安徽省歙县、绩溪县深入追溯徽剧来源，学习徽剧内容，实地感受徽剧的魅力，以期学习徽剧内在的精神内核，践行"三下乡"倡导的"受教育、长才干、做贡献"的要求。在徽剧故里实地考察徽剧如今保护和发展的状况，发现当今徽剧文化传播存在的问题，提出符合社会实情的合理解决方案和建议，为弘扬徽州徽剧文化作出自己的贡献。

二、徽剧小史

（一）徽剧的历史发展

明嘉靖年间（1522—1566 年），江西的民间声腔"弋阳腔"传入徽州以后，徽州民间艺人就以之"错（杂）用乡语"，把它和徽州的土语音调相结合，"改调歌之"，经过磨合、融通，到了嘉靖末期，形成了一种新的戏曲声腔——"徽州腔"。江西弋阳腔在传入池州、青阳一带，与当地流行的余姚腔及民间音调相结合以后，也形成了新的"青阳腔"[1]。人们统称这种"徽州腔""青阳腔"为"徽州雅调"，徽剧由此开始萌芽。

明末清初，徽剧依托徽商发展，徽商提供的雄厚资金推动了徽州民间戏曲活动的发展。另外，徽剧艺人坚守精诚团结的精神，勤学苦练，使得徽剧不断充实丰富。徽剧逐步走向辉煌，可谓是天时地利人和。

历史中有许多徽班，其中著名的四大徽班在表演上各有所长、各具特色，表现为：三庆班的轴子、四喜班的曲子、春台班的孩子、和春班的把子。清代，最高统治者们大都喜爱戏曲，凡为皇帝、太后祝寿和皇室喜庆，都要举行庆典，其中戏曲演出已成惯例。乾隆五十五年秋，为庆祝乾隆帝八旬寿辰，扬州盐商江鹤亭在安庆组织了一个名为"三庆班"的徽戏戏班，由艺人高朗亭率领进京参加祝寿演出。"京城内外显身手，徽班才艺胜一筹，你方唱罢我登场，争奇斗艳显风流！"由此可见，在此次规模盛大的祝寿演出中，虽是群戏荟萃，众艺争艳，但第一次进京的三庆班仍崭露头角，引人瞩目！徽戏曲调优美，剧本通俗易懂，整个舞台演出新颖而具有浓郁的生活气息，故而受到京城观众的热烈欢迎。三庆班进京获得成功后，又有四喜班、和春班、春台班等徽班进入北京，并逐渐称雄于京华剧坛，民间流传有"话说当年徽班坐场，大半个中国喜乐狂，三庆的轴子、四喜的曲子、春台的孩子、和春的把子，个个在舞台上真刀真枪"。自此，徽剧声腔已经形成了比较完整的体系。

后来，徽商退出政治舞台，徽剧艺人回归故里，经济基础削弱，徽剧班组逐渐解散。老一辈艺人年岁渐高，而新一代艺人储备不足，导致徽戏一度衰落。另外，南方的徽班也在一定程度上受到了京剧和其他新兴地方剧种的冲击，境况更是困难。

中华人民共和国成立后，徽戏得到了恢复和发展。安徽省政府迅速下发文件，成立徽剧团，扶持民间徽剧艺术家，使徽剧不至湮没在历史长河中，得以幸存。

后期徽剧工作者在徽剧传承与发展上下了苦功夫，也取得了不错的成绩。2013年《安徽日报》报业集团徽商传媒和安徽省徽京剧院联合主办"重走徽班路·徽剧徽商梦大型巡演"。徽剧再次进京，致敬200多年前的徽班先贤，与历史产生新的互动，既圆了徽剧艺术工作者"重走徽班路"之梦，也再次向各地观众展现了徽文化的博大精深。此次巡演中，震撼感最强的要数《惊魂记》。《惊魂记》是安徽省徽京剧院根据莎士比亚名作《麦克白》全新改编，使莎翁剧作得到了中国徽剧化的完美演绎。此剧曾赴英国、新加坡等地演出，深受海外观众欢迎。

在徽剧的传承之路上，安徽省各地徽剧工作者们正做着各种不同的尝试。安徽省歙县璜田乡的朱祝新老师希望用文字的形式记录下徽剧的起源和历史，耗尽十余年时间，将徽剧编入数本地方历史书籍，诸如《璜田志》《歙南璜蔚》等。2015年朱祝新老师撰写的《徽剧志源探考》论文获中国田汉戏剧论文一等奖，为徽剧传承贡献了一部重要文献。

（二）徽剧的精神内涵

徽剧以其独特的戏剧精神在戏剧的百花园中获得了巨大的成功，成为"京戏之祖"。徽剧的繁荣发展既是徽剧戏剧精神的体现，也得力于徽剧戏剧精神内在动力的推动。徽剧的戏剧精神突出表现在：其一，海纳百川的的融合精神；其二，扎根民间的乡土精神；其三，与时俱进的创新精神。总结其艺术精神对于弘扬优秀的民族传统戏曲文化有重要的意义，对于当下中国艺术理论的建构有着重要的借鉴价值[2]。

1. 海纳百川的融合精神

任何一种艺术的发展和成熟，都有必要吸收其他外来的养分，徽剧在这方面表现得尤其突出，其发展的整个历程就是一个不断吸收融合的过程。徽剧诞生于明代中叶的皖南山区，被称为"京剧之祖"，她的成功原因与她的内在品格是分不开的，这种内在品格首先表现为：海纳百川的融合精神。这种融合精神体现在徽剧的方方面面，最突出地表现在声腔的演变中。众所周知，声腔是一种戏剧区别于其他戏剧的主要标志，徽剧的声腔主要是"吹腔""拨子"和"二黄"。从这些声腔的历史演变中可以看出徽剧的融合精神和强大的生命力。

首先，从徽剧声腔的诞生来看，早在明代中期，现在安徽的安庆、池州和徽州等地便是当时经济文化发展的中心，特别是徽州商人的崛起，给皖南的经济增加了雄厚的实力。经济的发展同时带来文化的繁荣，其中戏曲兴起是文化繁荣的重要表征。此时，从江西传来的弋阳腔、从浙江传来的余姚腔已在此地流行。据专家研究，由于弋阳腔具有"不协管弦"（没有丝竹乐器伴奏）和"不叶宫调"（不受一定宫谱的限制）的特点，很容易和其他流行区域的声调结合演变成新的声腔，艺人们在演唱时也常常"错（杂）用乡语"和"改调歌之"，在传到安庆、青阳、徽州一带地区便很快和当地的民歌小调、乡音土语以及在此流行的余姚腔等相结合，形成新的声腔，这就是后来被称为"徽州腔""青阳腔"（也叫"池州腔"）等声调。

其次，从徽剧声腔的发展来看，徽剧研究界称徽剧初始的声腔就是"老徽调"即"弹腔"，后来在发展过程中演变为"四平腔"和"徽昆腔"。从这种演变中也可以看出它的融合精神。

再次，这种融合精神也表现在徽剧声腔成熟阶段，当四平腔、徽昆腔流行于皖南大地以后，徽剧的许多剧目都是用这种声腔表演的，明代的戏剧家潘之恒在《鸾啸小品》中所说的"十年以来，新安好事家多习之，如吾友汪季玄、吴越石，颇知遴选，奏技渐入佳境，非能谐吴音，能致吴音而已矣"，说的就是这种用徽昆腔在徽州等皖南地区的演唱情况。

综上所述，从徽剧声腔的诞生、发展和成熟的过程可以看到徽剧具有强烈的融合精神，正是这种海纳百川的融合精神，才使它具有强大的生命力，决定了它后来能完成徽京嬗变的伟大创举，成为"京剧之祖"。

2. 扎根民间的乡土精神

按照马克思主义的艺术生产理论，艺术作为一种精神产品，其生产必须伴随一定的消费。徽剧就是这样，一方面，消费市场的需求影响了它的审美品格；另一方面，它有自己的内在精神品质，是一定区域文化的产物，一定程度上承载着区域文化的精神，具有自己的独特性。这种独特性就是：扎根皖江文化和徽州文化的地域性，具有民间乡土气息的审美追求。徽剧自诞生起到完成徽京嬗变，始终扎根于民间的土壤，具有浓厚的皖南山区的乡土气息。

就徽剧剧本来说，徽剧上演的剧本内容大多表现皖南山区一带人民喜闻乐见的故事，也反映出他们的思想观念和价值取向。徽剧从一个方面承载了徽州人以及皖南山区人精神世界的一个层面。从现有的资料来看，徽剧演出的剧本内容主要有历史传奇题材和现实日常生活题材，前者包括历史英雄剧和婚姻爱情剧，后者包括家庭伦理剧和一些生活小戏，反映现实人生的世情百态，是徽州人以及皖南山区人精神生活的又一个层面。

徽剧众多的英雄传奇剧深受欢迎，渗透了徽州人以及皖南山区人对英雄崇拜的思想观念，表现了皖南山区人的"英雄情结"。地处吴楚大地交汇的皖江、皖南山区，早在春秋时就是吴、越、楚的必争之地，这种崇尚英雄的情结还表现在对本土英雄的崇拜。徽州人的英雄情结还可以从徽州的民俗活动中看出来，徽州自明清以来流行一种叫"仗鼓舞"的民俗活动，"仗鼓舞"又名"得胜舞"，传说是纪念唐代著名的大将军张巡和许远抗击安禄山叛军得胜而击鼓欢庆。由此可见，对英雄的崇拜深入到了徽州居民的骨髓里，贯穿其精神生活和日常生活。这些崇尚英雄的精神情怀表现在徽州流行的徽剧里，传送到艺术的舞台上，存留在人们的记忆里。这也是徽剧有众多的英雄剧的深层根源。

一些生活小剧，新鲜活泼，带着浓厚的生活气息，是徽州人以及皖南山区人精神生活的另一个层面。以徽州为中心的皖南被称为"东南邹鲁"和"程朱阙里"，儒家宗法制思想盛行。深受儒家文化影响的徽州人，日常人伦中无不渗透着儒家理性观念。但儒家文化强调的是人的社会性，抹杀了人的自然性，这样长期下去就会扭曲人的自然天性。聪明的徽州人在漫长的历史长河中把自己的感性诉求放在艺术中，这也就是"徽派艺术"如此兴盛的原因之一，如，历史上的"新安画派""徽派建筑""徽派雕塑""徽派版画""徽州文学""新安曲派"等艺术盛极一时。

3. 与时俱进的创新精神

徽剧戏曲精神的另一个方面就是与时俱进的创新精神，徽剧的创新精神也是皖南人尤其是徽州人精神的一个浓缩。这种精神的具体体现者就是徽商，从某种意义上来说，徽商和徽戏的精神内核是一致的。徽商的开拓进取、百折不回的"徽骆驼精神"使之成为明清时代举世瞩目的四大商帮之首；同样，徽戏的虚怀若谷、积极进取及与时俱进的创新精神使徽戏成为众多地方戏中的佼佼者，最终成为"京剧之祖"，这是徽州人的"徽骆驼精神"在戏剧领域里的生动体现。从徽剧发展的历程可以看到这种与时俱进的创新精神。这种积极进取的创新精神表现在如下方面。

在声腔方面，正如前文所说，最初传来的弋阳腔、余姚腔和皖南山区的民歌小调结合，逐渐形成徽池雅调，徽池雅调的形成标志着徽戏的诞生。徽剧用徽州腔和青阳腔演唱，为了使声腔演唱本土化，以适应本地人的欣赏习惯，在继承弋阳腔"一唱众和，其节以鼓，其调喧"特色的同时，在声腔演唱上进行了大胆的革新，这种改革的突出表现就是创造了具有徽剧特色的戏剧叙述方式——滚调，滚调的诞生改变了弋阳腔戏剧叙述的语言方式。此外，滚唱的形成，突破了原有"曲牌体"的制约，使戏剧艺术擅长作长段生动的叙述，促使演员充分地表达剧中喜怒哀乐的情感，增强戏剧艺术的舞台感染力，受到了观众的热烈欢迎。这也是徽剧艺术生命力彰显的重要表现。

在乐器伴奏方面，器乐在戏剧中虽然处于辅助的地位，但它对于剧情发展，起到烘托表演、渲染气氛、描写环境的作用。徽剧在形成和演变过程中，器乐也表现出不断的更新。

在伴奏的风格上，徽剧也不断地创新，形成了自己的特色，在锣鼓经上，形成"低、平、宽"的特色，给人以古朴、深厚、莽苍的感觉；在管弦乐的演奏中，根据剧情需要，创造性地夹杂着一些锣鼓，形成"文""武"掺和的情形，增强了伴奏的效果。这些发展既是戏曲不断成熟、发展的结果，也是徽剧与时俱进创新精神的生动体现。

在舞台设计方面也能体现它的创新精神。戏曲的舞台设计包含着服饰装扮、化妆脸谱、灯光布景等，徽剧的舞台设计在继承传统的基础上有所创新。在戏曲服装上，徽剧的服装定型是在清朝中前期，徽剧服饰以明代的服装为基础，并参照唐、宋、元、清等朝代服饰，吸收其他剧种的戏曲服装形式，加以综合和美化，形成了徽剧服装特色。这种戏曲服装既有现实生活的基础，又有艺术形式的美感，根据剧情的需要，发展完善了徽剧服饰的类型，形成了行头齐全、色彩斑斓的"十蟒十靠"等"四大衣箱"的徽剧戏曲服装。由于徽剧受到徽商的支持与培养，徽剧的艺术品位以及戏曲服装也体现了徽商的审美趣味，主要表现出"秾丽之美、古朴之美、典雅之美和凝重之美"的美学风格。

在脸谱方面，徽剧脸谱是在传统戏曲脸谱的基础上，经过徽剧艺人的不断加工、丰富、艺术化形成的。最初只是肤色的夸张，用色简单，后来经过众多艺术家的发挥以及艺术实践的需要，徽剧的脸谱色彩由原来的红、黄、黑、蓝、绿、白几种色彩发展到增加了粉、紫、灰、赭、金、银等色彩，组成了勾绘各种脸谱的一套完整色彩。在脸谱的构图上，徽剧的化妆还化用了中国古文字的"六书"造字法，即象形、指事、会意、形声、转注和假借，增强对人物性格和形象的艺术表现力。比如，关羽的"凤眼蚕眉，面如红枣"象征"红脸关公"的赤胆忠心。这样就形成了脸谱和人物性格、形象之间的内在关系，让观众通过脸谱能够判断出人物的性格特征，这也体现了徽剧的杰出创新。

在戏剧百花园里，徽剧正是通过这样的戏曲精神，获得了令人瞩目的地位，从而对中国戏曲艺术的繁荣和发展做出了重要的贡献，使戏曲这种艺术形式趋于成熟，这种艺术经验和艺术精神对于当下中国的艺术发展和繁荣有着重要的借鉴意义。

三、徽剧没落的原因

（一）演出经济直线下滑

随着现代科技的发展，人们物质文化生活水平的不断提高，丰富多彩的娱乐生活打破了过去单一的娱乐方式独霸的格局，分散了人们对戏曲情有独钟的注意力。戏曲演出受到很大的制约，出现萎缩、票房不景气等现象。从以前的场场爆满到送戏送票，观众人次锐减，而且演出剧团经济日益拮据，不仅影响演职人员的收入，挫伤了他们投身戏曲艺术的积极性，而且对剧目的创新和编排带来了很大的制约性。很多支持戏曲发展的集体和个人受到打击，丧失信心，减少支持甚至不支持，不少剧团面临倒闭，使戏曲的发展壮大面临着极大的困难。

（二）观众的流失

当下戏曲面临现代社会多元化娱乐文化的冲击和挑战，人们从单一的欣赏戏曲转化成多方位选择。人们忙于工作和学习，往往忽视传统老套的娱乐生活，取而代之的是电视和电脑等电子产品，并且有些剧目内容陈旧、入门难，在剧目的创作上大多停留在沿用传统或者修改幅度较小，而且戏曲人物的表现有其局限性，缺乏时代气息。同时，戏曲有其固有的程式性、虚拟性，观众必须熟悉剧场的习套，才能充分欣赏其中的动作及道具，要熟悉需要一个较长的过程，这就造成了观众与戏曲间的距离，导致观众逐渐流失。

（三）徽剧传承后继乏人

有的剧团本身运营情况不佳，使很多戏曲演员对未来失去信心，产生了转行或消极对待的心理，阻碍了剧团的发展。同时，当代戏曲教育的体系还不完善，对青年一代戏曲人才的培养跟不上，出现地方戏曲类的传统文化面临青黄不接、后继无人、演职人员老龄化等问题。新中国成立后的一代徽剧老艺人都已去世，老一辈徽剧演员多已退休或改行，徽剧团现有演员行当不全，乐队缺人，没有专业创作班子，难以恢复、演出大型传统徽剧，许多表演程式和技艺濒临失传。目前，徽剧大戏、折子戏要借人排演，并且由于工资低，再次削弱了演职人员演出的积极性。徽剧排演成本高，剧团资金有限，因此徽剧的继承弘扬工作难度颇大。据悉，剧团的新学员大多为歌舞专业，徽剧传承缺少后备力量。

（四）徽剧行头不完整

由于特定历史期间所有徽剧资料、衣箱行头大都被毁灭殆尽，其后虽然重新置办了一些服装道具，收集了部分老剧本、曲调和脸谱，但限于财力，徽剧艺术的抢救、挖掘和传承等工作一直难以展开。

徽剧虽曾盛行一时，但到清代末叶，在它的基础上发展形成的京剧兴起后，艺人纷纷改学新腔（京剧），从而京剧风行，徽剧却日益衰落，至20世纪40年代，已濒于消亡。中华人民共和国成立后，重新建立了安徽省徽剧团，吸收徽剧老艺人，积极开展培养年轻演员和挖掘整理剧目等工作。20世纪60年代初，徽剧再度进入北京，演出《水淹七军》《淤泥河》等剧，获得好评。

四、歙县居民及社会群众对徽剧文化及传承的认知调查

调研团队此次对歙县的徽剧文化调研中,针对"歙县居民对徽剧文化及传承的认知情况"在徽州古城、璜田乡等公众场所发放并回收有效调查问卷共计 108 份,调研对象基本状况见表 1 所列。

表 1 调研对象基本状况

年龄	18 岁以下	18 岁至 30 岁	30 岁以上
所占比例(%)	37.04	29.63	33.33

(一)歙县居民对徽剧的认知情况

歙县居民对徽剧的认知情况调查如图 1 所示。所设置的调查问卷共有 15 道题目,其中 7 道题是与歙县当地人对徽剧文化的认知相关的。即便是在徽剧最为繁荣的歙县,也有 50 人表示"很少了解",占受访对象的 46%,这表明当下人们对徽剧的了解还比较欠缺。由此可见,徽剧在传承过程中,特别是在当今这个快节奏时代下已经岌岌可危,这应该引起高度重视,加强对徽剧传承的保护。

(二)居民关注徽剧的途径

居民关注徽剧的途径如图 2 所示,当地居民对于徽剧的认知途径和学

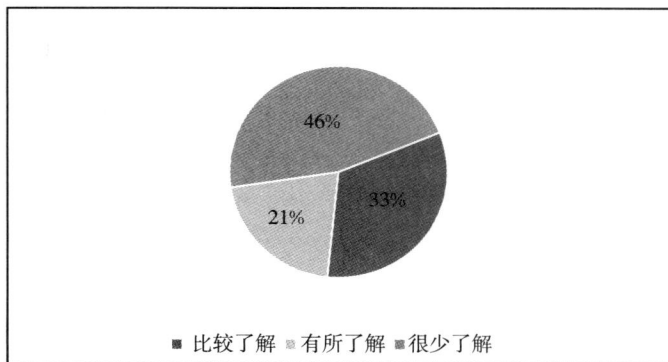

图 1 歙县居民对徽剧的认知情况调查

103

习方式也是多种多样的，其中有 28 人是通过互联网等新媒体方式了解，22 人是通过电视广播报刊等方式，24 人通过长辈、朋友的介绍，12 人直接观看过徽剧演出。互联网等线上工具已经成为徽剧传播的重要阵地，需要进一步引起重视。22 人表示对徽剧很少关注，表明即使在歙县这样徽剧影响力较大的地区，目前也有很多人并不了解这一传统剧种。

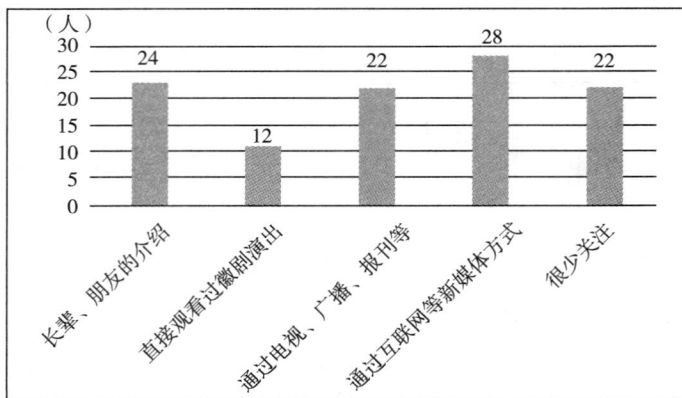

图 2　居民关注徽剧的途径

（三）居民对徽剧发展现状及其意义的认识

居民对徽剧发展现状的认识如图 3 所示，40％的受访者认为徽剧发展现状面临危机，33％的受访者比较悲观，认为徽剧发展前景堪忧，徽剧发展的岌岌可危已经深入人心。徽剧作为徽州的经典戏剧，在这个信息爆炸的时代已面临前所未有的巨大危机，是时候对这项古老的艺术给予更多的关注了。

居民认为徽剧对当下社会的作用如图 4 所示，30％的受访群众表示"很重要"，36％的受访群众表示"有一些作用"，这说明人们已经意识到

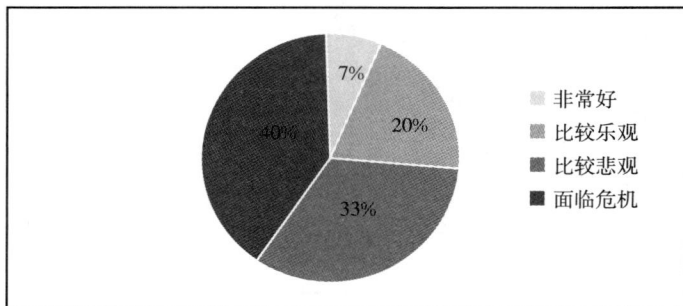

图 3　居民对徽剧发展现状的认识

传统戏曲保护的重要性，认同及时采取措施激活徽剧发展，徽剧的传承保护有良好的群众基础。有了群众的支持，徽剧的传承势必会事半功倍。

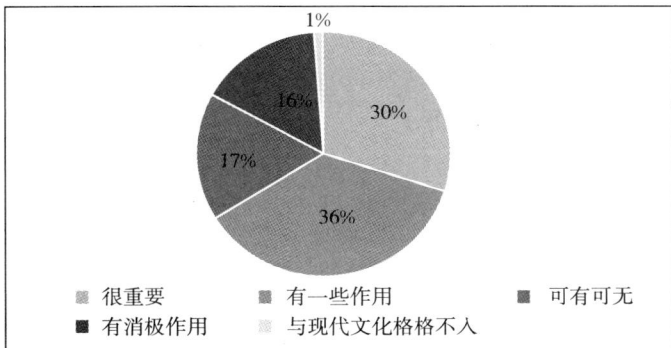

图 4　居民认为徽剧对当下社会的作用

（四）群众对徽剧的态度

群众对自己孩子从事徽剧工作的看法如图 5 所示，108 位受访者中的 36 位表示"坚决反对，不靠谱没有前景"，占 33.3%；16 位表示"不大建议，有较大风险"，占 14.8%。由此可见，尽管受访群众对徽剧存在的重要性表示认同，但是对其现状和未来发展并不看好，不愿意自己的孩子从事相关工作，侧面说明徽剧的发展面临人员严重不足等问题的原因。

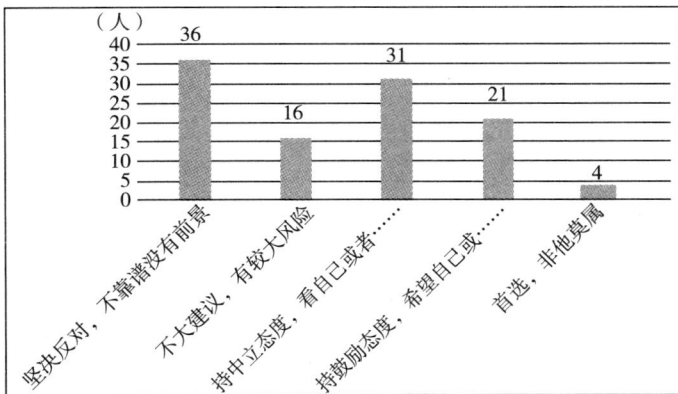

图 5　群众对自己孩子从事徽剧工作的看法

（五）群众认为当下徽剧应该做出哪些改进以适应社会

群众认为当下徽剧应该做的改进如图 6 所示，33% 的受访群众表示徽剧应该"能根据不同年龄段的人群产出新作品"，23% 的受访群众表示徽剧"演员年轻化，应该大力宣传"，其他受访群众建议徽剧的发展应该"结合当今社会民生，与时代精神相结合""需要注入新鲜血液，与现代文学结合""多增加一些弘扬中华传统美德，传播社会正能量的剧本"。由此可见，在当今这个快节奏的时代，徽剧若想更好地传承必定需要与时俱进，适当加入新的元素，在保留其自身特色的基础上创作出更适合当今各个年龄段人群的新作品。

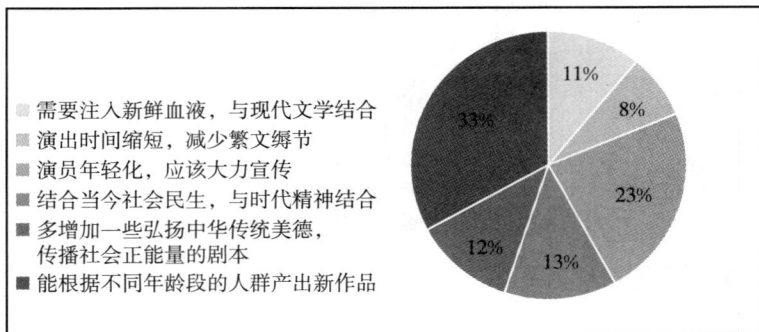

图 6　群众认为当下徽剧应该做的改进

五、徽州徽剧文化的开发保护对策

（一）徽剧原生作品的开发保护

1. 增强文化自信

非遗保护部门、文化宣传部门、旅游局、研究机构要对徽州徽剧进行有目的性、系统性的研究、整理，充分认识当地徽剧文化在中国传统文化中的历史地位和作用，切实树立文化自觉和文化自信。

2. 加强徽戏作品的保护

习近平总书记强调，文物承载灿烂文明，传承历史文化，维系民族精神，是老祖宗留给我们的宝贵遗产，是加强社会主义精神文明建设的深厚滋养。当地党史部门应注重及时对徽剧剧本及戏服等相关文物进行收集保护或复制存档；对老戏台进行维修，同时实施戏台的新建，强化参与教育功能。

3. 结合时代精神特色

结合现代文学作品，加入新时代元素，在保留其自身特色的基础上创作出更适合当今各个年龄段人群的新作品。对舞台设计中的服饰装扮、化妆脸谱、灯光设计等进行创新，使之充分体现徽州文化与时代精神特色。

4. 完善制度保护政策

加强制度建设和完善政策保障，努力改革文化资源的管理体制体系，为文物作品保护提供法律依据和制度保障。同时加大监管力度，对参观徽剧文物馆中的不文明现象及时制止，防止不文明行为对文物资源的破坏。

（二）徽剧新作品的产出与推广

1. 文创作品产出

创作新曲目。从徽剧的发展历程可以看出徽剧从产生到发展至今，其本身就是一个兼收并蓄、博采众长的过程，这正是徽剧发展、传承的文化精神。新的时代下徽剧面对的是新的观众和新的思想，徽剧想要在新的时代得到发展就必须与时俱进、推陈出新、不断创新，推出一系列新的剧目去迎合新一代的观众。在思考如何推广新的剧目的同时，更要让新的剧目产生与旧剧目相同甚至更加深厚的艺术价值和文化价值。徽剧想要不落后于时代，继续吸引当下的观众，必须在徽剧内容上进行创新，提升徽剧的内容价值。

同时，在当代市场中，要通过对个体经营者生产的徽剧相关产品（脸谱、服饰、画册等）进行交易来宣扬徽剧。现存的徽剧宗祠由当地政府通过设置旅游景点的方式来保护，并通过对外收取门票获得的收入来推动当地经济的发展。

2. 新媒体平台宣传

为了唤醒青年弘扬与发展传统文化的意识，可以通过微电影的方式，拍摄记录并传播徽剧的特点与魅力、徽剧精美的服饰与道具，通过采访徽剧代表人物，让大家深入了解徽剧的文化魅力及徽剧传承的发展困境。

充分发挥现有徽剧艺人的作用，切实鼓励大家创作以徽剧文化为主题的各类文艺作品，尤其鼓励影视剧和舞台艺术创作。将徽州文化向外界广泛普及，提高对外影响力。加强徽剧经典剧目《水淹七军》《贵妃醉酒》等的传播，创作出群众喜闻乐见、有影响力的系列纪录片或电视剧、话剧、歌剧等。

充分发挥现代媒体作用。改善创新徽剧网络传播的内容和宣传方式，提高吸引力；充分利用微信、微博、短视频等新媒体，传播徽剧创作故事、徽剧精神；借助创意活动和现代营销手段，加强窗口展示和公益广告投放，营造强势的徽文化氛围。此外，还可以在网上举行学习徽剧等活动，增强群众对徽剧的兴趣与喜爱。

3. 徽剧资源网络化

深入挖掘徽剧资源的历史资料和经典事例，包括甄别各种史实和传说，编写面向大众的徽剧文化读物、历史书籍以及同型宣传品等，着力于研究与实际应用相结合。将大量徽剧影像放到互联网上，以供对徽剧感兴趣、有学习欲望的人钻研。

4. 学生组织宣扬

大学生暑期社会实践团队对徽剧的调研可以在社会、学校中起到广泛宣传作用，使当地徽剧戏团与学生组织实现友好交流与合作，实现"徽剧进校园"。要充分发挥大学生的力量，拓宽徽剧文化传播的范围，提高对徽剧文化的认识度与参与度。

（三）推动徽剧演员行业的发展

1. 寻聘老艺人

一个剧种的挖掘抢救、传承发展，离不了老艺人的传、帮、带。徽剧老艺人当中生、旦、净、丑俱全，文场武场俱备，若是能够返聘他们来到徽剧团，他们一定都会把各自的拿手好戏毫无保留地传授给徽剧团，为徽剧的再次发展奠定基础。

2. 培养传承人

定点培养人才。作为国家首批非物质文化遗产，徽剧从产生到如今已经有了300多年的历史。但是由于普及程度不高，市场狭小，目前只有徽京剧院还有徽剧的演出，并且能上台演出的演员也寥寥无几。面对徽剧后继无人、设置徽剧专业的院校十分稀少、各大城市的戏剧学院培养出的人才又很难留住的严峻情况，徽京剧院已经主动和各院校展开合作，开展人才的定点培养，定向培养徽剧的接班人。在培养中，要以京剧为基础，由老一代的徽剧传承人进行指导，向徽剧输入新鲜的血液。

3. 融合新兴媒体，拓宽传播渠道

随着新媒体迅速发展，新媒体技术正广泛而深刻地影响着当今社会的各个领域。2015年，国务院办公厅印发的《关于支持戏曲传承发展的若干政策》明确指出，要发挥互联网在戏曲传承发展中的重要作用，鼓励新媒体普及和宣传戏曲。传统徽剧的传播不应该仅仅局限于线下，应该积极利用新媒体技术搭建徽剧新媒体传播矩阵。以微博、微信、短视频所代表的新媒体以其便捷性、即时性、低门槛性俘获大批用户。

徽剧童子班应该在各个新媒体平台建立一个官方的新媒体账号，根据不同平台的传播特点，发布一些关于徽剧童子班的演出剧目、演出花絮，

拓宽徽剧的传播渠道，让更多的人关注、了解、喜欢上徽剧。

4. 运用传播技巧，形成"碎片化""事件性"传播

运用好传播技巧的关键在于把握好传播推广时机，利用互联网移动化、社交化的传播特点，进行"碎片化"传播。新媒体时代，连篇累牍的介绍、大体量的报道，无法"占领"观众的碎片化休闲时间，不便于在社交媒体转载转发，也就难以借力"人际传播"。在热门活动、娱乐众多、竞争激烈的背景下，传统徽剧的传播要借助一个事件点，把握好时、度、效，运用荧屏和互联网协调配合的"大招"，排好"档期"，形成"事件性"传播，提高影响力。

除了将传统戏曲节目资源上传至微博、微信、短视频等流量入口做好推送之外，也要形成徽剧穿梭于各个应用、各个区域从而影响力随之水涨船高的局面。优质内容借力于社交网络裂变效应实现"N次传播"，产生巨大的长尾效应。

5. 吸引年轻观众，拓展受众群体

当下传统徽剧的受众群体集中在中老年观众，但是传统戏曲的传承、观众的培养至关重要，其中培养年轻观众尤为重要，亚洲多个国家和地区的戏曲工作者都有这样的共识。新媒体环境下的年轻人，喜好多元，个性突出，因此传统徽剧应该了解当下年轻人的喜好习惯，针对年轻人的兴趣，可以从徽剧中拆解、抽取元素，经过拼贴甚至颠覆，实现一种转化和这个时代的年轻人产生互动。比如可以在徽剧中引入当下年轻人喜欢的"嘻哈"和"说唱"等流行元素，可以把徽剧脸谱做成微信表情包，可以在手游中设置关卡，每一关都需要以戏曲的方式去解决。所有的尝试都是为了吸引年轻观众，让他们了解、喜爱，甚至从事徽剧相关工作。

六、结语

徽戏传承悠久、博采众长、兼容并蓄，徽班巡演大江南北，名扬京城，故有徽戏"无徽不成班"之说。徽剧亦是徽州文化及其精神的缩影，它直观反映了徽文化的特性。

党的十九大报告提出，深入挖掘中华优秀传统文化蕴含的思想观念、人文精神、道德规范，结合时代要求继承创新。实践团队欲通过对徽剧的研究，加大对徽剧文化的宣传力度。

徽剧的传承与发展不仅需要当地戏曲团创新剧本内容和表现形式，亦需要学校建立寓教于乐的培养机制，需要政府的政策和资金支持，需要专

业的运营团队制定科学合理的市场营销策略，同时需要借助全方位传播、多样化的推广宣传途径吸引更多的关注。唯有多方面共同努力，才能让传统地方戏曲焕发出新的生机与活力，提高当代青年对传统文化继承与弘扬的责任感与使命感，推动中华优秀传统文化的繁荣发展，使中国的文化软实力更加强大，推进社会主义精神文明建设。

参考文献

［1］胡迟．徽剧溯源与价值分析［J］．中国艺术时空，2019（3）：125 -128.

［2］洪永稳．论徽剧的戏剧精神［J］．贵州大学学报（艺术版），2016，30（2）：113 - 119.

黄梅戏的起源、现状与传承保护研究

——基于经典曲目《天仙配》的实地考察

摘　要：黄梅戏是安徽省最具代表性的优秀地方戏曲剧种，是安徽省标志性文化形象和知名文化品牌。本文立足"黄梅之乡"——安徽省安庆市的实地考察，以经典曲目《天仙配》为切入点，梳理黄梅戏的起源与发展，展现黄梅戏当代发展中遇到的困境；以大学生体验式实践教育为途径，通过对问卷调查、实地访谈所得数据和资料的分析，探讨当下文化保护与传承中戏剧文化进校园的有效措施，推进高校以文化人工程，增强当代大学生的文化自信。

关键词：黄梅戏；《天仙配》；起源；现状；传承保护

一、研究背景及意义

黄梅戏是安徽省最具代表性的优秀地方戏曲剧种，是安徽省标志性文化形象和知名文化品牌。早在 20 世纪 90 年代，安徽省委、省政府就确立了"打好徽字牌，唱响黄梅戏，建设文化强省"的文化发展战略。1999年，安徽省政府出台了《安徽省黄梅戏艺术事业振兴发展纲要》，制定了促进黄梅戏艺术发展的措施和办法，形成了优先发展和重点扶持的工作思路。2009 年以来，安徽省委、省政府在《关于加快建设文化强省的若干意见》《关于贯彻落实党的十七届六中全会精神，进一步加快文化强省建设的实施意见》等重要文件中，再次明确要"打好徽字牌，唱响黄梅戏"。

（一）研究背景

安庆素有"文化之邦、戏剧之乡"的美誉，是中国国粹京剧的发源地之一，也是中国五大剧种之一——黄梅戏的发源地和传承地。清乾隆年间，发源于皖鄂交界处的采茶调传至安庆地区，后与本地方言相结合，经严凤英等老一辈艺术家的继承与发扬，逐渐成为蜚声海内外的剧种——黄

实践团队主要成员：刘忠群、曹忠英、邓裕彤。

指导老师：梅启梦。

梅戏。黄梅戏成长于安庆地区，兴盛于安庆地区。其中《天仙配》《女驸马》等脍炙人口的著名曲目，2006 年 5 月 20 日经国务院批准列入第一批国家级非物质文化遗产代表性项目名录。

为响应中央"奋进新时代，青年做先锋"的号召，立足安徽省"打好徽字牌，唱响黄梅戏，建设文化强省"的要求，合肥工业大学宣城校区围绕党的十九大精神，开展了以"青春大学习，奋斗新时代"为主题的大学生暑期"三下乡"社会实践活动。团队成员本着"建设优秀传统文化传承体系，弘扬中华优秀传统文化"的初心，怀抱着对黄梅戏戏曲研究的兴趣和对中国传统文化的热忱，实地考察了"黄梅之乡"安庆，通过对黄梅戏历时和共时的考察，以经典曲目《天仙配》为切入点，探讨大学生对黄梅戏传承与保护的认识，提升大学生对传统文化的体悟和理解。

（二）研究意义

对黄梅戏起源与发展的历时客观梳理过程，加深了团队成员对传统戏剧的理解，提升了团队成员传统文化素养，尤其对于理工科学生而言，传统文化的熏陶显得格外宝贵和深刻。

传统文化积淀着中华民族最深沉的精神追求，包含着中华民族最根本的精神基因，代表着中华民族独特的精神标识，是中华民族生生不息发展壮大的沃土。通过社会实践体验式教育的开展，不仅让大学生对中国传统文化有更深体悟，还增强了大学生的文化自信心和民族自豪感；对传统文化现状的调查，展现了黄梅戏在互联网时代的冲击下面临的严峻挑战，增强了大学生文化保护的危机意识，加深了大学生文化保护的坚定信念。

通过实地考察，加强大学生对黄梅戏传承与保护的关注，可以促进黄梅戏当下的发展和弘扬，使越来越多的普通群众了解、认识、喜欢和研究黄梅戏，对黄梅戏的发展壮大具有重要意义。

二、探寻黄梅之乡，展安庆黄梅风采

（一）见证黄梅戏文化的历史——中国黄梅戏博物馆

中国黄梅戏博物馆位于安徽省安庆市，坐落在安庆市菱湖公园内，2009 年建成开放。建筑面积达 4000 平方米，展览面积 1800 平方米，总投资 8500 万元。中国黄梅戏博物馆是安徽省第一个黄梅戏博物馆，也是中国第一个黄梅戏博物馆，是研究黄梅戏的重要史料库，是发扬、传承黄梅戏的重要戏曲文化基地，是安庆市民极力支持的文化工程，是中共安徽省委提出"打好徽字牌，唱响黄梅戏，建设文化强省"的文化发展战略重要推动力。

调研团于 7 月 25 日清晨成功抵达目的地，便立即开启了社会实践之旅。因事先对调研地点进行了考察，调研团到达后便直接奔赴安庆黄梅戏艺术中心，在解说员认真细致地讲解与带领下参观了中国黄梅戏博物馆。博物馆内部展示厅分两层陈列，分为"戏曲之乡，源远流长""黄梅绽放，梨园奇葩""梅开数度，生机无限""凝心聚力，再创辉煌"和"黄梅戏舞台美术展览"五个主题。当调研团走进一楼入口时，映入眼帘的是一副巨大的舞台式幕墙。幕墙所画的乃是《天仙配》中董永与七仙女在槐荫树下忍痛分别的场景，其右上方是由吴邦国同志题写的"皖国古都，黄梅之乡"字样。接着调研团随解说员来到二楼，这里陈列着徽班名角的照片，以及他们早期的服饰道具；东侧墙壁投影仪上放映着由著名黄梅戏艺术家严凤英、王少舫演绎的经典剧目《天仙配》，吸引了很多游客驻足观看；西侧 3D 影像展示、微缩模型等现代化技术生动还原了黄梅戏舞台表演的现场情况，效果栩栩如生。在这里，调研团了解到了黄梅戏的起源、发展与现状，以及著名黄梅戏艺术家的生平经历，还有经典黄梅剧目的剧本改编过程。

（二）中国黄梅戏非物质文化遗产传承基地——安庆再芬黄梅艺术剧院

由著名表演艺术家韩再芬担任院长的安庆再芬黄梅艺术剧院，是中国著名的黄梅戏表演艺术团体，也是改革开放以来，中国戏剧界第一家以个人命名的剧院。

安庆再芬黄梅艺术剧院的前身，是安庆市黄梅戏二团，其历史可以追溯到 20 世纪 50 年代。原安庆地区黄梅戏剧团，经过数年平稳发展，再经改革开放行政区划调整，安庆地区黄梅戏剧团与安庆市黄梅戏青年队合并，组建了安庆市黄梅戏二团。该团自成立以来，一直引领黄梅戏艺术潮流。王鲁明、王兆乾、麻彩楼等黄梅戏艺术家，对剧团建设和黄梅戏发展倾注了毕生心血，取得了辉煌业绩。黄梅戏电影《红霞万朵》、黄梅戏电视剧《郑小姣》、黄梅戏舞台剧《徽州女人》等，唱响大江南北、红遍城市乡村。

为推动黄梅戏发展，满足广大观众的需求，2005 年底，安庆市深化文化体制改革，整合黄梅戏优质资源，充分发挥韩再芬品牌效应，成立了安庆再芬黄梅艺术剧院。

随后，调研团奔赴再芬黄梅公馆并观赏了一场精美绝伦的演出。黄梅公馆讲解员带领调研团成员参观了公馆内部结构设施，并认真细致地为调研团讲解了韩再芬老师的系列演出作品。20 点 30 分，伴随着黄梅戏曲的演奏，调研团观赏了一场有声有色的黄梅戏表演。黄梅五美甩着水袖缓缓登场，《巧嫂卖瓜》《白蛇传》《打猪草》《小辞店》《潘张玉良》《闹黄府》《女驸马》，经典曲目你方唱罢我登场，全场观众拍手叫好，黄梅戏视听盛宴，值得再品。

（三）国家级非物质文化遗产代表性项目保护单位——安庆市黄梅戏剧院

安庆市黄梅戏剧院成立于 1982 年，为领导及指导安庆市（含八县）创作研究的专业学术机构，其工作职责：专业性艺术、学术理论研究交流；剧目挖掘、整理、创作；《黄梅戏艺术》刊物的出版发行；黄梅戏艺术资料的收集、整理；各类艺术专业人员的继续教育等。剧院拥有一大批黄梅戏编剧、作曲、导演、舞美等专家学者，如田玉莲、麻彩楼、董文霞、徐炳乎、濮本信、王自诚、何成结、吴行龙、罗爱祥、陈礼旺等。2007 年以安庆市黄梅戏剧院为主体单位为黄梅戏申报国家级非物质文化遗产代表性项目，编写并制作了项目文书资料、音像资料、图书资料等，申报材料得到国家及省非遗专家评委的高度认可，黄梅戏也因此被评为首批国家级非物质文化遗产代表性项目，安庆市黄梅戏剧院则成为国家级黄梅戏保护单位。

在安庆市黄梅戏剧院，调研团与韩笑龙老先生进行了交谈。韩笑龙先生曾任安庆市黄梅戏剧院院长，醉心黄梅戏研究四十载，同时也是一位舞台演员。韩老师怀抱黄梅戏传承的热情，为调研团深度剖析了黄梅戏从俚俗走向雅正的原因，又从《天仙配》的剧本改编、其中的人物精神以及演员的艺术表演等方面为我们做出了详细的解答。对韩老师的专访让调研团成员对黄梅戏的历时面貌有了较为生动的认识，同时对黄梅戏现阶段发展面临的挑战有了进一步了解。

三、黄梅戏起源概观及经典剧目《天仙配》的考察

根据对安庆市黄梅戏剧院院长韩笑龙的采访，调研团整理出黄梅戏起源的历时整体面貌，同时结合中国黄梅戏博物馆工作人员的讲解，对经典剧目《天仙配》进行了考察。

（一）黄梅戏起源概观

从源头来讲，黄梅戏来自哪里？历年来的一些专家学者，起源说法都不

一样。第一种说法是黄梅戏来自湖北的黄梅县；第二种说法是黄梅戏来自安庆地区广大的农村；第三种说法是黄梅戏来自鄂、赣、皖三省交界的地方。

黄梅戏的发音决定了它起源于安庆。每一个剧种都有每一个剧种独特的发音。比如说豫剧，讲的是河南的方言，京剧基本上以北京的京腔京调为主，评剧一般都以唐山的方言为主。每个剧种都有自己的语言，黄梅戏的语言就是安庆的方言。

在戏剧界，中国戏曲的发展离不开这三条路。第一种就是从秧歌、花鼓、花灯、庙会、采茶，到二小戏、三小戏。第二种方式就是说唱文学和皮影的发展。第三种方式，那就是傩。古代的傩戴着面具，有傩舞、傩戏等等。这三条路有交叉，他们互相吸收、互相转化，就形成了各个剧种的发展。全国所有的剧种的发展都不例外，都是由这三条路发展而来。

黄梅戏的发展同样也离不开这三条路。过去说黄梅戏起源于黄梅县，其实黄梅县在湖北，距离安庆市边界只有20千米，与宿松和江西相邻。清代和民国期间，这里经常闹干旱和水灾，有一群农民无家可归，他们不直接跑到武汉去，而是顺水而下，跑到安庆来乞讨，因为当时安庆是具有170年历史的安徽省省会。在安庆挨家挨户地要饭，要饭的人也不只是黄梅县的，也有宿松县的。在安庆要饭的时候，他们唱着小调子，安庆有些大户人家可怜他们，慷慨施舍，于是乞讨者每年都来，唱着那些调子，其实他们唱的就是黄梅调。但是真正对于湖北人而言，包括黄梅县，他们不叫那个调子为黄梅调，而认为是采茶调，但安庆人反而说是黄梅调，也就这样一直流传下来。

黄梅戏到现在有200多年历史了，黄梅戏是安徽的五大剧种之一，安徽的五大剧种是泗州戏、庐剧、花鼓戏、徽剧、黄梅戏。泗州戏在淮北，起初不叫泗州戏叫拉魂腔。庐剧在肥东、肥西、六安地带，它起初叫倒七戏。花鼓戏过去叫花鼓灯，还不称为戏。徽剧起初也不叫徽剧，叫徽调。黄梅戏叫黄梅调。

1785年的时候，当时安庆的徽调为了谋生，逐步组织到外地演出，到大城市演出，他们去扬州，沿着大运河到达京城，到达全国政治经济文化的中心。

1790年，乾隆皇帝命令徽班进京演出。随后，四大徽班陆续进京，到北京以后，吸收了秦腔、汉剧等等，此外又吸收了京腔，融合起来。之后黄梅戏又吸收了徽调，吸收了青阳腔，吸收了安庆的民歌，吸收了花鼓、采茶的曲调，形成了最后的黄梅戏，并且由小戏、三打七唱，逐渐演变成为大戏。

黄梅戏的发展速度很快。黄梅戏著名表演艺术家王少舫先生曾经说过，"黄梅戏的肚子大，它能够吸收很多营养，各个剧种好的东西它都能够吸收起来，所以它发展得比较快。它又是个年轻的剧种，它能够包容，把别的好的东西全部吸收起来，但又不忘记自己的东西"。

（二）经典剧目《天仙配》的考察

《天仙配》又名《七仙女下凡》《董永卖身》，是黄梅戏早期积累的"三十六大本"之一、黄梅戏的保留剧目之一，是首部以电影方式出现的黄梅戏，讲述七仙女不顾天规，私自下凡与董永结为伉俪，憧憬美好生活，最终被玉帝生生拆散了的爱情故事。

1951年11月份，班友书完成了《天仙配》改编初稿：整理取消董秀才，还他劳动人民身份；砍去前面父病、借银、卖身和后面的傅府招亲、中进宝状元、送子等戏份，也挖去中间的调戏、结伴、傅员外的善人形象等情节；初步确立了全剧框架，即《辞窑》《鹊桥》《路遇》《上工》《织绢》《满工》《分别》等七场；对原有曲白的原则是不必大动，只适当地剔糟取精，芟繁去芜，尽量保存其原有民间戏曲语言风格，少数地方略加压缩。《天仙配》后又经班友书、刘芳松、郑立松、王圣伟等加工。

1953年5月，陆洪非根据胡玉庭口述本、安庆坤记书局刻本改编全剧，删去傅员外认董永为义子、董永与傅家小姐成婚等情节，"突出了古代劳动人民反封建剥削的强烈愿望"；同时又删削了董父等十多个无关紧要的人物，将全剧压缩成《卖身》《鹊桥》《路遇》《上工》《织绢》《满工》《分别》七场戏，唱词大多新写。其中在《鹊桥》这场戏的表演形式上，乔志良运用京昆中的传统舞蹈，对原演出形式加以彻底改造，使之成为一出小型舞剧，这在黄梅戏传统表演中是没有的。当年9月，该改编本由安徽省黄梅戏剧团排练，在安庆首演，后来在演出实践中不断磨合定型成始于《鹊桥》、终于《分别》的六场次结构本[1]。

《天仙配》戏文可圈可点之处颇多，但最脍炙人口的当属《满工》一场，这一段戏文脍炙人口，是一首清新质朴的田园牧歌，同时也是传唱海内的爱情二重唱。"树上的鸟儿成双对，绿水青山带笑颜。随手摘下花一朵，我与娘子戴发间。从今不再受那奴役苦，夫妻双双把家还。你耕田来我织布，我挑水来你浇园。寒窑虽破能避风雨，夫妻恩爱苦也甜。你我好比鸳鸯鸟，比翼双飞在人间。"这一段《满工》对唱，戏文的情绪是欢快流畅的。董永卖身为奴，七仙女洗衣浆衫，一对底层的劳苦大众通过辛勤的劳动，三年长工改为百日，百日期满，得到自由之身，一对相濡以沫风雨同舟的患难夫妇终于回归家园，即将过上男耕女织的美好生活。回归路上，他们自由地歌唱，憧憬着美好的生活，同时也歌唱他们坚贞的爱情。这一段戏文从黄梅戏戏文的鉴赏层面来说，是民歌也是田园诗。这一段戏文的流传与普及彰显了黄梅戏戏文独有的"花雅兼美"艺术特色，其审美主旨符合雅俗共赏的审美要求，创作者在"花"与"雅"的把握上颇为考究，戏文格式为生旦对唱，董永是底层劳苦大众，七仙女为天仙公主，出自董永之声口皆为"花"，出自七仙女之声口相对较"雅"，形成花雅并重、花雅兼美的文学特色。如开篇两句起兴，七仙女之声口为"树上鸟儿成双对"，显然是典型的"雅"，董永的声口为"绿水青山带笑颜"则为"花"，直白易懂。中间两句，七仙女声口"你耕田来我织布"，颇为雅化，传承了中国文化里"耕读传家"之家风，而董永声口"我挑水来你浇园"，则是劳动大众的本色。

《天仙配》人物形象刻画生动隽永，精神品质对当代人具有很重要的参考意义。董永身上的仁孝之风、淳朴善良、勇于担当，七仙女展现的勇敢洒脱、忠贞不渝使得人物形象饱满真实。作为经典曲目中的典型人物，饱含当代人应该学习的优良精神品质。

四、基于社会调研的黄梅戏发展现状分析

在调研期间，团队围绕黄梅戏，向当地居民、中国黄梅戏博物馆工作人员及来访游客、安庆再芬黄梅艺术剧院工作人员及观众、安庆市黄梅戏剧院工作人员发放问卷进行调查。本次实地问卷调查共发放问卷 100 份，回收有效问卷 80 份，回收率 80%。

（一）老龄群众基础良好，青年观众兴致不高

调查对象年龄段分布见表 1 所列，50 岁及以上 38 人，占 47.50%；30～49 岁 23 人，占 28.75%。

表 1　调查对象年龄段分布

年龄段	人数（人）	百分比（%）
50 岁及以上	38	47.50
30～49 岁	23	28.75
20～29 岁	16	20.00
20 岁以下	3	3.75

　　不同年龄段对黄梅戏的喜爱程度如图1所示。受访的80位群众均知晓黄梅戏是安庆的传统戏剧，其中在对"您喜欢黄梅戏吗?"的问题调研中，50岁及以上的人群中，有73.68％表示"很喜欢，经常哼唱"，26.32％的受访对象表示"一般喜欢，偶尔哼唱"，而20岁以下的受访对象大部分表示"不感兴趣，没感觉"。

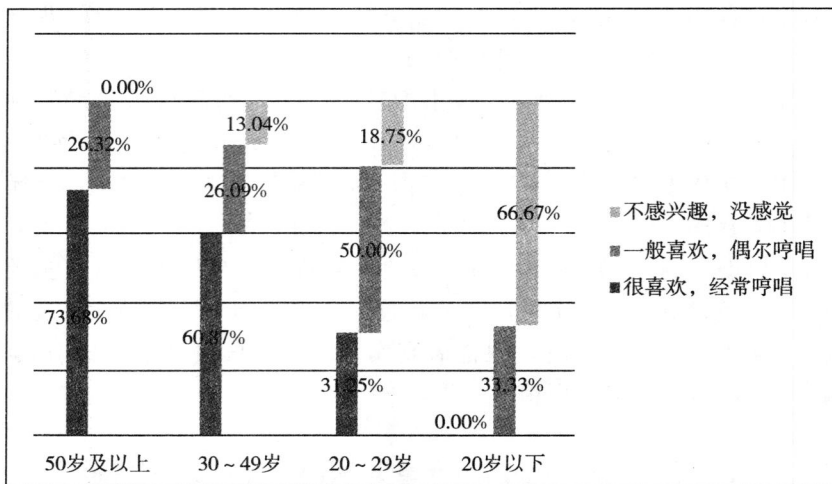

图1　不同年龄段对黄梅戏的喜爱程度

　　在调研对象年龄跨度比较大的情况下，不同年龄跨度的人群呈现出对黄梅戏不同的接受程度，大部分年轻人对黄梅戏兴致缺失，主要受众老龄化已经是黄梅戏发展面临的不争事实。但是正如安庆市黄梅戏剧院韩笑龙先生所说："年轻人并不是不喜欢，更多的原因可能是因为没有很多时间去了解这个剧种，如果花了时间去观看，我相信一定会逐渐爱上黄梅戏。"

（二）群众对黄梅戏戏曲艺术特点知之甚少

　　黄梅戏是一种戏曲艺术，戏曲艺术只有在舞台上魅力才能得到更加闪耀的绽放。第一次接触黄梅戏途径调查如图2所示，48.75％的受访对象表示第一次接触到黄梅戏是通过"听长辈讲过或者唱过"，26.25％表示"从书本上看到"，10％的受访对象表示"在电视/网络上听到的"，15％的受访群众表示有过"现场观看剧场演出"等方式直观体验黄梅戏舞台的魅力。

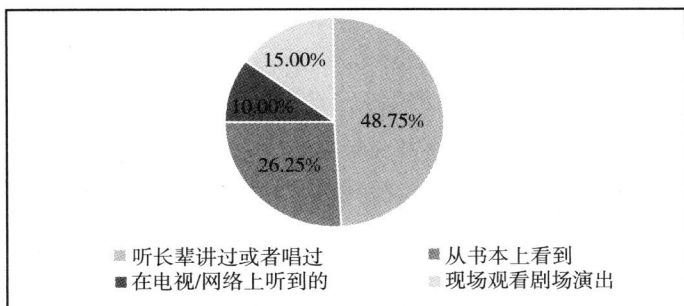

图2 第一次接触黄梅戏途径调查

在一项针对"您是否了解黄梅戏的艺术特点（包括唱腔、行当、服饰、妆容、乐器等)?"的调查中，有58％的调查对象表示了解一些，但仅限"服饰跟京剧相比比较清秀""妆容重视眉眼""乐器好像有二胡"这样的认识，有22％的受访对象表示完全不了解黄梅戏表演艺术的细节特点，20％的受访对象对黄梅戏"唱腔""语言""行当""服饰""妆容""乐器"等艺术特点均未有深入了解，对黄梅戏仅停留在"观看"层面，并表示"不会花太多时间在了解艺术特点上"。

戏曲是一门综合艺术，如果观众对黄梅戏的认知仅仅停留在"观看"层面，没有对艺术特点等细节有更深的体悟，服饰、妆容、乐器无法与时俱进，那么观众的接受程度可能会逐渐降低，这对于黄梅戏的发展和传承无疑是非常不利的。

（三）老戏老演，老演老戏

"天天《打猪草》，夜夜《闹花灯》"，这是很多人对于黄梅戏缺少新剧的自嘲[2]，团队实地调研的数据也呈现出这个现实。对黄梅戏剧目数量了解程度的调查如图3所示，32.50％的人表示只听过1～2首黄梅戏剧目，27.50％的人表示只听过3～5首黄梅戏剧目，绝大多数受访对象听过的黄梅戏剧目集中在《天仙配》《打猪草》《女驸马》《牛郎织女》等耳熟能详的经典作品上面。

传统黄梅戏流传下来的有36本大戏、72本小戏，但有相当多的传统剧目和当今的人民生活严重脱节，紧跟时代步伐的优秀剧目不足，成了制约黄梅戏演出市场发展的巨大阻力。黄梅戏以描写爱情、神话题材见长，若只谈传统就是一种落伍，黄梅戏要繁荣发展，必须跟上时代发展、把握人民需求，坚持以人民为中心的创作导向，不能再"老戏老演、老演老戏"。

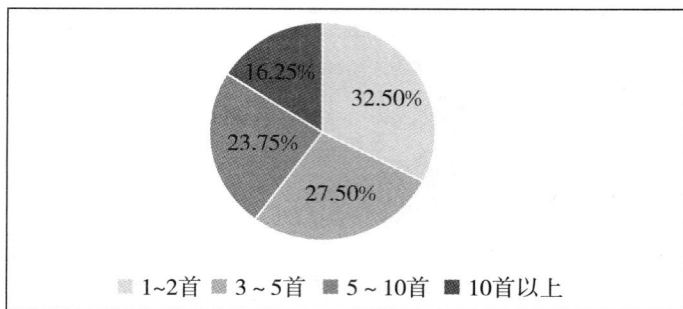

图 3　对黄梅戏剧目数量了解程度的调查

五、黄梅戏的传承与保护

高校是中华传统文化传承的重要基地，传统文化的继承和发展离不开大学生群体的积极参与。对于黄梅戏的未来发展前景，团队成员陷入了沉思，作为当代的大学生能在振兴这一古老经典的艺术形式中做些什么？基于本次走访调研的感悟，团队成员试图探讨当下文化保护与传承中黄梅戏文化进校园的有效措施，推进高校以文化人工程，增强当代大学生的文化自信。

（一）落实"戏曲进校园"常态化机制，提高"戏曲进校园"覆盖面

在深化教改及繁荣传统戏曲文化相叠加的背景下，如何让黄梅戏艺术主动进驻校园牢牢扎根校园，是政府、教育主管部门及学校需要共同面对的问题。

对黄梅戏进校园的态度的调查如图4所示，92.50％的受访群众表示"应该，传承与发扬传统文化是当代大学生的责任和义务"。根据调研团队的调查，安徽省"戏曲进校园"常态化机制自2016年启动以来，以合肥为首批试点，安庆、黄山、池州先后加入，成为试点城市。根据报道，合肥市率先在全省1000所大、中、小学实现每年每生观看一场优秀戏曲演出的目标，已经实现了"戏曲进校园"的全面覆盖。

根据网上相关报道，一所学校每年会有一场黄梅戏相关的演出活动，但是实际一场演出是否可以做到全员覆盖，这是目前需要考虑的问题。落实"戏曲进校园"常态化机制，通过增加场次的形式来提高活动覆盖面，真正实现想看的人不只有一次机会亲身体验黄梅戏的舞台魅力，不想看的人通过"偶然"的机会遇见进而"爱上"这一经典戏剧形式。

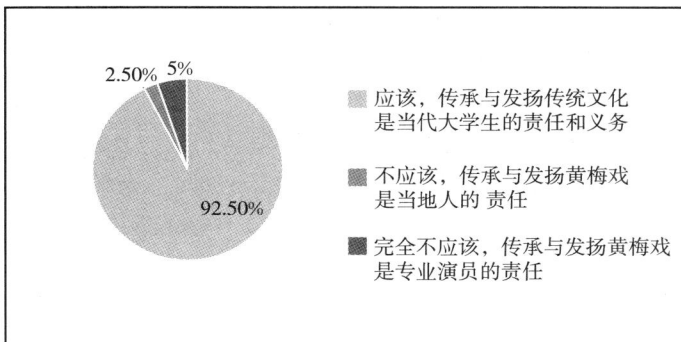

图 4 对黄梅戏进校园的态度

落实"戏曲进校园"常态化机制，是高校以文化人工程的重要途径，也是高校以文化人工程的体现，更为高校以文化人功能的实现提供了制度保证。提高"戏曲进校园"的覆盖面，以期通过数量的增长来增加大学生接触黄梅戏的机会。

（二）强化黄梅戏文化地域特色

安庆作为黄梅之乡，在黄梅戏的传承、保护和推广上具有天然的优势，目前安庆市已经有意识将黄梅戏文化嫁接于城市建设之中，比如将黄梅戏的历史人物、神话故事等在博物馆、纪念馆、城市雕塑、公园布景中呈现，提升了黄梅戏在城市中的形象，可以说黄梅戏作为安庆市城市名片，正在与城市文化齐头并进，安庆市政府也为黄梅戏文化的继承、发展和保护呕心沥血。

团队经过实地考察，安庆师范大学黄梅剧艺术学院、安庆黄梅戏艺术职业学院作为安庆较为有影响力的学校在安庆市政府的支持下已经为黄梅戏培养出一批又一批的专业表演人才，但当下我们不得不承认的是，黄梅戏面临着观众减少、剧场冷清、市场萧条的现状，这些问题直接影响到了演员的表演热情，对演员的表演水平和戏曲艺术的创新起着制约作用。

在团队开展的问卷调查中，80 位受访对象针对"若黄梅戏进行改革，您觉得应该在哪些方面进行？"的回答中，超过 80％表示需要在"剧本创作""服饰""舞台布景""舞蹈表现形式"等方面进行改革，这就对现有的黄梅戏演员队伍和创作团队提出了很大的挑战。

地方政府要想更顺利"打好"黄梅戏这张"牌"，毫无疑问，需要在专业院校上增加支持力度，为学校发展传统戏曲专业营造良好的政策环，发挥院校在黄梅戏人才培养中的独特作用，为黄梅戏普及提供更多的后备人才；充分重视学校在弘扬黄梅戏这一中国优秀非物质文化遗产方面的作用的发挥，推动区域内以黄梅戏为代表的文化事业进一步繁荣。

（三）主动推进高校传统文化"落地生根"

为推进落实以黄梅戏为代表的传统文化进校园，安徽省内高校需要考虑将地域特色传统文化在学校"落地生根"，作为校园文化氛围营造的重要环节，各部门须协同推进，完善工作机制。

在校园传统文化的推进过程中，不能只被动等待政府和表演机构主动联系，送戏进校园，而应该创造机会，主动联系黄梅戏表演团体进校园，积极组织学生校内现场观看；同时，鼓励学生走出校园去剧场观赏戏剧，鼓励学生用体验式社会实践的方法去学习戏剧、研究戏剧，把黄梅戏融入校园文化建设中，当作一项常抓不懈的重要工作。

（四）成立戏曲名师、大师艺术工作室或传承基地

在地方高校成立戏曲名师、大师艺术工作室或传承基地，由学校提供固定的场所、办公室，还可设立小型展览室或展览馆，或服装道具陈列室、脸谱墙、剧照墙等，营造出浓厚的艺术氛围[3]。每一件服装就是一个戏剧人物的故事、戏剧主人公的人生缩影，主人公在不同的人生时期，演员的表演着装不一样，例如闺门旦、正旦、老旦等就可由不同的戏曲服饰加以区分……学生置身于这样浓厚的传统戏曲氛围中，在潜移默化中逐渐引发兴趣，产生近距离接触、观看、欣赏的愿望，在此基础上，进一步地走近戏曲、学习戏曲、传播戏曲、传承戏曲。设立戏曲大师工作室，一方面可以指导学生及学生戏曲社团开展戏曲活动，可以指导热爱传统戏曲的教师，可以开展戏曲艺术讲座；另一方面，还可以带领专业戏曲演出团体的演员在地方高校提供的固定场馆排练，让学校的教职工、学生"围观"甚至亲密接触，参与其中，充分体验传统戏曲的魅力。

（五）加强学生戏曲社团建设与指导

作为传播、传承传统戏曲艺术的学生社团，肩负着吸引学生群体、培养学生兴趣、开展戏曲活动的重担，其建设水平反映了一个学校的校园文化，反映了传统戏曲文化在高校的群众基础与影响力。只有培养了大批真正有兴趣的学生，他们才会想方设法走进戏曲演出现场亲身接触戏曲，才会真正坐得住而咀嚼其中的唱念做打，才会对生旦净末丑的悲欢离合、酸甜苦辣产生强烈的共鸣。

（六）进行课程融合建设，开展实践教学

开展学科融合建设，促进戏曲进校园与专业的结合：文学专业可开设剧本创作与欣赏、戏曲评论等课程；艺术表演专业可开展戏曲舞蹈的编创与演出；音乐专业可进行戏曲唱腔的训练、戏曲乐器的演奏等活动；美术专业可进行戏曲脸谱设计、戏曲服饰设计、戏曲文创产品的设计与开发；动漫专业可与戏曲艺术结合，设计制作戏曲动漫作品；计算机专业可进行戏剧戏曲音频、视频数字库的创设，大数据的收集整理；体育专业可开展戏剧戏曲功夫的表演；旅游专业可对传统戏曲艺术的文化旅游资源进行开发与推广……

地方高校在没有戏曲专业的情况下，为了加强传统戏曲进校园，可以在艺术专业、人文社科专业开设专业选修课，其他专业开设"戏曲鉴赏"之类的公共选修课，其授课形式不拘泥于一般的课堂理论讲授，其授课空间也不拘泥于学校教室，可以请专业戏曲演员进校开设讲座，可以组织学生进剧场观看演出，可以让学生排练，等等，主要以实践教学活动为主。在选修课程考核方面，也可以形式多样，例如，现场观看多少场传统戏曲的演出，并提交观后感，便可以计入学分；再如鼓励学生加入与戏剧戏曲有关的微信公众号，积极撰写发表一篇戏曲评论，其评论文章的点击量、阅读量、评论量达到多少便可计入选修课学分。

（七）因势利导拓宽传播途径

关于黄梅戏有效传播途径的调查如图5所示，超过一半的受访对象认为可以对黄梅戏进行电影、电视剧化的改编，27.50%的受访对象认为可以通过近年来很流行的综艺比赛类的活动来促进黄梅戏的有效传播。针对黄梅戏在校园内的有效传播，可以根据年轻人的实际情况，采用微信公众号、微博、微视频等新媒体载体进行宣传报道，培养学生的兴趣。

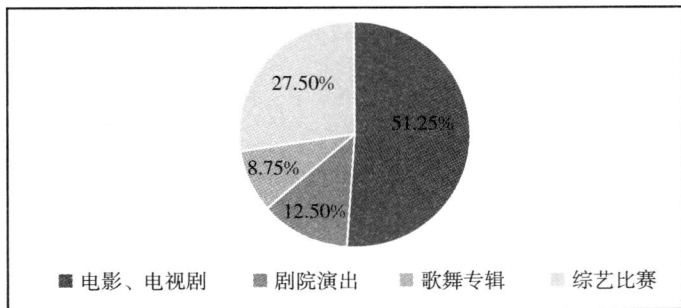

图5　关于黄梅戏有效传播途径的调查

六、结语

　　黄梅戏是中国戏曲的组成部分，对于黄梅戏的保护和传承也应逐渐放到一个更加重要的位置上给予重视，尤其是在当今新媒体兴盛的背景下，对于黄梅戏的传承与发展更要具有多样化的思维，才能适应市场的不断变化，实现自身的不断发展。只有根植群众，民间艺术才有旺盛的生命力；只有肥沃的土壤，才能传承创新、生生不息；只有在市场竞争的大潮中，才能找到生存之道、艺术之源、创新之力，才能使黄梅之韵发扬光大、经久不衰。我们要吸收中国五千年的文化精神，把这种精神传承下去，只有像黄梅戏这样的有代表性的传统文化得到保护和传承，中华文化才会更加辉煌灿烂。

　　黄梅戏代表的不仅仅是中国的五大剧种之一，也是一种情怀，它象征着艺术家们的智慧结晶，更是中国传统文化的精华与时代风采。黄梅戏的传承任重而道远，正如韩笑龙院长所说的："因为爱国，首先要爱家，黄梅戏是我家乡的东西，所以我这一生都去坚守黄梅戏。"黄梅戏一路走来承载了太多的人文情怀，因此作品中也蕴含着许许多多耐人寻味的精神品质，作为当代大学生应当以传颂经典为目的，从实践中学习，在感悟中远行，将中华传统文化完完整整地传承下去。

参考文献

　　［1］天仙配［OL］. https：//baike. baidu. com/item/％E5％A4％A9％E4％BB％99％E9％85％8D/29493？fr＝aladdin.

　　［2］朱思雄，叶琦. 黄梅戏　走在窄窄的田埂上［OL］. http：//ah. people. com. cn/n2/2016/0429/c371897－28244031－3. html. 2016. 04. 29.

　　［3］李文玉，王淼. 传统戏曲走进地方高校的困境与出路［J］. 四川戏剧，2018（9）：10－17.

皖南花鼓戏发展现状与传承保护措施探寻

摘　要： 皖南花鼓戏是一种富有乡土气息的剧种，经历了 100 多年的兴衰起伏。本次实践活动通过团队成员实地走访和问卷调查的展开，从政府、剧团、学校等角度出发，探寻皖南花鼓戏生存发展历史，了解皖南花鼓戏的发展现状，并依据走访收集的资料和问卷调查得出的数据，对当下皖南花鼓戏的发展困境进行分析。针对皖南花鼓戏发展瓶颈，以大学生视角从剧团创新到市场化盈利模式创新等提出系列解决方案与具体路径，力求皖南花鼓戏获得更好的保护与发展。

关键词： 皖南花鼓戏；传承；保护；对策

一、选题缘起

（一）回望皖南花鼓戏发展历程

花鼓戏的起源，最早可以追溯到 1 000 多年前的唐朝。据记载，当时已经出现了"三杖鼓"的民间艺术形式，表演者以三杖轮次击鼓，并以另一杖轮流抛掷空中，故称为"三杖鼓"，亦称为"三棒鼓"。明代田艺衡在《留青日札》卷十九中记载："咸通中，王文举好弄三杖鼓，打撩万不失一是也。杖音与歌声句拍附和为节，又能夹一刀弄之。"就是说以击鼓与歌唱的节拍相配合进行表演。有研究者认为，这种表演形式，或许就是"舞迓鼓"或"花腔腰鼓"。

到了宋元时期，"三杖鼓"的表演在民间更加普及，甚至深入到寺庙的宣教、法事活动中。至明朝，这种打着花鼓演唱俗曲的娱乐表演形式，在全国各地都很流行，因为"凤阳花鼓"来自朱元璋的故乡而迅速崛起，并向周边特别是江南一带扩散。后来，湖北东路花鼓调与河南的灯曲随移民流入皖南，先与皖南地区的传统民间歌舞合流演唱，又融合了徽剧、京剧等兄弟剧种的艺术，逐渐发展演化成为一个富有乡土气息的剧种——皖

实践团队主要成员：王勇杰、盛钦雅、周颖玲。

指导老师：余婷。

南花鼓戏。

皖南花鼓戏作为安徽省的五大剧种之一，不仅吸取了传统花鼓戏的精髓，还结合了地方特色，其题材来源于农村生活，剧情简洁明快，曲调活泼流畅，又是用当地方言演唱，具有浓郁的地方特色，经过100多年的艺术发展历程，成了当下深受老年人和部分中青年喜爱的地方特色戏剧。

皖南花鼓戏的剧种艺术，沿着其历史发展脉络大致分为初萌时期、过渡时期、繁荣时期、革新改良时期等四个阶段。每个阶段由于受政治、经济、自然环境、社会群众基础、表演者和观众的文化层次等因素影响，各具特色。原始演唱形式简单，几个花鼓戏艺人在一起，灯会结束后就唱戏，因没有固定的舞台，所以把它称为"地摊子"。后来，受了徽剧、京剧及其他剧种的影响，在角色上有了生、旦、净、丑的区分，唱腔也有了"淘腔""四平""北扭子""悲腔"这些主腔和各种花腔，形式渐趋完整。

1950年起，皖南花鼓戏由濒于灭绝转向复苏，一批优秀剧目相继脱颖而出。其中，《老板娘》获得中宣部"五个一工程"提名奖，《送瓜苗》获第11届中国曹禺戏剧奖全国小品小戏大赛一等奖。为进一步拓展皖南花鼓戏生存与发展空间，缓解剧团人员青黄不接的问题，宣城市专门为剧团增加了编制。2006年，宣城市邀请有关专家和各界人士，成功举办了首届皖南花鼓戏调研活动。2007年底，宣城市报批的皖南花鼓戏研究基地项目正式获批。2008年6月，花鼓戏入选国务院公布的第二批国家级非物质文化遗产代表性项目名录。

（二）皖南花鼓戏传承保护意义非凡

非物质文化遗产有着特殊的文化特性和审美价值，是推进社会主义文化强国建设、推动社会主义文化大发展大繁荣、提高国家文化软实力必不可少的组成部分。皖南花鼓戏是既具底蕴又具有独特艺术韵味的民间戏种，站在互联网的风口，更需要让变化多端、优美动听的唱腔在互联网平台大放光彩，把淳朴的民歌风味带给更广的受众，滋养当代群众浮躁的心性。皖南花鼓戏的传播主要有以下四点意义：

1. 丰富人民群众的精神文化生活

皖南花鼓戏独特的审美形式直抵心灵，触人灵魂。观赏花鼓戏剧，观众可以尽情享受五彩缤纷的民间戏剧带来的愉悦和特殊审美体验。同时，民营院团通过市场运作，承接了农村商业性演出。他们下基层、进乡村，将戏曲节目送到田间地头和老百姓的家门口，加强了村落之间的联系和村民之间的沟通，丰富了农村精神文化生活，为促进乡风文明建设发挥了重要作用。

2. 带动皖南地方经济发展

目前，宣城市政府成立了专门机构，投入大量资金和人力，对所在地区皖南花鼓戏进行保护，宣州区内设立了宣城市花鼓戏博物馆暨民办皖南花鼓戏展示演出传习基地"花鼓戏苑"、花鼓戏演艺学校和皖南花鼓戏剧院等机构。保护皖南花鼓戏能够带来大量投资和就业，拉动皖南地区经济发展。同时，皖南花鼓戏本身也是一种非常重要的旅游资源，通过皖南花鼓戏的旅游式保护、挖掘和开发，可以为皖南地区吸引众多的游客，当游客喜爱上皖南花鼓戏以后，便会把此民间戏剧记于心中，为其宣传，又进一步促进了皖南花鼓戏的传承，形成传统文化的传承和地域经济发展相互促进的良性互动。

3. 促进皖南地区文化事业、产业健康发展

非物质文化遗产保护水平在一定程度上决定了一个地区乃至一个国家的文化事业与文化产业发展的水平。皖南花鼓戏保护与皖南地区的文化产业发展程度、文化事业政策制定执行水平息息相关。当前，部分地区盲目追求经济利益，存在着肆意将皖南花鼓戏碎片化、商品化的现象，极大地破坏了皖南花鼓戏文化的完整性，进一步加剧了皖南地区民间戏剧的消亡。这些问题的解决都离不开我国文化事业和文化产业发展政策的影响和支持，因此，加强皖南花鼓戏等非物质文化遗产的保护能有效优化文化产业发展政策，促进皖南地区文化事业与文化产业的健康发展。

4. 促进我国传统文化的创新和繁荣

促进皖南戏剧文化创新是皖南花鼓戏保护的重要目的，也是皖南民俗文化向更先进方向迈进的保障与动力之一。皖南花鼓戏本质上是一种皖南地区人民的文化创新活动，文化在新旧之间交替转换促进人类社会文明向前发展。旧有文化遗产是新文化产生并得以发展的基础，保护旧有文化遗产就是保护新文化的根基，就是保护人类社会发展的动力和源泉。对皖南花鼓戏进行保护传承，同样是一种文化创造、文化创新。保护、传承皖南花鼓戏有利于民间传统文化的多样性发展，是对非物质文化遗产的有效保护。

二、皖南花鼓戏发展现状考察

皖南花鼓戏历经 100 余年依旧流传于民间，依旧是大家喜闻乐见的剧种，其传承与发展基于多方力量，下面将从皖南花鼓戏从业人员、观众和

政策环境三个层面探寻其当下发展状况。

（一）皖南花鼓戏从业人员现状

目前皖南花鼓戏在宣城市内剧团数小于 5 个，从事皖南花鼓戏的技艺人员只有 100 人左右，而其中年轻演员更是少之又少。在皖南花鼓戏剧组缺少表演者时，常出现通过招聘唱黄梅戏的年轻演员来唱花鼓戏的情况（部分院校设有黄梅戏类专业，如安庆黄梅戏艺术职业学院，戏校毕业的学生会唱的曲种比较多）。

对比过去，由于剧组戏剧演员属于编制内的职工，多享受国家干部的相应待遇和保障，而如今体制改革下，剧组需要自谋生路，缺少了如以往一样的待遇和保障，越来越少的人选择继续在剧组就业。生活缺少了保障，选择皖南花鼓戏的年轻人也就越来越少。尽管当前很多剧种的剧组演员工资都较高，但是由于地域的差别、剧种的差别，皖南花鼓戏相比于其他的大剧种，对演员吸引力较低，剧团招不到人，缺少了花鼓戏人才，成了皖南花鼓戏发展的最大阻碍。

据了解，现有剧团基本为皖南花鼓戏志愿者、爱好者自发组成的剧团，例如"周周花鼓戏"每周在宣城市内进行演出。据宣城市文化馆端木馆长介绍，自 2017 年起"周周花鼓戏"每周五晚在宣城市文化馆前昭亭广场的推出，这是戏剧爱好者自愿组织开展的皖南花鼓戏表演，每年近 60 场。送文化下乡活动，进社区、进校园、进军营、进乡村每年 20 余场，每年演出不同戏剧 70 余场，小戏种的公开演出不断。在各方努力下，宣城市近三年开展皖南花鼓戏公益培训班达 20 余场次，培养学生 20 多人。然而，培养的学生只能学到皖南花鼓戏戏曲技艺的皮毛，只有少数人员能够深入从艺学习，导致这一问题的最主要原因在于学校教师老年化严重，无法将自己的精力完全放在教授学生技艺方面。除此之外，学生终身学习皖南花鼓戏、将传承弘扬皖南花鼓戏作为一生事业的积极性不高，多数接触、学习皖南花鼓戏出于爱好，不愿意每天起早贪黑地练习，不愿意吃戏剧的苦与劳。

（二）皖南花鼓戏观众现状

为客观了解花鼓戏观众的情况，团队设计了专门的调查问卷，本次调研活动面向花鼓戏观众共发放问卷 180 份，收回 164 份，其中有效样本为 141 份。

1. 观众群体偏向老龄化

根据对现场观众的问卷调查可知，目前花鼓戏观众年龄偏大，老龄化严重，只有少部分的年轻人对皖南花鼓戏感兴趣。皖南花鼓戏观众年龄段调查如图 1 所示，50 岁及以上的观众占到 78.72％，30 岁到 49 岁的观众占 12.06％。此外，队员通过目测现场观众，也可以看到大部分在座观众均为中老年人，只有少数年轻人入座观看表演，验证了上述调查结果。

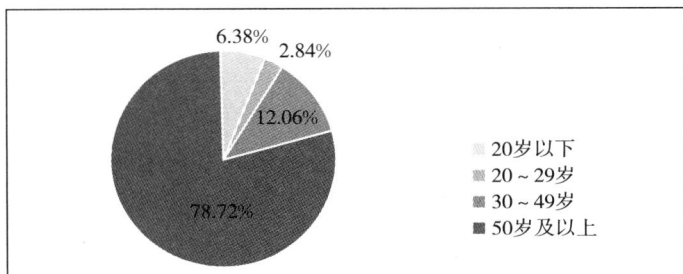

图 1　皖南花鼓戏观众年龄段调查

2. 观众群体接受的宣传较少

团队成员通过现场采访了解到，90％的观众都是与表演者有直接联系的，即戏曲的宣传只是由表演者自己在群里通知或者私发消息告知亲朋好友，这也导致与表演者不相识的人无法得知表演讯息，更参与不到表演中，缺少了解花鼓戏的有效途径。皖南花鼓戏宣传状况调查如图 2 所示，有 31.19％的观众表示自己从没有接触过花鼓戏的宣传。

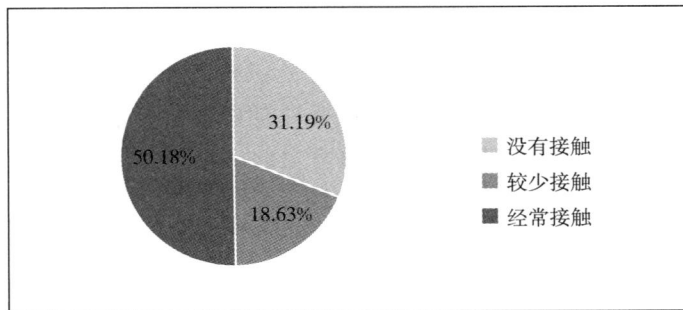

图 2　皖南花鼓戏宣传状况调查

3. 观众对皖南花鼓戏了解甚少

皖南花鼓戏群众基础调查如图 3 所示，有较大一部分的观众群体对于皖南花鼓戏的了解较少，18.56％的观众对皖南花鼓戏完全不了解。团队成员在与观众的交谈中得知，有一部分观众是通过他人的简要介绍才得知皖南花鼓戏，此前是完全不了解皖南花鼓戏这一传统剧种。

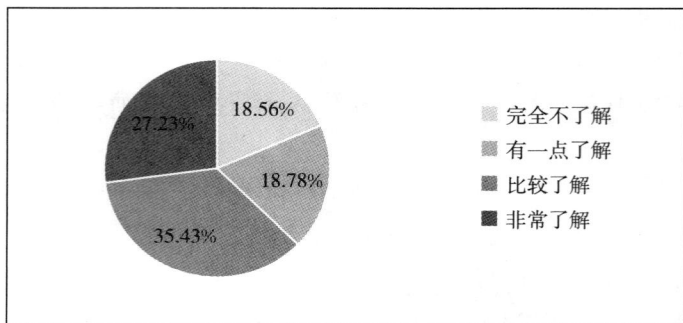

图3　皖南花鼓戏群众基础调查

（三）皖南花鼓戏的政策环境

省级层面，安徽省文化和旅游厅出台戏曲孵化项目，鼓励地方剧种申报，皖南花鼓戏作为安徽省的五大剧种之一，平均每年有两到三个曲目入选该项目，其中入选该项目的每个小戏曲目能够获得10万元扶持资金。此举措对保护地方戏曲起到重要作用。

市级层面，近年来中共宣城市委宣传部积极出台政策，给予皖南花鼓戏剧团扶持，扶持皖南花鼓戏的演出，进而扶持皖南花鼓戏剧种的生存。市政府给出的其中一种办法就是通过立项，项目分市级、省级和国家级，宣城市政府方面积极配合皖南花鼓戏戏曲项目的申报。市政府给出的第二个办法是出台扶持政策，政府在资金、场地、人员上给予一定的支持，培养一批年轻人才和现代题材戏剧，积极推进戏曲进校园活动，给皖南花鼓戏学校的教师提供场地、劳务、工资等方面的扶持。

县级层面，皖南花鼓戏影响力较广的县（市、区）主要集中在宣城市的广德市、宁国市和宣州区，其他县（市、区）涉及的不多。这三个地方政府在扶持花鼓戏方面也是做了很多工作，如广德市文化和旅游局为剧团提供排练场所等。不过由于财政方面的局限，政府支持力度比较有限。

三、皖南花鼓戏传承与弘扬困境探究

（一）政府工作推进困难重重

地方政府投入发展皖南花鼓戏的动力和决心不足，虽然多次呼吁政府成立皖南花鼓戏剧团，但是困难很多。宣城市文化馆端木馆长遗憾地说道："由于表演者平均年龄已经 50 岁了，所以撤销了该戏剧团，但是造成这一结果的因素并不是单方面的，在传承保护过程中发现，现在是一个抢救阶段。目前政府能做的就是尽可能出台一些政策，从政府的角度保护和传承这个戏剧。"在宁国中学调研的时候，一位从事花鼓戏教学与导演工作的受访者告诉实践团队："政府投入资金不足，政府资金只能支持一个月看一场戏，而且是很大一个地域范围内一个月只有一场戏。"

（二）观众老龄化、专业人员流失严重

目前，皖南花鼓戏的演出主要集中在部分城镇乡村，城市主流文化消费市场份额基本为零，观众人群年龄日趋老化。同时专业表演人才流失，创作人员缺乏。

如今越来越少的人对戏剧感兴趣，特别是年轻一代，愿意去观看的人很少，想去学习的人更是少之又少。戏曲不光是唱，它还要演，是一个综合性的产物，每个演员需要有多样的技能，又需要多方技能支持，比如打鼓的、配乐的，唱小生、花旦的都要凑在一起。

花鼓戏国家级非物质文化遗产代表性项目代表性传承人杨玉屏老师在采访时说道："当然最重要的是剧本，要有文学的人才，文学的人才干什么呀？编剧、搞创作，还有就是音乐，光有剧本，没有音乐也不行，搞音乐的、作曲的，都要人才。"学习花鼓戏耗时长，从小就要开始下功夫学戏，演员需要吃苦耐劳的精神，这与现在凡事追求"快"的年代格格不入。

职业地位待遇的恶化造成了皖南花鼓戏专业人才的流失。相较于历史上的四季班演出，今天的皖南花鼓戏专业剧团的演出成本更高而收入更低。受到长期演出地域性约束和市场开拓不力的影响，现存专业剧团普遍存在整体经济效益低迷、对新生代艺术人才缺乏必要的吸引力的问题。1992 年芜湖县花鼓戏剧团在专业展演时还有专业演出人员 42 人，而到了 2017 年 8 月时则下降为 11 人（含退休返聘人员），专业人才的流失也直接影响了皖南花鼓戏的继承与创新，更间接影响到皖南花鼓戏的生存空间和生命力[1]。

（三）剧种自身特质限制

戏曲有一个特点：作为一个传统文化与传统意义上的文化不一样，以前的很多优秀传承人是不认识字的，有拜师仪式等传统，"单口相传"是

一个生活化、平民化的东西，真正的老腔老调在老艺人身上，传承也需要靠天赋。这也导致了后续传承不到位，一些特有的唱腔、技法便随着老艺术家们一同湮没于尘土，技艺逐渐消失。

那些老一辈的花鼓戏从艺人员，当时他们比较年轻，等到他们唱不动的时候，年轻人又不愿意去学这个戏，所以花鼓戏走向衰落就是一个必然趋势。

又因为花鼓戏需要一定时间、现场氛围才能带入观众，短视频和直播等方式所能表达出来的内容有限，并不能很好地传达。花鼓戏演员本职工作是演戏，对于视频剪辑操作缺乏相关知识，需要专门的直播团队来支持。

（四）经济发展环境产生冲击

经济发展环境的巨变刺激了皖南花鼓戏文化消费市场的萎缩。在自媒体快速发展的今天，皖南花鼓戏的创作力量、演出人员及市场营销模式都受到极大冲击，地域性文化产业的创新动力不足严重制约了包括皖南花鼓戏在内的传统文化业态的变革更新。快餐式、读图式文化消费，进一步改变了受众人群的文化消费心理，挤压了演出节奏缓慢、元素陈旧、内容脱离时代背景的皖南花鼓戏消费市场。

（五）原生态环境持续变迁

地域城镇化格局的形成改变了皖南花鼓戏原生态空间。自清康熙至咸丰年间，皖南地区即有移民因水旱灾害南来开垦，最早的职业演出班社——四季班，于1890年至1895年在宣城乡村诞生。这些草根班社分东西两路，其中最为有名的是西路杜家班和东路蓝家班，他们扎根皖南乡村，大量吸取民间表演素材，进行四季流动式打采演出，积极开辟了皖南花鼓戏原生态空间。后来，由于社会动荡和历史原因，皖南花鼓戏原本形成的大地域曲种失去了有利的发展空间。

四、皖南花鼓戏传承与弘扬的思路对策

（一）改善创作环境，改良剧种题材

1. 保持原有优良传统，融入时代发展新元素

皖南花鼓戏的文学语言，保存着民歌和民间说唱的语言特色，亲切朴实，语言生动，通俗活泼。在人物塑造上，往往通过形象化生活细节的描写，刻画人物性格，富有浓郁的生活气息，这是皖南花鼓戏的优良传统。

花鼓戏国家级非物质文化遗产代表性项目代表性传承人杨玉屏老师说道："中国的戏剧都是这样的，可以创新，但有些传统的就是传统的。传统的已经定位了，已经改不了了，就是传统的。但是我们可以拿那些调子改一些新的东西。"

在创作方面，可以从历史的角度，以戏曲的方式将某个历史故事展现出来并加以渲染；也可以聚焦时事，从当前的社会热点出发，聚焦一些社会上人们广泛关注的话题和事件，融入社会上出现的新鲜事物，将其作为戏曲创作中的某一特定形象元素，赋予它意义。在传承中发展，既可以留住皖南花鼓戏的忠实观众，也能吸引更多人去关注皖南花鼓戏。

2. 营造良好的创作环境

作为主管部门，地方文化局要重视做好宣传组织和服务工作。首先是要营造良好的舆论环境，让大众都明白创作是繁荣文艺的基础，振兴戏剧的关键在于抓剧本，它是基础工程，不是权宜之计。对于戏剧队伍，一是抓稳定，二是重提高。为了提高素质、开阔视野，应注重给创作者提供各种学习进修的机会，如进入高校进行委培、参加函授或读书班、举办创作理论讲习班和组织观摩等。一年一度、集中出成果的九华创作年会，就是行之有效的措施之一。此外，注意抓艺术生产一条龙，把基础好的剧本在舞台上立起来，使创作者的一度创作与剧团的二度创作相结合，让剧本在艺术生产流程中去磨砺。诸方共同参与下最后完成创作且暂不能付排的副本，就推荐给出版部门或外地剧团，地区不定期地出新戏专集，这就保证了优秀剧作各有出路，使作者的创作热情长盛不衰。

（二）保护现有主体，培养未来新人

1. 保护皖南花鼓戏的传承主体人员

皖南花鼓戏属于地区性的传统文化，主要是采用宣城话来演绎戏曲，这也就意味着需要更多的在此地域生活的人参与，在历史性、根源性上让更了解皖南花鼓戏的人民群众来弘扬。但受社会的发展、外来文化深入的冲击以及传统皖南花鼓戏宣传力度不够等因素影响，越来越少人深入了解该文化，更不用说传承与弘扬。若想在皖南花鼓戏的传承长河中保持其精髓，保护现存的皖南花鼓戏传承主体人员是关键，尤其是代表性人物。戏曲演员作为皖南花鼓戏发展的重要因素，政府还需要给予他们资金支持，让他们有条件出演皖南花鼓戏不是为了生存，而是为了艺术，尽可能做到保住他们的"花鼓戏饭碗"，在保证皖南花鼓戏演出质量的条件下，保证花鼓戏演员不失业。

2. 扩大花鼓戏的受众群体，让花鼓戏走进青少年

团队在安徽省宁国市对花鼓戏观众进行了问卷与访谈调查，调查结果显示，30 岁以下的观众只占到了全部观众的 9.57%。青少年是传承传统文化的主力军，他们正处于人生之春、人生之华的阶段，花鼓戏这一非物质文化遗产的经久不衰，正需要青少年力量的支持。

据了解，目前花鼓戏已走进了皖南地区的部分学校。通过此举，学生能够从小了解本地文化，对于来自全国各地的大学生，也能了解皖南地域的特色文化。在小学开设兴趣班，打破传统的皖南花鼓戏的师徒制，以一种新型的师徒关系，让一些成熟的或者已经退休的花鼓戏演员们定期地给学生们讲授皖南花鼓戏的知识与表演技巧等，并且让他们参与到花鼓戏的表演中。促进戏曲进高等学校，促进当地的文化艺术部门、戏曲剧院、高校之间的合作。在大学创立社团或开办讲座，让剧院里的演员们偶尔去讲解皖南花鼓戏的相关知识，或进行花鼓戏演出，鼓励大学生以创新的眼光去看待花鼓戏，将自己的生活经验和社会热点等问题融进花鼓戏的创作中，试着自己写写剧本，然后由剧院的演员和同学们一同表演出来。利用各高校的大学生来自全国各地的优势，可将皖南花鼓戏在大学生群体中广泛地传播，通过大学校园自身的优势将花鼓戏带到全国各处。

（三）定期开展演出，调动观众热情

政府、剧团定期组织开展花鼓戏演出，并加大对皖南花鼓戏的宣传力度。据了解，如今皖南花鼓戏相关单位正打算实施系列项目，定期安排剧团下乡演出，并且政府会给予一定的支持。百闻不如一见，口头上说的再好也不如让观众亲自观看一部花鼓戏作品的演出，让那些身怀技能的老艺人现身说法，登台演出。落实定期的"宣城市花鼓戏巡回演出"，在宣城市内提高花鼓戏的影响力。在群众聚集处可开展"周周赏花鼓，声声入人心"的花鼓戏演出。为吸引更多的中老年人、青少年观看演出，可制作以花鼓戏为元素的玩偶，作为赠品发放给到场观众。戏曲是具有极强感染力的艺术，定期开展这样的演出活动，有利于提高群众的认知度，并且加深对皖南花鼓戏的了解。

在宁国观看演出时的问卷调查结果显示，80% 以上的观众都没有接触过相关的宣传活动，很多观众都是亲朋好友的口耳相传才知道演出的时间地点等。这说明政府、剧团等机构应加大对花鼓戏的宣传力度。宣传可包括线下以及线上宣传，线下宣传可在社区的展板、居委会布告栏、小区门

口等民众聚集地进行，做到让当地的老百姓都能知道何地开展演出、何地进行培训等。在线上宣传方面，可以将花鼓戏的剪辑或者是精彩的戏剧部分制作成短的预告片，在主流媒体以及受众活跃度高的 App 上广泛传播。此外，还可在本地人浏览量较高的微博账号"宣城头条"以及微信公众号进行定期定量宣传，宣传方式包括文案、图片以及短视频等形式，以多角度、多形式将皖南花鼓戏推广出去。

（四）融合多类元素，创新发展模式

1. 与"直播""短视频"新媒体相结合

通过多渠道、多方式让更多的人接触到花鼓戏。当今时代，短视频和直播这种表现形式，备受广大人民的青睐，虽然花鼓戏的整体演出不适宜用此类方式，但是可以让一些有专业花鼓戏知识和功底的人讲述一些与花鼓戏相关的基础知识，或者直播皖南花鼓戏演员们上台前的化妆过程以及表演片段，将舞台外的情况多向外界展示，以吸引更多关注。演员们负责戏剧表演、技巧讲授等，直播平台等由专门的技术人员搭建，做成教学视频，以网课的形式吸引更多的人去了解它。

2. 嵌入影视作品中

可将皖南花鼓戏融入影视作品当中，可以是电影当中的某一片段，抑或做成动漫人物。在影视作品中加入花鼓戏元素不仅可增加影视作品的中国元素，也可以传承与弘扬花鼓戏文化。

随着一些古装电视剧的热播，这些电视剧会吸引大量的粉丝，并产生相联系的效应，如《甄嬛传》带来的"甄嬛体"，《步步惊心》所带来的穿越剧题材，这些元素都可以运用在花鼓戏原有的曲目上，并可以对曲目进行适当改编。此外，花鼓戏戏团也可根据热播的电视剧，将人物、情节等进行适当的修改，可吸引电视剧粉丝的关注，进而提高影响力。以越剧的《甄嬛》为例，越剧与改编电视剧对比见表 1 所列。

表 1　越剧与改编电视剧对比

情节作品	电视剧《甄嬛传》	越剧《甄嬛》
欢宜香的秘密	甄嬛暗自查出	皇上坦言告知
甄嬛出宫	发现自己是替代品；认为真心错付	失子后看清帝王真面孔；认为天威难测君无情
谋划回宫	甄嬛的主意	温实初与槿汐商定

（续表）

情节作品	电视剧《甄嬛传》	越剧《甄嬛》
验亲圈套	甄嬛自己识破	安陵容暗引及时到场的清河王揭穿圈套
华氏被灭	皇上与甄嬛联手密谋，又差遣果郡王与甄父等人搜集罪状	清河王为甄嬛主动请缨剿灭
疑云又起	夏刘偷听摩格可汗与甄嬛的对话，向皇上告发	华妃溜出冷宫撞见甄嬛与清河王对话，向皇上告发

此外，还可以融入歌舞、音乐剧等，进一步提高群众的接受程度。

（五）促进产业发展，引领市场走向

以皖南地区为中心，促进花鼓戏的产业化。当今时代是"互联网＋"的时代，有许多的传统文化、传统行业没有跟上时代的步伐，以至于被淘汰。只有将传统皖南花鼓戏进行产业结构优化升级，积极推动创新发展，以产业化发展才能更好地弘扬传统戏剧文化。同时，在皖南地区，人们对花鼓戏这一传统戏剧文化的认识较少，事实上，不仅作曲、写词等戏剧本身的每个因素都极为重要，而且在传承的道路上每个环节都不容忽视。以皖南地区为中心，在周边各地积极塑造属于皖南地区特有的文化品牌，积极吸收各方面人才，让非遗传统戏剧走向商业市场，通过与其他企业或剧种的合作，促成产业链的生成。对于皖南花鼓戏而言，它属于地方性戏曲，其受众面较窄，首先需要了解皖南地区广大花鼓戏爱好者的曲目偏好，这个过程可以通过网上问卷或者实地抽样调查，了解花鼓戏爱好者对哪种题材的花鼓戏演出更感兴趣。通过大数据分析之后，便可以在社会上召集一些有名气的花鼓戏表演者和编剧组建一个团队，再请一些老艺术家给他们传授一些经验。在开始时可以在不同地方进行义演，先让花鼓戏爱好者们了解这个团队，营造出品牌效应，再通过不同的营销方式进行宣传。也可以采取市场化运作和行政推动相结合的方式，积极鼓励民间花鼓戏剧团的发展。

五、结语

通过社会实践调查，团队成员对皖南花鼓戏100余年的发展有了更清晰、更全面的了解，也对当前花鼓戏发展面临的困境有了一定的概念，皖南花鼓戏在当今市场化的大背景下欲冲破瓶颈应顺应时势发展，需要从改

善创作环境，改良创作题材；保护现有主体，培养未来新人；开展定期演出，鼓动观众热情；融合多类元素，创新多重模式；促进产业发展，引领走向市场等方面入手，融合当代文化，谋求皖南花鼓戏的复兴与繁荣。作为当代大学生，今后可以将相关戏曲知识在校园、社区内宣传，力所能及为皖南花鼓戏的传播发展贡献力量。

参考文献

［1］施俊. 皖南花鼓戏的产业开发及运营对策研究 ［J］. 蚌埠学院学报，2018，7（4）：6 - 9.

［2］陈宁欣. 江苏的非物质文化遗产 ［J］. 江苏地方志，2006（3）：38 - 40.

非物质文化遗产视角下传统文化的传承与发展对策研究

——以皖南皮影戏为例

摘 要：本文以皖南皮影戏为例，通过对比国内其他皮影戏的现状及创新发展历程，以深度访谈、问卷调查等形式展开深入调研，分析了非物质文化遗产视角下传统文化在传承与发展过程中面临的困境，并以大学生的视角提出相应对策。

关键词：非物质文化遗产；皖南皮影戏；传承；困境；对策

一、研究背景

习近平总书记在党的十九大报告中作出"坚定文化自信，推动社会主义文化繁荣兴盛"的重要论述。在当今文化大发展大繁荣时代背景下，传统文化已不再是独立的元素，而是与经济、政治和现代高科技发展息息相关，它将逐渐成为带动整个经济社会发展的强有力支撑。在这样的大环境下，要想传承、弘扬中华优秀传统文化，就必须"要坚持中国特色社会主义文化发展道路，激发全民族文化创新创造活力，建设社会主义文化强国"[1]。

皮影戏属于中国传统戏剧的一种，有着"世界最古老电影"的誉称。2011年，中国皮影戏入选人类非物质文化遗产代表作名录。皖南皮影戏作为中国皮影艺术的重要分支，起源于素有"戏剧之乡"之称的安徽宣城，和其他众多传统文化一样，也面临着传承和发展方面的问题。对其传承与保护是一项重大的、系统的文化工程，非遗传承之路任重而道远。

二、历史溯源

作为中国传统文化的重要组成部分，皮影戏具有独特的存在意义。它发源于黄河流域，融合了民俗装束、脸谱、剪纸、壁画、帛画、石像、戏

实践团队主要成员：严跃东、刘佳欣、崔珮。
指导老师：杨凤云。

曲等艺术的精髓。《汉书》中所记载的李少翁为解汉武帝的思念之情制作皮影的故事，被看作是皮影戏最早的起源，一直到明清时期，皮影戏仍盛行于世，并逐渐普及到全国各地，发展出独具特色的地方皮影。

皖南皮影戏是中国皮影艺术的重要分支，它的皮影制作技艺更是南方皮影的典型代表，距今已有 400 多年的历史。早期的皖南皮影戏是在湖北皮影戏的基础上，广泛吸取皖南民间小调、花鼓戏、雕刻、绘画、剪纸等民间艺术发展而成。清中晚期，徽商崛起，经济的发展推动了文化的发展，皖南皮影戏也因此受益而进入黄金时期。清朝后期，曾有地方官府担心人们在皮影表演场所聚众闹事，便开始禁止演出。当时皮影艺人还曾受到白莲教起义的牵连，不少戏班子遭到查抄，再加上西方帝国主义的入侵使中国清朝的经济与文化大幅衰退，皖南皮影戏也受到了巨大冲击，不少戏班被迫解散。这些因素都不同程度地阻碍了皖南皮影戏的发展。日军入侵前后，时局动荡，常年战乱，百姓自顾不暇，皮影行业跌入低谷。新中国成立后，皖南皮影戏得到政府的重视，重新开始活跃在大众视野中，表演艺人逐渐增多，皖南皮影行业迎来第二个发展高潮时期。改革开放后，皖南皮影戏虽然有所发展，但再也难以恢复到当初的繁荣。尤其是在 20 世纪 90 年代后，电视、电影等娱乐方式的兴起，皖南皮影戏逐渐走向了衰败，直至今天依然面临着消亡的危险。

三、皖南皮影戏的艺术特色

（一）皮影制作

皖南皮影的制作过程主要分为选皮制皮、画稿描样、雕刻上色和熨平装订四个部分。制作材料大多选用毛孔细小平整、容易雕刻的黄牛皮。将牛皮浸泡后，一般要刮四次直至牛皮透明，晾晒后再进行画稿描样。描样时，先用湿棉布将牛皮捂软，擦干表面油脂；再用木棒将皮推磨至平整光滑，然后放在皮影画稿上，用细钢针在牛皮表面雕刻；最后进行上色，经熨平完成装订。值得一提的是，皖南皮影雕刻的独特性就在于"推皮触刀"，即拿刀的手不动，用另一只手推动牛皮来进行雕刻。

皖南皮影人物由头部、躯干和四肢组成，一般要用 11 片料子。皮影的头部是分开保管的，演出时才插入颈口里，用线缀接。皮影是否缀接钉制好是有一定标准的，即提起胸签后，皮影自然下垂，既不背锅，也不挺胸，双腿微微分开，欲行还止，动中求静，在艺人操作表演时能自由活动。

（二）乐器制作

皮影表演时会用到大鼓、双镶、大铜锣、小铜锣、高音梆子、云板等乐器，以前这些乐器大多数是老艺人亲手制作的。以大鼓为例，首先，艺人要挑选一根直径为30厘米左右的粗梧桐木，将里面的木质一刀一刀挖出来，直到外围剩下2.5～3厘米的厚度，然后把它削成鼓形状，再蒙上加工好的牛皮，最后用钉子钉死。整个制作必须保证外壁薄厚均匀，音色和传音效果相同。其他乐器也是如此，双镶和大小铜锣是用熟黄铜经千万次锤打定型而成的，高音梆子和云板则是用枣木或红木挖制的。每件乐器的制作要求都极为苛刻，只要错了一步，乐器便制作失败。

（三）唱腔

皖南皮影戏的唱腔又被称为"打锣腔"，结合了皖南花鼓戏和地方民歌小调而形成，靠一代代艺人口耳相传。除了祖传的唱腔以外，也加入了一些个人创造，这也是非物质文化遗产的典型特征。总体来说，皖南皮影戏的唱腔圆润高亢、婉转动听，加以渔鼓筒作伴奏，更是增添了它的独特魅力。皖南皮影戏的唱词也是独具特色的，呈"五五七五"的句式，每四句为一段，戏词诙谐生动，具有独特的乡土气息和浓郁的地方特色，极富感染力。

四、国内皮影戏创新发展之路及其对皖南皮影戏的启发

（一）国内皮影戏创新发展之路

1. 锦州皮影戏

锦州皮影戏是中国东北皮影戏的一个重要分支，已有400年的历史。2006年，锦州皮影戏荣获"省级非物质文化遗产"称号。近年来，锦州皮影一直面临着道具制作材料成本高、过度商业化、观众减少等挑战。为此，锦州皮影艺人不断探索，对锦州皮影戏进行了一系列有效变革，使锦州皮影戏在多元文化市场的冲击下仍保持着勃勃生机。

（1）制作的创新

由于驴皮影制作成本的提高，锦州皮影团队在经过多次试验后，决定将部分驴皮用其他兽皮和材料替代，同时选用不同质地的材料来展现角色形象。经过不断创新，锦州皮影艺人将皮影的上身部分用塑料制作、中间

部分采用绝缘材料、下身使用兽皮制作。这样，既节约了制作成本，也有利于角色更好地呈现。

而且，以前的皮影色彩单调、制作工艺烦琐，而今锦州皮影多半采用更加方便的多色液体水彩来上色，并用墨汁加以辅助，制作出来的皮影色彩更加绚烂、细腻，制作也相对简单方便。

（2）剧本的创新

旧时皮影故事情节多来源于神话故事、历史史实、名人轶事，现代的锦州皮影花费十多年时间摸索出一条属于自己的创新之路，开拓新的皮影市场，近几年创作出符合不同年龄段观众口味的新剧本，比如《熊出没》《小苹果》《江南 style》《实话实说》《卖拐》等现代题材。同时，锦州皮影也加大了演出力度，改变了演出方式，一角多人让人物形象更加生动。

（3）发展模式的创新

与其他皮影境况相同，锦州皮影面临着商业文化的冲击、生存空间压缩的窘境，而且当地政府的福利并不丰厚，国家补贴较少，皮影投资并不宽裕。面对如此困境，团队成员常常自掏腰包来扶持皮影行业，经常走访多地，亲自联系演出，为促进锦州皮影戏的传承与发展作出了很大贡献。锦州皮影戏还与数字媒体技术结合，以互联网为灵感创新剧本，对演出方式进行变革，根据现代的审美角度与市场需求进行皮影戏创作，使锦州皮影戏更好地被大众欣赏。

2. 泰山皮影戏

泰山皮影戏是山东皮影戏的典型代表，2007 年被列入国家非物质文化遗产代表性项目名录，"中国皮影戏"2011 年被收入联合国教科文组织非物质文化遗产名录中的人类非物质文化遗产代表作名录中，具有重要的历史和文化价值。20 世纪 90 年代以来，学术界多次研究皮影戏的保护和发展，成绩斐然，但是他们大多针对的是泰山皮影戏的艺术特色以及传承的困境，对于传承发展的具体途径并未进行深入探讨。

因此，与皖南皮影戏相同，尽管泰山皮影戏仍活跃在大众视野中，但生存空间日渐萎缩，演出市场不容乐观，后继无人、观众分流、边缘化严重，窘境频生。然而，近几年泰山皮影戏在学校教育方面表现突出，在教学、课程设计、道具制作上都有着独到的经验。2013 年，泰安全市中小学都开展了皮影戏进课堂活动，让更多青少年了解到皮影戏这一传统文化，激发他们的学习兴趣。泰山皮影戏在教学内容和教学方法上进行了多方面的创新。

（1）创新教学内容

①泰山皮影制作及表演。对于中小学生来说，传统皮影的制作与表演工艺非常复杂，学校在教学过程中，利用现代工具进行了制作过程的简化，在传承中华优秀传统文化的同时激发学生的学习兴趣。

②泰山皮影戏融入艺术教育。泰山皮影戏作为民间传统艺术形式本身就根植于艺术，在学校教育中将泰山皮影戏与音乐、美术相结合，开展兴趣课堂，提升学生对皮影戏的音乐欣赏和美术制作的能力。

第一，将泰山皮影戏融于美术。泰山皮影的传统制作工艺十分繁杂，历史底蕴深厚，中小学生学习理解比较困难。因此，学校在课堂教学中对皮影知识进行整理，提炼并转化成美术知识，例如选用美术刻刀和卡纸进行简便操作，降低了难度。

第二，将泰山皮影戏融于音乐。学校为提高学生对皮影戏的学习兴趣，专门开设皮影戏欣赏课，在受到皮影戏文化熏陶的同时，加强学生对泰山皮影戏的理解，扩大受众群体。除此以外，教师可以用简单易懂的乐谱来授课，将复杂的皮影戏唱腔改编成易学的小调，唱词进行重新编排，把古老的皮影戏艺术与现代音乐有机结合，更加贴近学生的生活，有利于皮影戏的传承。

（2）创新教学方法

泰山皮影戏在紧跟时代探寻创新的过程中，没有忽视传统表演技法，在将二者有机结合的同时，实现创新性继承与发展。

①多媒体演示。利用多媒体演示，让学生更加直观地感受到皮影戏的独特魅力，进行自主探讨学习，在交流中深化对皮影戏的了解。

②现场表演。目前泰安市多家学校已经进行过皮影戏表演，有趣的皮影道具、节奏强烈的鼓点，再配上泰安方言，让同学们感受到民间传统文化的勃勃生机。

③角色扮演。在开展皮影戏进校园的活动中，学生可以自己合理设计故事情节，自主创编和演绎，在锻炼学生动手能力的同时，增强了对皮影戏的文化认同感。

（二）皖南皮影戏的现状与发展启示

1. 发展现状

皖南皮影戏又名"影子戏""灯影戏""太平戏"，受皖南地区地理位置的限制，外来因素影响不大，因而保有皖南地区原汁原味的婉约唱腔，造型风格和表演方式更是极具徽州特色，使其不仅在徽州民间广受欢迎，更在全国皮影戏艺术中享誉盛名。

然而，这项距今已有 400 多年历史的古老民间艺术，曾多次面临着消亡的危险。进入 21 世纪后，现状依旧堪忧：民间皮影艺人普遍年龄很大，皮影戏班子也日渐式微，只有极少数戏班子还在勉强维持运转。

如今，皖南皮影戏艺人逐渐老去，皮影戏本身缺乏年轻人的关注，又受到"亲缘传承谱系"和"师缘传承谱系"这两种传承方式的限制，皖南皮影戏陷入后继无人的窘境。

直到 2008 年，皖南皮影戏被列入安徽省非物质文化遗产名录，人们才逐渐意识到对皮影戏的保护与传承已迫在眉睫。为了更好地保护和传承皮影戏，皖南皮影戏第九代代表性传承人何泽华，早年卖掉自己苦心经营的林场和早期收集的 1 万多件皮影，耗资 70 多万元建造"皖南皮影戏博物馆"。政府也曾专门组织专业人员为皖南皮影戏的唱腔、造型、表演进行录音和拍摄，并对老唱本、旧皮影进行整理和归档，然而这些并不能完全抵挡外来文化的冲击。当今社会发展迅速，人们的日常娱乐逐渐趋于信息化、多元化，再加上皮影戏表演舞台具有局限性，资金匮乏，后继乏人，政府和民间团队对皮影戏的保护仅停留在皮影的收藏，缺乏广泛的传播，皖南皮影戏的生存发展不容乐观。

2. 发展启示

通过对比分析不难发现，虽然遇到的困难相似，但泰山皮影戏和锦州皮影戏面临生存空间紧缩时，都积极采取了创新措施改善生存环境，取得发展机会，这些卓有成效的改革措施同样值得皖南皮影戏借鉴。

第一，政府加大扶持力度。就政府扶持力度而言，泰安市政府成立了泰山皮影戏保护领导小组和机构，确立了责任人，在资金、人才和宣传等方面均给予大力支持，特别是与专业人士和相关学者合作，对泰山皮影戏进行了专业的保护工作，取得初步成效。同样，锦州皮影戏在节日、晚会等大型活动中的演出机会很多，甚至走出国门，名扬海外。皖南皮影戏的传承和保护在相关政策方面也可以借鉴，加大政府扶持力度，通过构建行政管理机制，制定法律法规，加强非遗文化管理，搭建市场平台，克服地域局限性，谋求发展机遇。据调查了解，皖南皮影戏每年都能获得政府一定数额的拨款。皖南皮影戏传承人何泽华先生也在寻找多方面的可能性：参加大大小小的商演活动；设计皮影艺术周边产品；先后在宣城市第二小学、宣城市第十一小学开设皮影戏相关课程。

第二，注重戏曲教育和研究。泰山皮影戏在 2008 年就已经进入小学课堂，老艺人带徒传承也已得到各界扶持，与此同时，还设立了泰山皮影艺术研究院，对皮影戏文化的系统保护和传承起到推动作用。相比较下，皖南皮影戏目前只停留在传统文化进校园的层面上，尚未形成完整的教学体系，容易出现学习和传承上的断层。因此，皖南皮影戏应积极开展皮影戏文化教育，设立研究机构等措施，积极培养传承人，为皖南皮影戏的后续发展提供强有力的"师资力量"。只有这样才能解决其在传承和发展中的困境，自身得到更好的传承与发展。

第三，构建市场化平台。皖南皮影戏可以更加市场化，创造更为"普通化"的皮影，与戏曲、剪纸、刺绣等其他艺术形式相结合，融入服装设计、旅游业等现代产业中去，拓宽消费市场，在扩大宣传、提高知名度的同时，增加皮影艺人的经济收入，为后续发展积蓄力量。

五、调查研究及数据分析

为了更好地了解皖南皮影戏在传承和发展道路上的困难并寻找解决对策，合肥工业大学宣城校区"皖南皮影戏"大学生体验式教育项目专项社会实践团队一行 11 人于 2018 年 7 月 10 日—17 日来到了宣城市水东镇，进行了为时 1 周的实地调研。实践团队采访了镇政府的相关部门，受到旅游办秘书汪静怡和文化站站长王君慧的热情接待。在与她们的交流中，团队了解到政府关于皖南皮影戏的扶持政策、帮扶过程中的困难、今后的发展规划等。团队还采访了冯正湘老师（皖南皮影戏第九代代表性传承人何泽华的妻子），从传承者的角度进一步了解皖南皮影戏传承中的困窘。除了进行个人专访，团队一行人分为三组，以入户调查的形式进行"一对一"访问，针对"当地居民是否看过皮影戏""对皮影戏的印象""对皮影戏的关注点""对皮影戏危机的认识""对皮影戏传承的态度"等问题进行调查，为之后的问题研究提供翔实的数据样本。

本次调查共发放调查问卷 100 份，回收问卷 100 份，其中有效问卷 94 份，无效问卷 6 份，有效率达 94％。通过整理数据、结果分析，团队对皖南皮影戏作出进一步研究，再现了近现代以来皖南皮影戏的历史发展，同时调查结果为皮影戏未来发展带来新的启示。

（一）基本信息

本次调查有效样本中，男性、女性分别为 37 人和 57 人，分别占 39.4％和 60.6％；年龄跨度较大，其中 18 岁至 34 岁占 41.5％；职业分布较广，其中个体户占 38.3％，调查对象基本信息见表 1 所列。

表 1　调查对象基本信息表

	类别	选项	人数（人）	比例（％）
1	性别	男	37	39.40
		女	57	60.60
2	年龄	18 岁以下	14	14.90
		18～34 岁	39	41.50
		35～50 岁	21	22.30
		50 岁以上	20	21.30
3	职业	农民	9	9.60
		个体户	36	38.30
		老师	2	2.10
		工人	1	1.10
		学生	20	21.30
		其他	26	27.70

（二）不同年龄接触皖南皮影戏有差异

　　皮影戏观众年龄如图 1 所示，调查问卷分为 18 岁以下、18～34 岁、35～50 岁、50 岁以上四个年龄段。从调查结果可以看出皮影戏的兴衰。50 岁以上的群体中 55％看过现场表演，有 30％没看过皖南皮影戏。这是因为 50 岁以上的群体的童年时代要么是战乱时期无暇顾及皮影戏，要么是"文革"时期对皮影戏避之不及，只有在新中国成立初期，皮影戏活跃的那段时间有幸看过几场皮影的现场表演，在电影、电视普及的年代看过几场表演的视频。对于 35～50 岁年龄段的群体来说，几乎所有人都看过皖南皮影戏，甚至绝大部分人都看过现场表演，可以看出，他们的童年时代"文革"刚刚结束，百废待兴，人们急需又被称为"太平戏"的皮影戏来驱邪避灾、祈求太平，所以在"文革"结束之后皮影戏再次发展起来。18～34 岁年龄段的群体中约一半的人看过现场表演，另一半人看过表演的视频，可以看出这一部分人对于新媒体依赖较强，因为在 20 世纪八九十年代电影、电视大量出现，皮影戏受到一定冲击，由于皖南皮影戏起源于水东镇，所以当地人有较多观看现场表演的机会。这里我们欣喜地看到，18 岁以下的群体大部分看过现场表演，这说明政府保护和传承皖南皮影戏，推进戏曲进校园取得了一定成效。作为非物质文化遗产，皖南皮影戏的传承和发展正在受到关注。

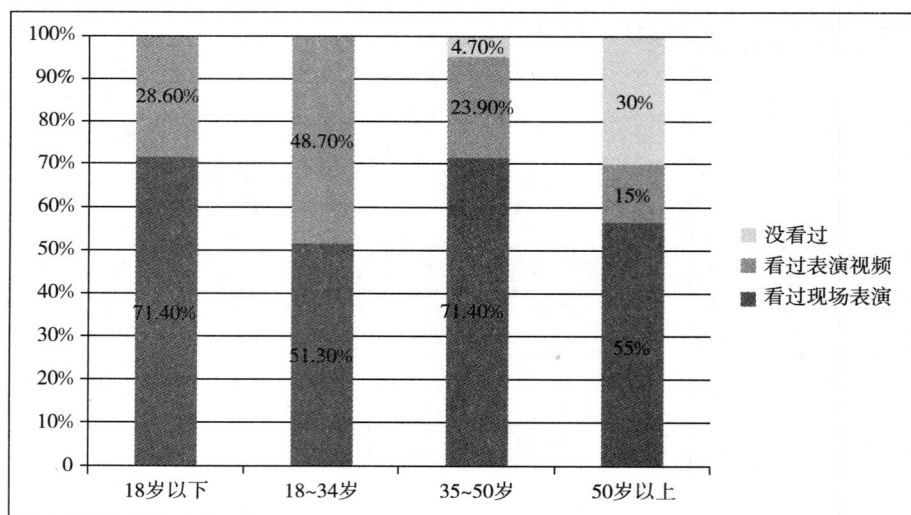

图 1　皮影戏观众年龄

（三）不同年龄有着不同的兴趣点

各年龄段人群对皮影戏的兴趣点如图 2 所示，18 岁以下的群体对皮影戏的故事情节更加感兴趣，18～34 岁的群体对于表演技巧和故事情节都很感兴趣，35～50 岁年龄段的群体更加看中表演技巧，50 岁以上的群体对

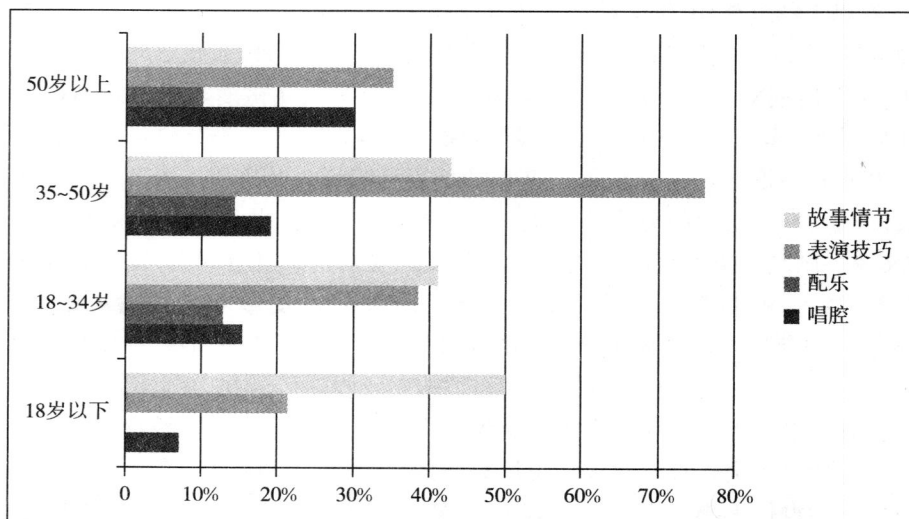

图 2　各年龄段人群对皮影戏的兴趣点

唱腔和表演技巧同样重视，而对于皮影戏的配乐极少有人关注，所以在未来皮影戏的发展中可以考虑将更多的精力放到唱腔和表演技巧上来。调查结果显示 35 岁以下的群体对于故事情节更加看重，所以那些老剧本已无法吸引人们的眼球，可以考虑改编剧本，创作出符合这个年龄段人群口味的新剧本。

（四）对皖南皮影戏的喜爱程度

对皖南皮影戏的喜爱程度如图 3 所示，57％的水东镇居民表示不喜欢皖南皮影戏，43％的水东居民表示喜欢皖南皮影戏，作为皖南皮影戏的发源地，这一数据让人忧心。调查发现，人们不喜欢皖南皮影戏的主要原因有三点：第一，感觉很无聊；第二，感觉过时了；第三，听不懂。由此可以看出，皖南皮影戏这一传统艺术正逐渐失去大众的喜爱与关注，也逐渐落伍于新生事物，如何让皖南皮影戏与新时代结合重回大众视野已成为迫在眉睫的问题。

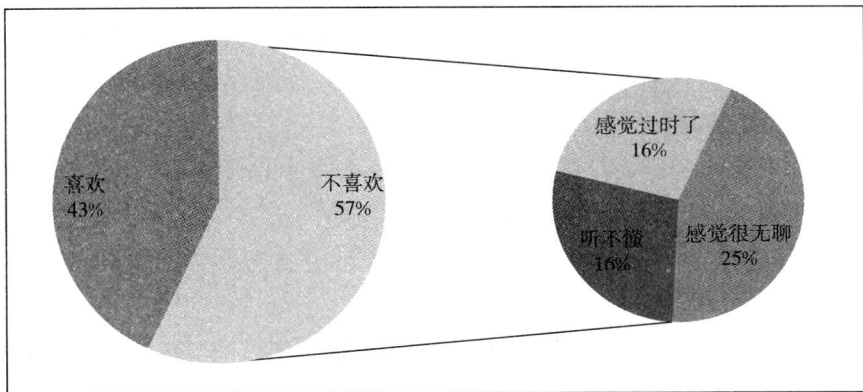

图 3 对皖南皮影戏的喜爱程度

（五）造成皖南皮影戏危机的原因

造成皖南皮影戏危机的原因如图 4 所示。调查结果显示，在当地民众心中，"人们兴趣爱好的变化"是造成皖南皮影戏危机的主要原因，这与流行文化的冲击有关；其次"群众了解程度不高"和"皮影戏表演宣传不够"都属于媒体宣传不力，而"政府保护力度不够""缺乏经济效益""技艺难度大不易传承"占的比例较小。这说明大众文化取向的变化，皮影戏本身的传播没有跟上时代步伐，是皮影戏日渐没落的主要原因。政府为皮影戏的发展提供了经济和政策上的一部分支持，皮影戏的传承也具有一定的方向，但这还远远不够，皖南皮影戏能否很好地发展下去，很大程度上取决于大众的了解与喜爱程度，只有紧跟时代步伐，寻求抓住受众兴趣点的良方，才能有更好的发展机会。

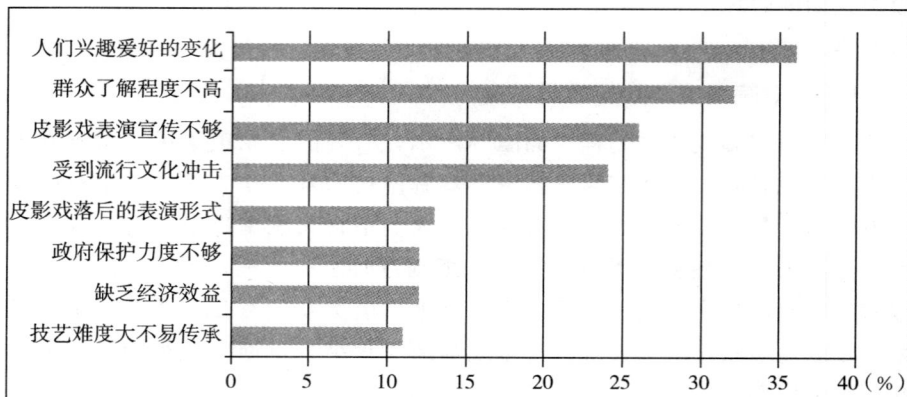

图 4　造成皖南皮影戏危机的原因

（六）对皖南皮影戏发展的态度

对皖南皮影戏发展的态度如图 5 所示，18％的群众想要努力抢救，64％的群众认为是优秀传统文化应当珍惜，只有 5％的人觉得皮影戏过时了应当退出。大部分群众对皖南皮影戏的态度是很积极的，少数人对此置

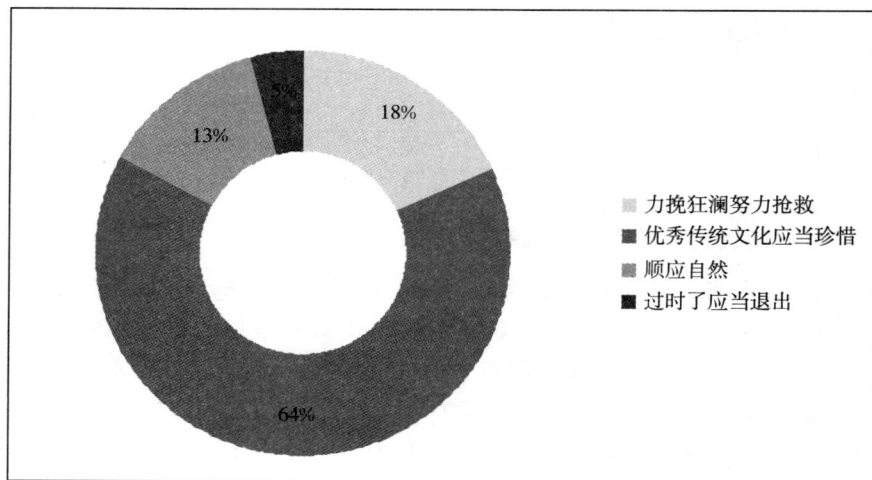

图 5　对皖南皮影戏发展的态度

之事外或持消极态度，由此可以得知广大群众对皖南皮影戏的传承和发展是非常支持和有信心的。大众受流行文化冲击的同时也没有丢掉对传统文化的热忱，这就意味着皖南皮影戏的发展有着广泛的群众基础。因此，皮影戏工作者和有关组织要在与时俱进、扩大宣传的同时，也要不断改良皮影戏表演，在保留传统的基础上结合现代审美，做出"新时代皮影"。

（七）保护和传承皖南皮影戏的对策调查

保护和传承皖南皮影戏的对策与建议如图 6 所示，水东镇居民认为"保留其精髓，加入现代元素""加大传统文化宣传力度"是保护和传承皮影戏最有效的方法。这要求皮影戏在与时代发展相结合、创造出适合大众口味的新产品的同时，也要"加大传统文化宣传力度""举办大型展览表演"，让更多人了解皖南皮影戏。"开发有关旅游产业"也是水东镇居民认可的一个好方法，将皖南皮影融入旅游业，让其走出皖南，扩大受众群体，增强影响力。另外，部分水东居民认为还需在经济上得到"国家政府重视，拨款扶持"，教育上"推出有关课程"和"加强国民思想文化教育"。

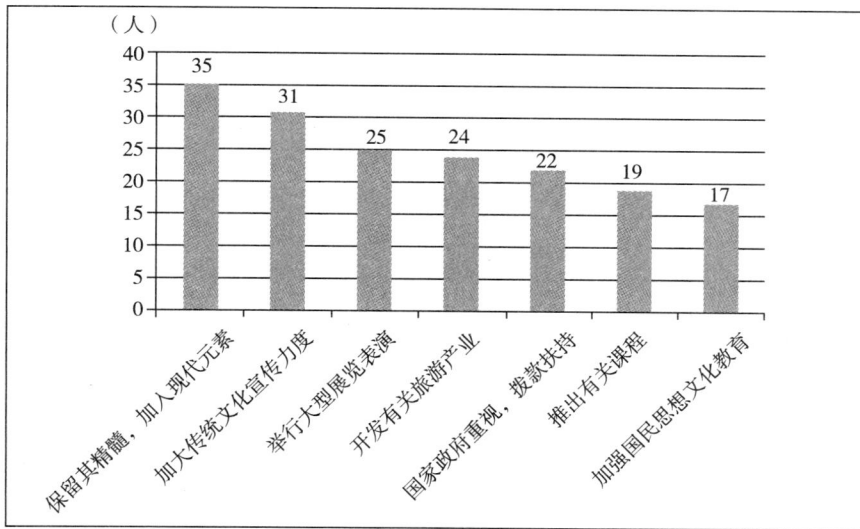

图 6　保护和传承皖南皮影戏的对策与建议

六、新时期皖南皮影戏的传承及发展困境分析

从皮影戏的发展历史来看，皮影戏是一项综合性的民间艺术，是农民的艺术，是适合在田间地头、街头巷尾演出的小戏，符合我国社会基层广

大人民群众的娱乐和文化需求。

如今受社会转型等因素影响，和其他民间传统艺术一样，皖南皮影戏也陷入了传承与发展的困境，面临消亡的危险。根据实践调研团队对皖南皮影戏调研数据的整理分析与深入研究，其原因大致可以归结如下。

（一）政府方面

纵观皮影戏的发展历史，可以看到政府政策直接或间接地影响着皮影戏的发展。虽然近些年政府加强了对传统文化的重视和保护，但是在皮影戏的保护与传承方面仍然存在经验不足、办法不多等问题。各个地区经济发展水平不同、市场开发程度不同、皮影戏发展历程不同等问题，都导致了政策的制定与实施很难有统一的标准。目前对于皖南皮影戏的保护与传承，政府出台的政策与方案还有待进一步完善。

（二）社会方面

1. 现有的受众群体过于狭小

在现代大多数人心中，皮影戏不过是几个民间艺人的吹拉弹唱，只适合存在于街头巷尾。皖南皮影戏现在可能只在那些真正热爱和欣赏皮影戏的人们面前唱响，而这些人中绝大部分是致力于发扬传统文化的老艺人，或是一些从小受到传统文化艺术家庭氛围熏陶的年轻人，因此它的受众群体可谓十分狭小。

2. 社会整体价值观的导向

在皮影戏繁荣的年代，更多人认为它是可以维持生计的手艺，对于子女的受教育程度并不十分在意。但随着时代和社会的发展，社会整体价值观的导向发生了巨大变化，人们越来越重视子女的受教育程度。而皮影艺术等传统文化的学习和掌握却不是一朝一夕就能完成，若想全身心地学习皮影戏必然会影响学业。因此有些人虽然知道我国的一些优秀文化遗产可能面临着失传的困境，心中十分惋惜，但仍然不会投入大量的时间和精力，甚至在价值观和舆论的压力下，原本一心想着继承、发展传统文化的艺人们也想放弃初心。

（三）自身方面

1. 剧目过于陈旧

目前皖南皮影戏的演出大多是老剧目，虽说能体现我国传统文化中的经典故事，但是其中的许多观念和理念已经跟不上现代社会的发展。因此皮影戏剧本的创新问题亟待解决，编剧若能不断编写出符合当今主流思想的好剧目、创作出弘扬社会主义核心价值观的好作品，才能使观众时刻保持新鲜感，才能在观众心中产生共鸣。

2. 表演的时间和空间存在局限性

在皮影戏兴盛时，行头简便，一个担子、一个艺人，不管是在大街小巷还是在村头树下都可以表演，深受民众喜爱。然而当今社会发展迅速，城市已成为综合发展的中心，对市容市貌有了更高的要求，一些城市要保证市容的整洁而不得不禁止民间艺人们当街表演，这使得皖南皮影戏表演的舞台受到限制。除了接受一些政府、机构等的邀请去表演，皖南皮影戏几乎没有在普通民众面前表演的机会，人们对于它的了解也就更无从谈起了。

3. 表演方式过于单一和程式化

皖南皮影戏演出的规模很小，一般 4～5 人便能完成一场皮影戏演出，表演所用的影人和演出舞台占地较小，观众只能近距离观赏，因此观众数量也会受到限制。与此同时，在各种新媒体、流行文化的冲击下，人们对这种传统艺术表演形式的关注度不断降低。

4. 面临后继无人的窘境

皖南皮影戏要想得到传承和发展，根本要务是要寻找并培养传承人。据调查，目前能够完整掌握皖南皮影戏制作与演绎技巧的艺人，绝大部分都是古稀老人，即便是这当中最"年轻"的第九代传人何泽华，也已年过50。他在宣城市水东镇创办皖南皮影博物馆，就是为了让更多的人了解皖南皮影戏，共同保护和发展甚至传承这项非物质文化遗产。但是现在的年轻人，对这项古老的文化遗产都是"兴趣有余，恒心不足"，而且皮影戏的学习完全靠师傅的口传身授，对传承人的耐心和领悟能力都有很高的要求。同时，这项传统技艺工作环境不好、收入不高，很多年轻人没有坚持从事这一行业的决心和动力。而部分皮影老艺人依然只在门派或家族内部教学，不轻易向他人传授，一些人想学习皮影戏却苦于没有门道而不得不放弃，这也导致皖南皮影戏得不到有效的传承。

5. 部分皮影戏艺人思想过于保守

许多皖南皮影老艺人都十分珍爱自己制作的皮影，轻易不向外人展示。有的老艺人甚至不允许有人对古老的皮影戏唱本进行改动。过分的保护和坚守只会让人产生距离感，这些都使得皮影戏的魅力不能被大众熟知。

6. 经济效益不明显

一项传统技艺能否成功走上市场化道路，在传播传统文化的同时创造出一定的经济效益，已经逐渐成为决定这项艺术能否继续生存和发展的重要指标之一。皖南皮影戏目前还缺少一个运作成熟、具有创新意识的团队对其进行产品包装和深度开发，所以它并没有像京剧等戏剧那样有很多广为人知的相关文创产品。正因为大众对其了解程度不高，皖南皮影戏也不能吸引大规模的商业投资，从而进一步制约了其发展。

七、皖南皮影戏发展思考

要想更好地保护和传承皖南皮影戏，必须结合自身实际，借鉴他人的成熟经验和创新做法，努力消除皮影戏与普通大众之间的距离，将皮影戏的精华与现代文明融合起来。对此，实践团队提出如下相关解决对策。

（一）政府扶持

1. 建立由政府主导、民间组织积极参与的保护体制

设置"非遗"机构，由政府进行统一行政管理，明确各部门职能，同时通过完善法律法规来保障"非遗"传承工作的顺利进行。虽然我国在2011年颁布了《中华人民共和国非物质文化遗产法》，但这只是初步尝试，相关的法制体系并不成熟，不能有效地解决所有"非遗"问题，多项法律规定还亟待完善。对此可以学习和借鉴其他国家在保护传统艺能方面的立法经验，如：早在1950年，日本政府就正式将保护传统戏剧纳入法律范畴，颁布《文化财产保护法》，并实施"人间国宝"制度；在文部省内设立了保护文化财的最高机关——文化财保护委员会，随后又改设"文化财保护部"。

针对皖南皮影戏面临传承人后继乏人的窘境，政府部门可以以传统节庆日活动、艺术赛事等为载体，通过开展皮影戏欣赏交流会、学习研修班等途径，培养后继者，同时启蒙并扩大皮影戏的青少年观众群体。

构建行政管理机制、制定法律法规等主体任务可由政府承担，至于其他工作可交给民间组织。皖南皮影戏的民间团体组织应有计划地进行展示和公演，可多地走访，不要拘泥于皖南地区，积极宣传和弘扬皮影艺术。

另外在此过程中，政府和民间组织应注重皖南皮影戏的活态传承。大部分的地方政府为了传承和弘扬皮影文化，都是专门修建博物馆，将各式各样的皮影陈列其中，原原本本地记录其发展历史和轨迹，但皮影戏的唱腔、音乐、舞美等表演形式都可能会因为无法收藏而逐渐消失。作为省级非物质文化遗产，皖南皮影戏应以更鲜活的姿态存在于民间社会之中，这就需要皖南皮影戏的民间组织通过各种方式，营造出更好的传承环境。

2. 重视传承人的认定和地位

目前，我国在保护非物质文化遗产方面认定的传承对象主要是个体，而很多"非遗"项目都是由两人及以上共同完成的，皮影戏就是一个典型的例子。然而这些艺人并不在现有的传承人认定范围之内。因此我国在指定"非遗"传承人时，必须考虑到多人合作的表演艺术的特殊性，重视并确立团体传承人。

对于传承人来说，政府应当给予一定的社会地位和物质优待，一方面，肯定其在文化传承中所作的贡献；另一方面，鼓励和呼吁更多的人投身到文化传承的事业中。

3. 将皖南皮影戏纳入教育课程

青少年是祖国的未来和希望，最具有创新能力与实践热情，想要让皮影戏得到更好的传承，就必须有青少年的参与，将皖南皮影艺术与教育相结合，可以提高青少年对于皮影戏的兴趣，扩大受众人群。

（1）在小学开展兴趣课堂

教授皮影戏相关知识，用卡纸、刻刀等工具简单地模仿制作皮影，在实践中感受皮影戏文化独特的艺术风格，从小锻炼学生动手、合作能力，培养学生对皮影戏的兴趣；定期组织观看皮影戏表演，感悟其中所蕴含的美学知识，进一步提高学习兴趣。

（2）在艺术类高校设立相关专业，培养专业人才

皮影戏团队可以加强和高校的合作，依托高校开展人才培养工作，建立多元化人才传承模式。对此可以学习和借鉴马来西亚保护玛雍戏的经验：作为马来西亚最古老的民间戏剧，玛雍戏在2005年被列入联合国教科文组织非物质文化遗产名录。20世纪70年代开始，随着商业化、市场化的普及，玛雍戏面临着严峻的挑战，濒临消亡。为此，马来西亚政府于2005年颁布了《国家传统文化保护法》。玛雍戏也随之被正式列入国家艺术学院的教学课程中，成为艺术系学生的必修课。由此，玛雍戏剧场得到更多年轻人的喜爱和了解。这些年轻艺人与时俱进，不断创造出新的玛雍戏剧目，为玛雍戏的传承和发展作出很大贡献。

皖南皮影戏也一样，在寻找传承人的同时，也要培养更多的皮影戏相关人才，增强学校师资力量。除此以外，高校还可以聘请专家开设选修课和暑期夏令营，逐渐创设一个健全的课程体系，弘扬传统文化内涵的同时，挖掘皮影传承人。

（二）市场融合

想要对皖南皮影戏进行产业的复苏和升级，就必须打破僵化、封闭的

传统经营模式，挖掘并扩大皮影戏在市场中的可能性，以"皮影＋"形式，探索与其他艺术形式和产业融合模式。

1. 皮影＋舞蹈

舞蹈《俏夕阳》就是一个典型代表。除此之外，某 80 后的皮影艺术团也率先进行了这两种艺术相结合的尝试，创作《喜舞迎春》这一芭蕾舞剧目，表演了传统芭蕾舞中所没有的舞蹈姿势。当地舞蹈团完全可以借鉴这种形式，融入皮影人物的标志性动作，在晚会或其他大型活动中进行表演，吸引观众的眼球，贴近大众生活。

2. 皮影＋影视

其实皮影与电影、动画片、电视剧相结合已有很多成熟的例子，比如电影《活着》，动画片《铁扇公主》《猪八戒吃西瓜》《孙悟空三打白骨精》《武松打虎》等，都是以皮影为元素进行创作的。

一方面，皖南皮影戏可以结合皖南地区的神话故事、民间传说，制作有地方特色的动画或微电影，开发皮影戏的商业价值；另一方面，市场还要加大力度开发皮影戏与影视结合的剩余价值，开发衍生产品，例如十字绣、玩偶、手机游戏、玩具等周边产品，形成完整的产业链。

3. 皮影＋服装业

皮影色彩绚丽极具民族特色，可以给设计师很多灵感。强烈的色彩搭配，镂空的设计都是皮影的艺术特色，如果运用到服装设计中不仅能增强服装的层次感，还能给人以强烈的视觉冲击。如果再结合脸谱、刺绣、剪纸等中国传统文化元素，一定可以掀起"皮影热"的时装潮流。

4. 皮影＋旅游业

旅游不仅是一种经济活动，还是一种文化活动。促进皮影戏与旅游业的融合，提升宣城市水东镇旅游品牌的知名度，可使旅游和文化相得益彰、相映生辉。

将皖南皮影戏融入旅游景区的建设中，可在景区进行皮影制作和舞台表演，不仅丰富了旅游业的文化内涵，还为皖南皮影戏的宣传打下良好基础。

除此以外，还可融合皮影特色开发旅游纪念品，如皮影人偶、皮影剪纸艺术品、皮影吊坠、皮影糖人等精致小物品，让游客可以把皖南皮影文化带回家。

当然，对于皖南皮影戏也不能进行过度商业化的开发，否则很容易使其原真性遭受破坏，严重影响到人们对它的艺术价值的真正认识。所以，在创新发展的同时，务必要平衡好文化内涵与经济效益之间的关系。

（三）自身优化

1. 简化制作工艺

皖南皮影制作工艺复杂是导致传承者较少的重要因素之一，仅仅选皮制皮就有好多步骤，耗时两三个月，再加上皮影上色需要一定的经验和美术功底，这就造成皮影制作的效率极低。因此皖南皮影戏团队可以借鉴泰山皮影的技艺，选用新材料代替牛皮。

2. 剧本的创新

皖南皮影戏演绎的剧目多为前辈口口流传的老故事剧本，然而这些故事在影视作品中出现频率太高，民众对此缺乏兴趣，因此剧本的创新显得尤为重要。皖南皮影戏在制作时可融入现代元素，紧跟时代潮流，针对不同年龄段、不同地区的人群创作出符合其欣赏品位的皮影戏。

3. 数字化运用

皮影戏是一个集绘画、雕刻、舞蹈、说唱等艺术于一身的综合性表演艺术，要想把传承艺人的技艺完整地、全方位保存下来，数字化是最直接有效的手段。

（1）录制视频

可以在最大限度不失真的情况下将皮影艺术保存下来，这种高精度的记录为以后的再学习、再挖掘、再重现提供了更多选择。

（2）制作二维和三维动画

利用现代软件技术和动画制作技术，将皖南皮影戏融入动画中，根据皮影人物的关节点设计动作节点，创作二维和三维动画。

（3）交互式网络传播

当代社会互动类媒体盛行，网络是最好的传播媒介。皖南皮影戏要抓住这一机遇，巧妙地将自身的传统优势和文化内涵与当下流行趋势相结合，如与易传播、多趣味、受众广的微信和 QQ 小程序合作，也可以借助声音、图像、影视后期制作等软件实现与网络交互媒体的无缝对接。

（4）开通公众号

通过 QQ、微信公众号创建数字博物馆，定时推送大量皖南皮影戏的文字介绍、制作视频、表演视频等，与民众实现互动，举办线上问答活动。

（5）去程式化，敢于创新

皮影戏的角色身份和性格过于程式化，与现代年轻人的口味有所偏差，可以适度结合一些现代元素进行"微创新"，如融入光影等现代投射技术、适度添加流行语和现代"包袱"笑料、适度提高观众参与度等，以此来避免套路化、机械化和思想僵化。

4. 唱词双语化

皖南皮影戏唱腔婉转，声调优美，唱词采用当地方言，具有皖南特色，然而其他地方的民众却因为无法听懂皖南方言而对其望而却步，因此，唱词双语化很有必要。粤语歌曲的双语化开拓了内地市场，皖南皮影戏的双语化同样也可以拓宽受众面。

八、结语

在那个动荡不安、人民身心俱疲的年代，皖南皮影戏曾抚慰了很多人的心灵，让他们能够在这贫瘠的土地上感受到一种特有的文化气息。在这背后倾注了千千万万民间艺人的心血，他们同样是在生活的夹缝中，把自己对传统文化的理解、对历史的诠释、对生活的追求全都寄托在那一个个栩栩如生的小人儿身上。"隔帘说书，一口道尽千古事；影子乱弹，双手舞动百万兵"，也许这是对皮影戏最形象的描述。或喜或悲，亦忧亦怨，浩荡万马千军或二人含情脉脉。节拍一打一打，扣人心弦，一曲终落，万籁俱寂，观众皆留恋不舍，"操控者"本身也沉浸其中，无论上一秒上演了什么，下一秒都不会再停留于幕上。室内骤亮，观众不愿离场，这便是皮影戏艺人最大的骄傲。

通过这次水东镇之旅，团队近距离地感受了皮影之美，深入了解了水东镇政府与民众为传承皮影戏所作的努力，对皮影戏未来的发展充满了希望与期待的同时，也深深地思索能为皮影戏做些什么。

非遗传承绝不仅仅是传承人的事，它更需要大家的努力。在对皖南皮影戏的保护与传承中，既要重视对皮影戏传统的保护，又要重视对其现代价值的开发。不保护传统，皮影戏就会丧失艺术的本源。但是，如果一味偏向传统而不重视创新与开发，皖南皮影戏将很难保持持续的传承与发展。

皖南皮影戏有"大美"，首先需要让更多的人去了解它；皮影戏也可以不乡土，但需要传承人更好地去表达它。我们不能放任皖南皮影戏淹没在历史的回忆里，停留在故纸堆中。在这一民族文化遗产面临生存危机的背景下，作为后人，我们当代大学生更应该积极地对它加以保护和抢救，用我们的实际行动为这一优秀艺术形式的延续与传承贡献出自己的力量。

参考文献

［1］共产党员网［OL］. http：//www. 12371. cn/2017/10/18/ARTI 1508296552071697. shtml.

［2］郑明均. 中国当代皮影戏保护之管窥［J］. 民族艺术研究，2006 （5）：64 - 67.

［3］高燕. 国外保护传统戏剧类非物质文化遗产的经验与启示［J］. 艺术百家，2016，32（5）：60 - 64.

第四篇　徽派建筑调研

中华民族优秀传统文化源远流长、博大精深，是中华民族的瑰宝。现存于中国广袤大地上的古村落和建筑犹如一颗颗明珠，它们本身就是一件件艺术珍品，同时也承载着中华民族的优秀传统文化。皖南有着丰富的古村落和古建筑群资源，皖南古村落位于安徽省黟县东，以西递村、宏村为代表，是中国封建社会后期文化的典型代表——徽州文化的载体，集中体现了工艺精湛的徽派民居特色。2000年联合国教科文组织将中国皖南古村落西递村、宏村列入世界文化遗产名录。皖南古建筑群以查济为代表，查济古建筑群位于皖南泾县西端，坐落于查济河两岸，绵延5千米，保存有明代建筑80处、清代建筑109处，2001年，查济古建筑群被国务院列为第五批全国重点文物保护单位。

为了解和体验皖南古村落和古建筑，探究徽派建筑的文化内涵和价值取向，合肥工业大学连续多年组织大学生暑期"三下乡"社会实践团队进行专门实地考察。实践团队利用暑假赴皖南地区的古村落和古建筑群进行调研，探讨徽派建筑理念蕴含的价值观，通过亲身经历，将书本知识与现实生活相融合，激励当代大学生为传承和弘扬中华民族优秀传统文化而继续奋斗，为建设社会主义现代化强国而添砖加瓦，为实现中华民族的伟大复兴而努力拼搏。

乡村振兴大视野，传统建筑需保护

摘　要：乡村振兴战略和古村落的保护应是统一的，乡村振兴战略中包含了古村落的保护，然而在实际的操作过程中，却存在拆真建假、拆旧建新等建设性破坏行为。在乡村振兴背景下，如何真正做到古村落的有效保护是我们要探讨的课题。实践团队赴泾县平垣村和旌德县江村进行调研，根据调研的情况，结合安徽省《关于推进乡村振兴战略的实施意见》展开分析和研究，并就皖南古村落、古建筑的保护提出了相关对策建议。

关键词：乡村振兴；古村落保护；徽派建筑；徽州文化

一、研究背景与研究意义

古建筑是科技文化知识与艺术的结合体，古建筑也是历史载体[1]，古建筑有着丰富的人文内涵，因此保护好古建筑、保护好文物就是保存历史，保存人文的命脉。但是，"现在有些地方名城保护、古建筑的保护出现一些问题"，习近平总书记在《福州古厝》一书的序言中如是说。皖南地区有着丰富的古建筑群资源，在当下社会大建设的潮流中，对其进行有效保护是十分重要的课题。

（一）研究背景

皖南古村落是指分布在中国安徽、江西境内，长江以南的一些传统村落。这些村落有着古徽州地域的特色文化，其中最具代表性的是西递村和宏村。西递村和宏村自 2000 年入选为世界文化遗产名录后，受到了社会各界的广泛关注，也得到了较好的保护。相比较而言，皖南地区的其他古村落在如火如荼地开展新农村建设中遭到了较大的破坏，因此，探索在乡村振兴大背景下的古村落保护问题便成了我们的研究课题。

实践团队主要成员：龙泉哲、王金玲、陆彦彤、岳刘洋、李海峰、温锢、李适存、陈彦陶、赵昊磊、成潇博。

指导老师：汪云霞。

（二）研究意义

乡村振兴战略的实施加快了农村建设的进程，大拆大建将加速古村落的消亡，因此，古村落的保护迫在眉睫。近年来，很多的专家学者倾注了大量的心血用于研究古村落的保护，也是因为古村落保护对我们来说有着特殊的意义。

1. 还原精美绝伦的建筑及装饰

古村落给人最直观的感受就是那些精美绝伦的建筑和装饰，所谓雕梁画栋、层楼叠榭就在眼前，给人以美的享受。在科技日益进步的今天，生活的快节奏压得人喘不过气来，钢筋混凝土建筑眨眼之间拔地而起，犹如一个个水泥盒子，一切物什简洁又简洁。简洁固然有简洁的美，却失去了时间沉淀出的悠长韵味。相比较而言，古代的工匠们用心建造一幢楼，在砖上雕刻故事，在窗上雕刻花纹，一砖一瓦、一柱一门、一窗一几都诉说着故事，传递着智慧。

2. 了解中国传统文化

古村落古建筑里住的是古人，他们祖祖辈辈在这里繁衍生息，他们中有千古留名的杰出人才，也有消失在历史长河中的普通民众。过去的他们如何生活、如何与自然和谐相处、如何处理人与人之间的关系，都是我们想知道的，也是必须知道的，这是我们的传统文化。中华民族 5 000 多年灿烂的文化是我们屹立于世界东方的法宝之一，我们时刻都不能忘了我们的传统文化。

3. 为现代人的生活提供借鉴

现代人的生活节奏快，心态浮躁，物质生活的持续改善并不能带来精神生活的同步提升。十九大报告指出，"中国特色社会主义进入新时代，我国社会主要矛盾已经转化为人民日益增长的美好生活需要和不平衡不充分的发展之间的矛盾"。我们不再过多地关注物质需求，更多的是诉求精神需求，诉求内心的渴望，而传统文化正是我们汲取力量的源泉。所谓以史为鉴，它不仅仅是王侯将相的史，更是广大普通老百姓的史，他们离我们更近，也更有借鉴意义。我们可以学习他们如何与自然和谐相处、如何处理邻里纠纷、如何教子成才等，这些亘古不变的话题需要我们的智慧，更需要先人的智慧。

4. 更好地保护和开发古村落

由于生活方式的改变，古代遗留的古村落明显不适合现代人居住，为了改善居住状况，屋主们在缺乏古村落保护知识的前提下随意改动房屋的结构和外观，导致古建筑遭到破坏。而给古建筑带来更大破坏的是旅游的过度开发，真拆假建、建局部忽略整体等问题层出不穷，很多有志之士看到古村落的毁坏痛心疾首。因此，古村落的研究可以为古村落的保护提供理论支持，同时为更好地开发古村落提供指导。

二、泾县平垣村与旌德县江村

实践团队利用暑期"三下乡"的机会分别赴泾县平垣村和旌德县江村进行实地调研，重点考察当地古村落的保护现状，同时深入了解徽州文化。在调研中我们看到了古村落截然不同的现状，泾县平垣村默默无闻，保存着原始的状态，而旌德县江村作为旅游名胜，游人如织，古建筑相对保护较好。

（一）泾县平垣村

平垣村位于安徽省宣城市泾县黄村镇境内，徽水河穿境而过，将平垣村一分为二。平垣村四面环山，北有笔架山，南有承流峰，徽水河自东向西绕平垣村南面的承流峰及其遗脉沿山势顺流而下。若从徽水河的上游乘竹筏至此处，便能欣赏到"两岸青山相对出"的景色，如诗如画一般。

平垣村原有的建筑多以徽派建筑为典型代表，随着时代的发展，古民居因为年久失修、采光昏暗，满足不了现代人对居住环境光亮的需求，大部分古民居都陆续被拆除或自然坍塌[2]。

实践团队在实地考察中看到的多是具有原始风貌的古建筑，没有修缮的痕迹，墙面斑驳沧桑。有一处三间的厢房据传曾经是最负盛名的陇埠建筑群[2]，该建筑群曾经辉煌一时，坐北朝南，四进五开间，两边各有厢房十余间，整个建筑规制较大，大门由水墨花砖砌成，是典型的徽派建筑，但如今只剩下残存的三间厢房。

而其他的古民居，有的被改造成了饭店，有的早已易主，有的直接坍塌成一抔土，早已不复当年的辉煌。当然，我们也看到有些建筑正在被修缮，工人们搭着脚手架试图将那些破旧的古建筑修缮成仿古建筑，也许我们还能见到昔日的模样，但更多的是担忧。一方面是急功近利的修缮是否能还原当初的雕梁画栋是个未知数；另一方面，那些古建筑承载的文化又该如何"修复"呢？

在整个走访过程中，我们了解到平垣村始建于400多年前，当时有一对赵姓兄弟为了躲避战乱逃到此地，并在此繁衍生息，所以直到今日，该村的赵姓人口仍为最多。有热心的村民指着文化广场告诉我们，这里曾是赵氏宗祠，但是坍塌了，于是建成了文化广场。我们不禁感叹时间的力量，对随着建筑消失的文化也感到无限的惋惜。

（二）旌德县江村

江村位于安徽省旌德县城西南的白地镇，由于这里有保存较好的古建筑群，早在 2001 年，就被开发成了旅游区——江村风景区。我们来到江村风景区，便可以看到这里的游人来来往往，这里的徽派建筑特色鲜明。2005 年，江村被评为中国历史文化名村、国家 AAAA 级旅游风景区。

江村自隋末唐初建村，至今已经有 1 300 多年的历史[3]。这里的徽派建筑大多建于明清时期，也有的建于民国时期，大多保存较为完好，具有非常高的研究价值。村内曾有宗祠 9 座、牌坊 18 座、书舍 9 所、万册藏书，而现存的古祠仅有 8 处，其中有 3 处保存非常完好，分别是"江氏宗祠""溥公祠"和"明孝子文昌公祠"。这些古祠除了外观、结构保存较好之外，还珍藏有字画、宗谱等珍贵的历史文物，对于研究徽州文化具有极重要的作用。2006 年，江村古建筑群被国务院公布列为第六批全国重点文物保护单位。

江村的古建筑群中，目前最为壮观的要数江氏宗祠。江氏宗祠始建于明朝，曾两度毁于大火，两度重建，最后一次重修是在 1937 年。该祠堂坐西北朝东南，面阔七间，三进二天井，由祠前广场、泮池、门厅、天井、享堂、廊庑、寝楼等部分组成。

除了江氏宗祠外，还有原名为"六分祠"的溥公祠，始建于明弘治初年的父子进士坊，江村现存规模较大的古民居之一的茂承堂等。

江村的古建筑群均为典型的徽派建筑，其砖雕、木雕、石雕工艺精湛，建筑精美，均有很高的欣赏价值。

三、徽派建筑中的"徽州文化"

徽派建筑在形成过程中，受到徽州独特的历史地理环境和人文观念的影响[4]，整体格局重视与周围环境的协调，山水环抱，山明水秀，追求理想的人居环境和山水意境，自古有"无山无水不成居"之说。徽商受理学的影响在建筑中注入了儒家的思想观念和文化理想，用儒学阐述了自己对住宅布局、结构、内部装饰、厅堂布置的独特看法，促使徽派建筑逐渐形成风格独特的建筑体系。徽派建筑不仅具有实用性，而且具有丰富的文化内涵。粉墙、青瓦、马头墙、砖木石雕以及层楼叠院、高脊飞檐、曲径回廊、亭台楼榭等的和谐组合，构成徽派建筑的基调。徽派建筑一直保持着其融古雅、简洁、富丽于一体的独特艺术风格。

（一）不忘本心的"中堂"

徽州建筑最基本的格局是三间式，一般为三开间、内天井，民间俗称"一颗印"。平面布局对称，中间厅堂，两侧厢房，楼梯在厅堂前后或在左右两侧。

徽州建筑格局受宗族观念的影响，在取得与自然和谐的前提下，徽州人对定居点的空间布局以及方位的设置，还赋予了特定的象征意义。徽州建筑格局主次有分，讲究正偏、内外的空间层次，即伦理道德的"尊卑位序"原则。徽派民宅的中堂由于受到宗法思想强烈的影响，使得中堂这个小地方成为一个富有精神意蕴的大世界。它的整体包括厅堂、交椅、八仙桌和条桌，其中中堂和条桌最为重要。因为中堂上方有牌匾、祖训和铭记，如"天地君亲师位"是最常见的，这里不仅包含了徽州人对自己祖先的尊敬，也用以激励和告诫自己的子孙，做人做事不要忘本，要谨记家规。中堂摆设一般没有固定格式，按具体的时节、事件做不同的摆设，如喜、丧、寿、祭多做相应调整。桌上可以摆设一些传家宝、避邪物和炫耀物等等，如瓶、铜镜，寓意平平安安过一生。每逢佳节倍思亲之际，也可从祠堂里请来已故亲人牌位放置在条桌上祭供。中堂凝聚了徽州人几千年的丰富文化与悠久历史，体现了徽州人对家人浓浓的思念。

（二）天人合一的"天井明堂"

徽派建筑中天井明堂最具有代表性[5]。"上有天井，通天接气；下有明堂，四水归一。"大凡徽州的正屋，均有天井明堂。最初的徽州山区村落无论大小，均无防御设施，出于防御的需要，庭院多形成了可以防盗、防火、防兽的高墙和无外窗的建筑结构。天井明堂的设计合理巧妙地运用空间，弥补了采光不足的缺陷，使宅院之内，敞亮明朗，空气也更为流通。每逢阴雨时节，天井还能使雨水与村间溪水汇聚起来，用以日常洗涤和防火需要。堂前上方留一长方形空间直见天空，反映到家居建筑上，喻示广收八面来风，而"四水归堂"则喻示着"肥水不流外人田"。天井的结构和功能反映了徽州人对住宅建筑的审美特征，这种审美特征的形成是审美主体在欣赏美的过程中不断实践形成的，天井明堂的设计为整个住宅增添了一份诗情画意。

（三）兼具美观和实用的"粉墙黛瓦"

粉墙黛瓦是徽派建筑的突出特点。错落有致的马头墙[6]不仅有造型之美，更重要的是它有防火墙的功能，能阻断火灾蔓延。徽派民居的特点之一是高墙深院，一方面是为了防御盗贼，另一方面是为了使饱受颠沛流离之苦的迁徙家族获得心理安全的需要。徽派民居的另一特点是以高深的天井为中心形成的内向合院，四周高墙围护，外面几乎看不到瓦，唯以狭长的天井采光、通风与外界沟通。

除了粉墙黛瓦的明丽，大屋脊吻作为大型装饰件亦颇具特色。徽州古建的祠堂、庙宇、府宅等大型建筑，沿袭《宋营造法》官式作法，采用大屋顶脊吻，有正吻、蹲脊兽、垂脊吻、角戗兽、套兽等。造型与官式作法有所区别，属徽派特色，且来历附会了许多有趣的传说。例如，正脊两头口衔屋脊的鳌鱼（龙鱼）称为正吻，究其起源年代比较古老，据说汉武帝造"柏梁殿，遭火殃。"方士说："南海有鱼虬，水之精，激浪降雨，作殿吻，以镇火殃。"正吻就由此产生并沿袭下来。

（四）注重教育的"徽州书斋"

徽商把读书和做官、经商融为一体，并十分注重对家乡教育文化的投资，因此吸引了大量的文人骚客聚集在徽州。书斋是徽州建筑中必不可少的一部分，它是文人士大夫的聚集宝地，文人墨客在此以文会友，品茗论诗。徽州书斋中最有名的就是西递读书斋——东园。其建于清雍正年间，风格古朴，书卷气浓厚。书斋右侧图案抽象简单、美观大方。窗棂用粗细统一的、大小长短不一的细碎木条，无规则地组成冰纹，中间点缀数朵梅花，有"梅花香自苦寒来"之意。左侧书斋图案简洁明了，纯朴无华，图案则呈多边形，中间嵌上五只飞翔的蝙蝠。此书斋造型大胆，夸张自如，且寓意深刻，使读书人明白只有通过寒窗苦读才能换来幸福生活，并以此光宗耀祖。在建筑上，徽州建筑呈现出建筑美学与文人情结相统一的特点，徽州书斋凸显了徽商人文情怀和广阔的胸襟。

徽州建筑使人"不出城郭而获山林之怡，身居闹市而有林泉之趣"，徽州商人与中国传统建筑文化中讲究取其意韵、师法自然的审美情趣不谋而合。徽州建筑在历史上占有重要的地位，它有中国南方的四合院之称。徽州建筑大到整个城镇的规划，小到每家每户的布局，无不体现了人与自然的和谐相处。中华民族优秀传统文化源远流长博大精深。徽州人借鉴儒家思想和道家文化，要求自然呼应同时还照顾人的情绪、嗅觉、触觉的不同，以求达到最舒适的环境，把自然融入建筑中，以达到修身养性的目的。它所承载的文化和教育意义，影响着一代又一代的后人。徽州民居宁静而不失庄严的气氛，天地人合一的人文主义情怀设计，以及简洁的陈设、书卷气十足的布置，都在传达着徽州人的理想和愿望，表达着人们对于文化以及美好生活的追求和向往。

四、乡村振兴大背景下的古村落保护

（一）乡村振兴战略

2017 年，习近平总书记在十九大报告中指出，要建设现代化经济体系，实施乡村振兴战略是重要的一环。次年，国务院发布了《中共中央国务院关于实施乡村振兴战略的意见》，同年 9 月，国务院印发了《乡村振兴战略（2018—2022）》，要求各地区各部门结合实际认真落实。

2018 年 5 月，安徽省人民政府印发了《关于推进乡村振兴战略的实施意见》，其中指出，要实施传统村落保护利用工程，完善传统村落名录，开展农村传统建筑挂牌保护，建立保护利用监管机制。

在乡村振兴战略的推动下，全国各地的乡村大力发展产业经济，探索实践农村土地流转，推动集体经济做大做强，从第一产业到第三产业进行布局，让农民的"钱袋子鼓起来"。综合来看，目前乡村振兴主要有两种模式：第一种模式是依托乡村的地理环境、传统农业优势大力发展第一产业，例如在有大量水田的地方开展"虾稻共生"的新型种养模式，诸如此类的还有草莓、葡萄等水果的种植等等。第二种模式是大力发展旅游业，近几年特别红火的"农家乐""乡村游"便是这种模式的集中体现。而种类繁多的乡村旅游又大致可以分为三类：第一类是对于那些有文化底蕴、有存留古建筑的村落，基本上都是在保护的基础上进行开发，于是我们看到了各种各样的古村落，如安徽的西递、宏村等；第二类是那些相对没有保存较好的古建筑的村落，一般都是直接建设新农村，一排排"农村小洋房"拔地而起，整齐的街道、完善的设施，俨然城市里的别墅区，这种形式通常叫做"新农村"，在这里似乎很难寻到古建筑；第三类是既没有古建筑，又没有家家户户建造小别墅的村子，那就发展种植业、养殖业，并以此形成旅游产业，从而带动农民致富，例如各地建的"薰衣草花海""油菜花海"之类的。

对于目前已经被保护并开发的古村落来说，再谈古村落的保护似乎显得有些多余。然而对于中国千千万万的村落来说，被保护和开发的村落只能用凤毛麟角来形容，其他的村落犹如蒙尘的珍珠散落在中国广袤的大地上。中国有着五千多年光辉灿烂的历史，在我们的国门被坚船利炮打开之前，我们传承的都是农耕文化，而农村就是农耕文化最重要的依托，所以绝大部分村落都有着它的历史，都能看到其残存的古建筑以及古建筑蕴藏的传统文化，这就是我们为什么要不断地呼吁社会保护古村落的原因。

（二）古村落保护政策

古村落的保护是一项浩大又复杂的工程，它需要政府、社会和个人的共同努力。2008 年 4 月，国务院发布了《历史文化名城名镇名村保护条例》，该条例指出，历史文化名城、名镇、名村应当整体保护，保持传统格局、历史风貌和空间尺度，不得改变与其相互依存的自然景观和环境。在历史文化名城、名镇、名村保护范围内从事建设活动，应当符合保护规划的要求，不得损害历史文化遗产的真实性和完整性，不得对其传统格局和历史风貌构成破坏性影响。这部条例作为古村落保护的纲领性文献，具有很强的指导作用。2019 年，住房和城乡建设部修订了《历史文化名城保护规划标准》，这部文件的修订让历史文化名城的保护有了更强的操作性。

安徽南部的绩溪、歙县、黟县、祁门、休宁五县在宋朝时都属于徽州[7]（古徽州有六县，还有一县为现今属于江西的婺源），这里自古物产丰富，尤以文房四宝中的纸、墨、砚最为著名，同时由于徽州多山，处于山区的徽州人民仅靠种地无以生存。《徽州府志》记载："徽州保界山谷，山地依原麓，田瘠确，所产至薄，大都一岁所入，不能支什一。小民多执技艺，或贩负就食他郡者，常十九。"这些以儒家文化来指导经商的徽商们，吃苦耐劳，勤俭节约，不断发展壮大，致富后回报家乡，大兴土木，建祠堂、造牌坊，留下了精美绝伦的徽派建筑。由于安徽存在大量的古村落，早在 2004 年，安徽省就出台了《安徽省皖南古民居保护条例》，黄山市也出台了《黄山市古村落保护利用暂行办法》，用来保护徽州的古建筑。在政策的指导下，安徽省的古建筑保护工作取得一定成果，西递村、宏村、棠樾村、唐模村以及我们前往的江村等古村落风景区涌现，走进游人的视野，带来旅游价值。

2019 年 6 月，为适应新形势下古村落保护的要求，安徽省住房和城乡建设厅下发了《关于进一步加强历史文化名城名镇名村街区及历史建筑保护工作的意见》，要求加强对历史文化街区资源的梳理，加快推进历史文化街区挂牌工作，依法推进制定历史文化街区保护规划编制。保护古建筑，我们一直在行动。

（三）古村落保护中出现的问题

近年来，古村落的保护得到重视，各地古村落的保护一拥而上，在一片热火朝天中也出现了一些乱象。

1. 入选传统村落名录的标准不统一

目前，对于传统村落名录的评审机制还不完善，入选标准不统一。由于入选传统村落名录会给乡村带来资金支持，很多乡村不管实际情况，虚报甚至假报，争着抢着要入选传统村落名录。

2. 过度开发带来的严重破坏

一些村落入选传统村落名录后，进行大拆大建，缺乏科学的指导，有时候为了保留一个重要景观，而拆除附近的其他大量民居，使这样的景观成了"无源之水，无本之木"。

3. 传统村落中建筑产权不明确

传统村落中建筑产权不明确，农村宅基地产权买卖和转让受限制等情况与传统村落保护之间存在冲突，加大了保护和利用的难度。

4. 随意改建或遗弃古村落

随着城镇化速度的加快，城镇化水平越来越高，同时也意味着村落里的人口越来越少。由于现代生活水平的提高，旧时的村落已无法满足现代人的生活需求。有些人在原来的建筑上直接改造，例如拆掉原本雕刻精美的木窗，换成洁白的铝合金窗，使得这些古建筑显得"不伦不类"。有些人直接住进了城市的新房中，原本的老宅子在风雨中自然坍塌。

（四）古村落保护的对策建议

古村落的保护需要政府和社会各界人士的努力，目前关于古村落保护的研究有很多，也有专门的古村落保护研究的论坛，大批社会学者、政界人士都投入到古村落保护的研究工作中，但总体来看，这些研究存在着大量的重复性，也较为散乱，不成系统。建议政府尽快实施传统村落保护利用工程，高瞻远瞩，战略性部署古村落保护工作。安徽省人民政府出台的《关于推进乡村振兴战略的实施意见》中提出，要实施传统村落保护利用工程，完善传统村落名录，开展农村传统建筑挂牌保护，建立保护利用监管机制。结合乡村振兴战略，我们提出如下古村落保护的相关建议。

1. 尽快实施传统村落保护利用工程

（1）成立专业的古村落保护团队

打仗先要招兵买马，启动一项工程，首先要甄选出团队人员。古村落保护团队成员首先要有政府的高级官员参加，方便与地方各个村镇对接开展工作；其次，需要专业的建筑学人才，能够实施实地测量、绘制工作；再次，需要专业的石雕、木雕和石雕匠人，负责研究徽州"三雕"，进行复制和还原工作；此外，需要大量的计算机专业人员，负责将收集到的资料数据化；最后，需要其他人员，负责各项杂务工作。

（2）各方面筹措保护资金

俗话说："兵马未动，粮草先行。"古村落的保护需要大量资金投入，除了政府拨付专项资金用于古建筑外，也可吸纳社会资本进入。例如，对于某些可以开发成旅游景点的古村落，可以以融资的方式让社会资本进入，修复完成后交付给出资方经营。

（3）完善传统村落名录

组织人员赴各乡镇村实地调研，根据调研结果，制定传统村落入选标准，建立传统村落名录，并分门别类地进行整理。根据古村落的现存状况可以大致将其分为四类：一是已经完全被开发成旅游景区的村落；二是保存较为完好具有开发价值但并未被开发的古村落；三是不具备开发价值，但村落中的少量建筑具备较高的保护价值；四是已经不存在古建筑的传统村落。

（4）采取保护措施

对于已经完全被开发成旅游景区的村落，有些村落因为开发较早，较完整地保存了古建筑，这部分古建筑有极大的研究价值。建议利用现有的科技水平，对这些保存较好的古建筑进行测绘、建模、3D复原，保存最完整的资料。另外，对于工艺精湛、精美绝伦的徽州"三雕"要进行图像采集和研究。

对于保存较为完好具有价值但并未被开发的古村落，在专业修复的基础上可以寻找投资方共同进行开发，在获得保护资金的基础上给乡民带来收入。

对于不具备开发价值，但村落中的少量建筑具备较高的保护价值的情况，我们建议对需保护的建筑进行修缮，并挂牌进行单独保护。

（5）培养古建筑研究专业人才

提到古建筑研究，就不得不提梁思成，他毕生致力于中国古代建筑的研究和保护，被视为是中国古建筑学科的开拓者和奠基人。我们需要更多的"梁思成"。目前国内开设古建筑研究专业的高校非常少，对于徽派建筑的研究更是少之又少，我们呼吁更多高校开设古建筑研究专业，让更多对古建筑研究感兴趣的人真正加入古建筑的保护行列中来。

2. 推动实施徽州文化保护工程

如果把一个村落比作一个人的话，村落中的建筑是这个人的身体，而建筑所承载的文化就是这个人的魂，一个没有魂魄的人那叫行尸走肉，一个没有了文化的村落也就失去了传承的意义，只留下供人欣赏的美育价值。

我们所倡议实施的"徽州文化保护工程"与"传统村落保护利用工程"其实是一个硬币的两个面。"传统村落保护利用工程"侧重于传统建筑的保护、修复和利用，而"徽州文化保护工程"则侧重于徽州文化的发掘、整理与传承。

研究古村落主要包括两个方面，分别是自然环境和人文背景，其中自然环境毫无疑问是指古村落中的建筑以及建筑上的装饰，具体就是指徽派建筑和徽州"三雕"，这部分能被人看到，也容易被重视和保护。而人文背景，更容易被忽视。古村落的人文背景主要包括三个方面，一是人物事迹，二是社会结构，三是民风民俗。我们研究的渠道主要是地方志、家谱以及人们口口相传的远古轶事。

（1）研究古村落的人物事迹

研究古村落的人物事迹，主要涉及生活在村落中的那些历史上有影响的人，以及与他们相关的事迹和著作。比如我们去的平垣村，我们只了解到该村是宋朝赵氏兄弟为了躲避战乱到此地建立的，是否有更详细的历史，我们不得而知。平垣村与中国千千万万的普通村落一样，它们的历史或者需要我们更深入地走访和挖掘，或者已经永远湮没于时间的长河中。与平垣村截然不同的是江村，这里的江氏宗祠存有宗谱、字画，为我们研究先辈们提供了较为翔实的资料，明清时期，江村出了进士18人，文举人42人，武举人4人；民国初的十年间出学士、博士17人，知名人物有唐侍御史江全铭、清代医学家"人痘接种法"发明者江希舜、著名数学家江泽涵、民国安徽省代省长江绍杰等。这些人物都是江氏族人的骄傲，同样也是中华民族的优秀人才。

（2）研究古村落的社会结构

研究古村落的社会结构，主要是探索在村落这样的小社会里，过去的村民如何实现自治，如何运作村落集体经济[8]。小的如平垣村，这里不同于泾县其他村落常常一村一姓或一村两姓的情况，反而是赵、左、查、万、陶等姓杂居，但民风淳朴，和谐团结。这样的杂居村落在古代是如何实现自治的？他们的文化根基又是什么？这些都是我们需要进一步探索的问题，回答了这些问题也更有利于了解我们的民族文化。与平垣村不同的是，江村以江姓为主，就如周斌学者研究的河阳古村落朱氏一族、周志雄等学者研究的张村张氏一族一样[9]，都是一个姓氏发展出来的一脉相承的大家族。这些大家族的治理有共同的地方，也各有各的特色，这也是我们需要研究的文化。

（3）研究古村落的民风民俗

古村落的民风民俗，有的见之于家谱和地方志，有的现在还存活于当地村民的日常生活中。近年来，发掘出很多的民风民俗，申请世界非物质文化遗产进行保护和传承，当然，更多的是普通的、没有被重视的，例如徽剧、青阳腔等戏曲。

（4）宣传古村落文化

现在很多的古村落可以说空有其表了，其内涵的文化早已不知所踪，同时，因为失去了文化认同感，越来越多的人选择离开农村。文化是灵魂。我们的"徽州文化保护工程"不仅仅是学者研究的对象，更是哺育人民的养分。我们整理的文化需要传播，需要让广大的人民知道其根所在，有了文化的牵绊，很多人甚至会选择返回农村居住，这才是古村落保护的根本意义所在。

3. 探索共建"古今合璧"的村落

在古村落的走访中，有一座中西合璧的民居，在前面关于建筑装饰以及其承载的文化的论述之后，我们继续探索古村落的"古今合璧"发展问题。

现在很多学者提出的观点，大多倾向于开发成旅游景点。于是，越来越多的村落入选传统村落保护名录，开发成为景点，于是我们似乎看到了千篇一律的景点，似乎每个古镇每个古村落都差不多。热情过后，我们会反思，差异在哪里？差异就是文化。

于是，在实施"传统村落保护利用工程"和"徽州文化保护工程"的基础上，我们提出探索建立"古今合璧"的村落，这样的村落不仅仅是还原古建筑的外貌，更是要还原古建筑的灵魂。

对于那些外观和内部陈设都保存较好的古建筑采取原封不动的保存方式，这部分建筑成为"原始建筑"，对于附着在"原始建筑"周围的其他建筑，不能仅仅千篇一律地建成商铺，而是要在了解村落文化的基础上还原当时的情形，建成"古今合璧"建筑。从外观上来看，"古今合璧"建筑要求还原建筑的原有风貌，如徽派建筑的粉墙黛瓦、大屋脊吻、雕花门窗、走兽飞檐。而建筑内部在满足现代人基本生活条件的基础上，最大限度地还原原始的屋内状态，如"左瓶右镜"的中堂摆设等。这些"古今合璧"建筑可以出售或出租给喜欢徽州文化的"村民"，要求是入住期间成为该村落的村民。

"古今合璧"的村落还要还原某个时间段内的生活情形，模拟相关的生活场景，让"村民"参与，并真切地感受文化的魅力。

"古今合璧"的村落计划更适用于那些只有少数古建筑需要保护的村落。

4. 建立古村落保护的长效运作机制

古村落的保护不是一蹴而就，也不是一拥而上的，而是需要我们长期的努力和坚持。希望有关部门能够将古村落的保护放到百年甚至千年的维度来考量。

当今科技飞速发展，中国经济跨越式腾飞，随着乡村振兴战略的实施，中国广大的农村也将迎来新的春天。乡村振兴战略中提到要实施休闲农业和乡村旅游精品工程，建设一批设施完备、功能多样的休闲观光田园区、田园综合体、森林人家、康养基地、乡村民宿、特色小镇。我们的古村落保护要立即行动起来，做好长远规划，抢在大拆大建之前将需要保护的村落保护起来。

（1）制定古村落保护长远规划

习近平总书记说："推动乡村振兴，要规划先行、精准施策。"古村落保护也应如此，好的规划筹谋全局，事半功倍。规划应将"传统村落保护利用工程""徽州文化保护工程"和"古今合璧"计划结合起来，通盘考量，在时间维度上区分工作重点，如，第一阶段调研，第二阶段数据化，第三阶段制订保护和开发方案，第四阶段实施方案，第五阶段成果维护等。

（2）多部门协调，联合立法

在古村落保护的过程中涉及农村宅基地的权属问题，涉及农民切身利益的保障问题，这些如果不解决，则古村落的保护将无法进行。因此古村落的保护需要多部门进行协调，并从立法的角度进行规范。

（3）建立一支长期管理古村落的队伍

古村落的规划和保护完成后，仍然需要一支管理的队伍进行长期的运营和跟踪，而不是放任不管。

五、结语

平垣的美，美在它的朴实无华；江村的美，美在它的庄重典雅。中国的村落千千万，各有其美。我们都有一双欣赏美的眼睛，让我们一起欣赏来自古村落的美。

乡村振兴是为了让农村农业发展起来，而不是去破坏原有的村落，但旧的事物和新的事物总是会存在这样那样的矛盾。俗话说："只要思想不滑坡，办法总比困难多。"是的，只要我们始终秉持"不忘初心"的信念，保护古村落，保护我们来时的路，才能发展古村落，坚定地走好未来的路；才能保护好古村落的同时，打好脱贫致富这场战役。

参考文献

［1］曾意丹．福州古厝［M］．福州：福建人民出版社，2002：1-2．

［2］赵祥龙．泾县不该被遗忘的古村——黄村镇的平垣村［EB］．新浪微博，2017．

［3］方光华．宗族文化的标本：江村［M］．合肥：合肥工业大学出版社，2005：56-58．

［4］巍然．徽派古民居和楹联文化［J］．城乡建设，2017（22）：66-68．

［5］金宇，周小儒．从徽州建筑的天井看徽商的人文情怀［J］．美术大观，2008（2）：128．

［6］吴艾怡．探究徽派建筑元素"马头墙"的风格特征［J］．美与时代（城市版），2018，755（6）：38-39．

［7］肖建新．方志史上的细节关注与史实还原——《新安志》编纂历程考辨及其意义［J］．江西社会科学，2007（6）：112-115．

黛瓦粉壁马飞扬，彩云欲逐梅花香

—— 探寻徽派建筑中蕴含的思想政治教育素材

摘　要：徽派建筑是古徽州代表性的优秀传统文化之一，是安徽省标志性文化形象和知名文化品牌。本文梳理了徽派建筑形成历程，实地考察徽派建筑的人文传承，探寻徽州文化深厚沉淀，以大学生体验式教育为视角，探讨徽派建筑理念所蕴含的价值观，发掘徽派建筑中蕴含的思想政治教育素材，引导大学生深刻理解社会主义核心价值观的价值源泉。

关键词：徽派建筑；传统文化；社会主义核心价值观

一、研究背景及意义

古徽州是指包括歙县、黟县、祁门、休宁、婺源、绩溪六县在内的地区，这里多山少地，人口众多不易生存，人们不得不外出经商，徽商致富后返回家乡大兴土木，建造民宅、宗祠、书院等，形成了大规模的徽派建筑[1]。

徽派建筑建造体系完整，布局依山傍水，构思精巧，自然得体；祠堂、牌坊、书院与雅致清爽的民居相得益彰；蓝天、绿树、青山与一湾碧水绕着粉墙黛瓦的徽派建筑，结合徽州浓厚的文化气息与本就自然清雅的山水，形成一幅立体的水墨中国画。徽派建筑整体静美与温文儒雅的气质让人的心超然般地宁静与淡然。

通过对徽派建筑所蕴含的价值观梳理，探寻徽派建筑的人文信息，了解民众祈求及社会形成过程，引导大学生深刻理解社会主义核心价值观的价值源泉。

二、徽派建筑及其蕴含的价值观

徽州村镇的形成，大都是随着地形和道路逐步发展的，形状很不规

实践团队成员：刘丽丽、宋奔、钱昊、张雪纯、孙琦、黄杰、范翔、祖琨奥。

指导教师：代永建、程萌萌、何美。

则。村落建筑大都具有古木、清溪、小桥、石路、方亭、古塔等景物。粗壮苍劲的林木，掩映着古老的凉亭、屋宇和宝塔，把整个村落衬托在山光水色之中，构成了一幅幅美丽的画面。

（一）传承"上善若水"水文化精髓

水是徽派古村落里最不可缺少的一环，"八山半水半分田，一分道路和庄园"。歙县《桂溪项氏族谱》中有记载"西南诸山，林壑深茂；前后文笔峰，层峦拥翠，溪流环绕"[2]。从自然地理和历史文化区域分布状况看，古徽州主要有漳水、率水、横江、渐江、丰乐河、扬之水、富资水、练江、新安江整个水系汇入富春江，钱塘江入东海，又有婺江、阊江水系西注鄱阳湖入长江。除此以外，还有梅溪、麻川河、徽溪、乳溪、杨溪等北向流经青弋江等水系而注入长江。

走进任何一座徽州古建筑，在门外或者院里，我们总能看到很多蓄水的地方，这引发了我们的感想：人往高处走，水往低处流。人往高处走，说的是让人争取进步，以达到比目前更好的目标和过上更好的生活；水往低处流，则少有人细细品味和研究。老子在《道德经》里写有"上善若水，水利万物而不争"，说的是人们在追求个人修养和较好的行为方式时，应以水的柔性、包容、甘留卑下、滋润万物而不争等特性作为参考与参照，并达到这样的境界。"上善若水"则被许多立志修善心性的文人墨客和追求最高境界善行、心境平和、包容万事的志士奉为座右铭。

当下，我们推崇和谐社会、和谐环境、和谐人际关系，在构建和谐的过程中，水的特性对我们加强个人修养、树立个人言行准则、处理所在环境的人际关系等，都会有所启发。"善"是善良、善好和友好的意思，也有特长、擅长、容易的意思，当然，也有平和的意思。"上善"则可以理解为喜好的、较好的行为方式，以及达到最优境界的意思，而老子提出的"上善若水"则提示人们应该追求包容一切的"水"性，并把平和包容、坚韧不拔的境界作为一种终生的追求。

水滴石穿、勇往直前，则是作为当代大学生所应具备的品格。在中国不断融入世界、世界不断走近中国的 21 世纪，每一个大学生都应培养新的理念，形成新的作风，必须具有坚韧不拔和兼顾各方面的素质，依靠自身特点，妥善处理各种问题与矛盾，在追求"上善"中，用"若水"的方式达到修身的目的。

（二）传承宗祠文化中"笃学立业"思想，发扬奋斗青春的精神

在皖南古建筑群中少不了的当然是在一群精致的房屋中巍峨严肃的祠

堂[3]，宗祠在古代徽州人眼中是最神圣的地方，长辈对晚辈的谆谆教诲也是在这里完成的。因此，这里承载了千百年来徽州教育兴家的思想，也是广大学子们最应该学习的地方，其中包含的"立德笃学"的思想对当代大学生有重要影响。黟县商人作为徽州商人[4]的一支劲旅，自明代起，凭借经商积累的雄厚资本，在相对闭塞的家乡创书院、筑园林、建住宅、置庙祠。其中，屏山古村、卢村木雕楼以及造型精美的关麓"八大家"老宅，实为徽州古民居中的精品。这些房屋建造者，不仅在白色墙体的顶檐下方，沿脊线描绘水磨砖状的墨线条纹，还在墙体的纵横交汇墙角处、最下四个正面以及门窗上方点缀一些清秀简练的水墨画，黑白分明，韵味无穷，将徽派建筑的淡雅朴素之风展现无遗。

走进庄严肃穆的祠堂，我们想到了孝道的传承与发扬[5]，中华民族历来重视孝道，"忠孝仁义"是中华民族传统文化的核心。祠堂是以家族为单位传授孝道的重要场所，这里的"孝道"包含"生孝"和"追孝"。"生孝"主要指赡养父母和尊敬长辈；"追孝"实际上是对"生孝"的延续和扩展，是对已故祖先的祭祀。

随着传统文化的复苏，祠堂在当代纷纷兴建起来。祠堂的兴建，从某种意义上来说，不仅是传统文化的回归，而且是现代人们的精神诉求。祠堂文化传承的自觉在于其与周围环境的适应，只有立足于本土文化的精神追求，使人们感到生活的和谐自然，祠堂文化传承的价值才能得以彻底实现。

徽派建筑再现了徽州社会的历史，可以说是一本厚重的人文书，其内质含蓄而饱满。如果你心怀闲情走进村落，静静地穿过几户人家，浓厚的文化氛围会很快紧紧地包围你，使人真正领悟到自然与艺术的完美结合、高雅与乡土审美的高度一致。民居的坐落和排列，讲究依山造势与街巷宁静平和的气韵变化，讲究院墙排列的错落感与点缀效果，讲究园林、中堂、亭院的风雅与古井、卵石、杂树的乡土气息。"云树村边合，山上画里居。"徽派古建筑无意中实践着"中国画"的构图技法，有着极强的感染力和震撼力。

（三）领悟"天人合一"的和谐发展观

徽派建筑是中国古建筑最重要的流派之一，是人文景观与自然景观高度和谐统一的典范。中国传统文化的特点是"天人合一"，徽派建筑追求的也是"天人合一"，这里的"天"既是自然的，也是人文的。徽州为山冈丘陵地貌，溪流水塘遍布，民居多借助山水格局，依山傍水而建。白墙青瓦马头墙，绿水青山蔚蓝天，大自然与建筑完全融为一体[6]。作为传统的建筑流派，徽派建筑一直都保持着集古雅、简洁、富丽于一体的独特艺术风格。徽派建筑是天人合一的完美体现，所谓"天人合一"，就是《庄子·齐物论》中"天地与我并生，而万物与我为一"的观念。徽州古建筑村落选址非常注重地形地貌、水土质量等因素，甚至把建筑选址看作是"相宅卜人"，认为良好的居住环境有利于人丁兴旺。"天人合一"的和谐观念，不仅体现在对理想居住环境的选择、改造，同时还体现在对村居生态环境的保护上。清代乾隆年间，一些人开挖山体，影响村居生态环境，乡人出面制止，并上书县衙发布告示禁止。徽州人普遍爱护山水名胜，史料中就有祁门善和里宗族[7]要求"各家爱护四周山水，培植竹木，勿剪勿伐"的记载。徽州人还将"山川名胜"与"祖宗血脉"联系起来，把尊祖与尊重自然相统一，家族伦理与生态伦理相结合。

进入 21 世纪以来，从"和谐社会"到"和谐世界"再到"生态文明"以及"人类命运共同体"，所有理念的提出无不彰显着"和谐"对于人类生存发展的重要意义。以徽派建筑"天人合一"思想为代表的国学思想旨在宣扬中国传统文化，尤其是对于当代大学生来说，生活、学习与工作之间存在诸多矛盾，其矛盾的解决归根到底是要实现"天人合一"，这也是人类文化的实质。东西方文化在解决人与自然关系时开出不同药方，"风物长宜放眼量"是我们对待东西方文化应有态度。这种"天人合一"的思想是以儒家思想为主干，融合了道家、释家等诸家的思想为一体的经世之学，遵照国学对自我实现的规划，达到人自身、人与人、人与自然和谐的高明境界。

徽州人这种"天人合一"的和谐观念，使得人与自然和谐共处，使得人居建筑处于良好的生态环境中，因此，"天人合一"的和谐观是徽州古建筑的灵魂。

（四）领悟"四水归堂"的大局意识

古往今来，智者择居常为山通水绕、藏风纳气之地。四水归堂[8]，作为中国代表性古典建筑风格之一，更在世界建筑史上写下了浓墨重彩的一笔。四水归堂是徽派建筑的主要特征之一，体现大局意识。在中国传统哲学理论中，天井和财禄相关。经商之道，讲究以聚财为本，造就天井，使天降的雨露与财气聚拢。四水归堂，四方之财如同天上之水，源源不断地流入自己的家中。四水归堂，聚水、聚财、聚福气，可谓"四季财源滚滚、四面八方来运"。

徽派建筑的天井[9]数量多。徽州人也有大家庭的传统，成了家一般不另立门户。因此哪家公子娶了媳妇，将要添加的就不仅是儿孙，还有房屋，甚至还有天井。在老房子边上添新屋，和老房连体，却自带天井，形成单体多井组合庞大建筑。一套大户人家的老宅里，可以有许多天井，据说有"三十六天井""七十二天井"的豪门大宅。徽派建筑的天井尺寸小，即便是西递、宏村里的大户人家，也很少见三开间、五开间的大天井，大都是和厅堂一般十来米宽，如宏村的承志堂这样的大宅子也配着非常窄小的天井。徽州人盖房子墙都不低，动辄数仞，不仅能防君子，也能抵挡小人，要是有人来探访吃了闭门羹，连窥视院内的机会都不会有。

高墙的功用无须细说，而天井小的缘由则很让人纳闷。天井小，再加上围墙高日照就少，多半会阴暗潮湿，可看见的天也就小。不缺钱不少地，非要让自己坐在阴森潮湿的窄井里观小天，徽州人的日子，看来很值得一品。这种小而阴暗潮湿的天井，给徽州人的日子增加了许多滋味。向当地村民打听后得知，原来在炎热的夏日，高墙遮住了直射的阳光，还顺便把热浪挡在墙外；天井四周内斜的屋顶，体现了雨水不流外人田的智慧，也捎带着保持了天井内的湿润，不经意间还能在夏天使这份湿润转换成可人的清凉；墙高井窄，并非刻意的烟囱状，形成由里往外的自然吸力，加速屋内空气向外对流，有如天然的空调，供人享受穿堂风的凉爽。据说徽派建筑的这种个性十足的透气功能还被视为徽派养生秘诀，是徽州人长寿的秘诀之一。此外，这高墙小天井的功用还远不止这些。徽州商人出差通常不带家眷，且徽州女人多水灵，能让徽商安心在外经商的，莫过于"后院"安妥。为此，徽派建筑的天井功不可没。围着小脚女人的高墙小天井，给徽商不仅带来了家庭的安稳，也带来了强盛的商业竞争力，带来了财富。

天井下的厅堂是会客、请宴、议事、聚会等活动的地方。徽州人当时身居异乡经商、为仕，对家人的牵挂、担忧，产生了祝福"平安"的寓意，厅堂就是实用性与寓意性相结合的产物。因此，厅堂就形成了民居中最重要的功能所在，而厅堂内的陈设也因功能和寓意而形成了一种特有的程式化布局：东平（瓶）西静（镜），正中摆长鸣钟。取其谐音，寓意天下太平，徽州人就称为"终身平静"。徽商在这既隐秘又敞亮的天井旁的厅堂进行商业筹算，屡次成功的心理暗示，把天井的水流象征为财源滚滚，因此四水归堂和"肥水不流外人田"的寓意就成了商人聚集财富的文化观念。四水归堂的天井形式和"终身平静"的厅堂陈设，由于多场合长时间的使用，它竟成了一种不可僭越的规定而一直沿用到今天。

（五）"粉墙黛瓦"的生态观所包含的美育价值

如果说"天人合一"的和谐观是徽派建筑的灵魂，那么"四水归堂"的大局意识应是徽派建筑的内涵、功能寓意的一大特征，而"粉墙黛瓦"[10]就是徽州古建筑外在美的又一大特征。粉墙黛瓦散布于青山绿水中，白墙黑瓦马头墙的韵律，静中有动，组成了立体的富于变化的景观，在星罗棋布的粉墙黛瓦中，人居空间则散发出浓郁的文化气息，非常耐人寻味。陈列抓住并利用徽州古建筑的元素符号，作为切入点，加以充分夸张运用，使得它贴近于历史、贴近于实际、贴近于生活，从而完美地表现了陈列主题的内涵。

这种美轮美奂的景象，让我们在游览参观的过程中赏心悦目、心情愉悦，进而滋生出对大自然和周围的事物深沉的爱意。在现代大学生教育中，美育教育是不可或缺的一部分，美育的作用[11]和意义在于提升人的精神境界，使人进入一种超越自我、超越功名利害生死的境界，获得终极幸福。美育就是情感教育，其作用在于陶冶人的情感，使人的情感转弱为强，转薄为厚，给人的高尚行为以推动力。美育对人能起作用在于美具有普遍性和超脱性。美育还能够弥补科学的概念性、抽象性、机械性，使人生丰富而有意义。美育具有自由性、进步性、普及性，能给人的情感以抚慰，使人的心灵纯洁高尚，给人类以温情的精神家园。

徽州的山美、水美，古代建筑更美。徽州的古代建筑虽历经了数百年的岁月风霜，变得那么斑驳，那么凝重，而"天人合一"的理念，"四水归堂"的天井，"粉墙黛瓦"的马头墙，建筑构件的"三雕"，其所承载的中国传统文化的内涵，向人们传递的社会历史信息，却是人类文明前进中一份不可多得的、永恒的宝贵财富。

三、徽州古民居对现代建筑的借鉴和影响

（一）改善整体气候，追求生态平衡

徽州民居与村落里，有风、水、林等可以改善村口的微气候，保护村子的生态环境，并且周边的山林植被，可以成为村落的自然园林，同时也是村民孩童娱乐休闲的场地，其对现代建筑的影响可以说是具有指导意义的。

（二）水资源的长期利用

勤劳朴实的徽州人懂得珍惜大自然的馈赠，一条清澈的水道便是生活

用水的全部源头，他们从来不会无节制地过度汲取，从不会在河水中排放超出河流自净能力的废水。这是一种胸怀，更是一种智慧，那源源不断流淌的水流包含的是数千数百年徽州人的感恩之心。相比而言，现代建筑的排水系统，我们是否做得远远不够？多少设计不合理的管道，多少无良开发商的偷工减料，是否就是当今地下水污染的罪魁祸首？淡水资源的日益减少，子孙后代的用水问题，无一不警示我们改变心态，改变态度，改变策略。

（三）传统的设计元素应用与现代建筑设计

今日的城市特色是在历史特色中成长发展起来的，未来的特色又要从今天向前延伸。现在许多酒店、餐厅为了体现浓烈的文化气息，在建筑设计中加入了许多传统的元素，当这些传统元素应用于当代建筑设计时，是对古代中国灿烂文化的传承。

然而，这些装饰元素要通过何种方式为当代所借鉴，同样是我们今天研究徽州古民居的重要出发点。

实践小组认为，在继承徽州传统民居装饰元素的优良品质的同时，更要与各地的地域环境相适应。需要做的不仅仅是继承传统的精华，更要做的是转换运用，提取元素的有机结合，结合新材料、新技术、新观念来感悟我们悠久的历史文化，设计出更符合当代社会提倡的低碳、环保的现代建筑。

经过研究，我们了解到将徽州古民居装饰元素[12]应用比较好的有北京首都博物馆、曲阜阙里宾舍的装饰纹样设计，还有苏州博物馆。我们实地走访了苏州博物馆，颇有收获。由著名的华裔建筑师贝聿铭设计的苏州博物馆，有把建筑屋顶设计为使用精确的几何形组成的多面坡顶的巧妙，有把传统徽州建筑顶部的屋脊装饰和檐口下的斗拱转化成当代新的建筑构造技术钢结构，有传统建筑中椽子的演变，以及最具徽州特色的粉墙黛瓦、园林亭榭，这些应用让苏州博物馆与周围建筑在整体上实现了协调统一，也让苏州博物馆有了传统的宁静与现代建筑的干练与简洁。

四、徽派建筑中蕴含的价值观的文化传承

徽派建筑构造设计装饰的每一处都饱含着传统文化因子。为避免一家失火殃及全村而诞生的具有防火功能的马头墙、防湿避寒的开线砖及寓意"肥水不流外人田"集通风采光于一体的天井等设计理念无不体现出徽派

建筑的实用理念。作为封建时代的产物，徽派建筑整体也深受阴阳太极八卦的影响，包含五行相生相克的自然规律。如前文提到的宏村，其整体布局似牛肚，里面的水系是按照牛肚的消化路径而设计，既尊崇了风水伦理，又满足了人们避凶就吉的心理，表现古先民们敬畏自然、尊重自然法则的特点。而徽州古人营建房屋之时，依山而建，就近开山采石，以最经济的投入来做繁重的营建房屋之事，这也是广大老百姓的心里的"实用生态经济学"，是追求"天人合一"和"物我一体"的直接体现。

从徽派建筑的祠堂文化中我们可以感受到廉洁的正德之风。祠堂对人的精神教化一部分源于以宗族为核心的社会基础，而另一部分则是以儒学为核心的思想基础。祠堂、民居等建筑或多或少可展现其包含的内涵，它的营建严格遵守宗法与礼制，同时受儒家道德规范的掌控，给人正气凛然、严肃刻板的空间形象。在思想的传播上，祠堂是弘扬儒家伦理道德的重要载体，无论是匾额楹联，还是碑文谱牒，都以儒家道德为主导内容，尤其以孝悌、忠义、廉节为其核心。孝悌以敬祖、忠义来约束族人，而廉节则是修身之本、经商之道。步入商界的徽人在宗族良好的儒家思想教育熏陶下，"讲信修睦""以义为利""甘当廉贾"，向来被冠以"儒商"之名。虽然明代中叶随着徽州商品经济的迅猛发展，拜金主义思想也有所泛滥，浓厚的血缘亲情染上了铜臭之气，所显现出的贫富差异冲击着宗族社会的稳定。但与此同时，祠堂在宗族的教化下广泛建立，宗族长老们通过一系列教化措施，压制世俗风气的盛行，倡导廉洁做人。廉洁之人端正、节俭又富有气节，而祠堂也中正、朴素、高大却不奢侈，甚至连尊祖、敬宗、睦族为族规之主导的宗族谱牒，也转变为以"忠、孝、节、义"等儒家道德为核心内容，并得到世世代代的传播。

祠堂里颂扬功德的牌匾、石碑数不胜数，有"捐资以光大其门闾"的义行，"科甲振作家声"的名誉，以及对于孝行、义行、贞节的表彰等等。宗族之内，赏罚分明，违德者将被施以严惩，务正业、显德行也会加以表彰，这种彰显功德的形式对宗族而言并不是有违族风，而是对祖先的一种回馈，对族人的一种激励。民生问题解决了，宗族精神才能得到拥护，社会才能和谐。无论是儒家"生生自庸"的人生要旨，还是程朱理学所延续下来的奉行社会责任的入世观，其实都是希望家国和睦、民族富强。在这种风气的促使下，徽州族人或勤奋读书以谋官职，或顽强拼搏驰骋商海，功成名就后又将财产用作义行。若是功德能记载到族谱、标榜于祠堂，在族人看来这是光耀门楣、行孝于祖先的一种体现。

同时，徽派建筑的设计也不可避免地受着封建传统家庭伦理文化的影响而强调一种尊崇思想。在居住的空间上，信奉儒家传统文化的徽州人将长辈都安排在最核心、最主导的位置上。一般院落当中，中轴上都供奉着祖宗的牌位，然后接着的左厢房给最老的长者住，右边的给父母居住，靠外的才是晚辈的住所。在一个村落也是如此：长者、有威望的人都住在上游，越往下游居住者的身份依次降低。在这样的徽州文化里，虽然强调了长幼辈分的秩序，但是并非把他们隔离了起来，相反，"四世同堂"的现象反而促进了相互渗透，保证了一种良好的尊老爱幼的社会风气。

　　总之，徽州文化处处影响着徽派建筑的设计、构思、布局，指导着徽州的政治、经济、民俗文化的发展。徽派建筑是徽州文化的具体体现，同时也代表着徽州文化的发展趋势与潮流，徽派建筑每一处无不隐藏着更深层次的精神文化内涵。它们没有具体的形状，却深深影响着从古至今的人们。我们充分领略到了徽派建筑的美，青瓦白墙、山环水绕配合徽州儒韵，宛若一幅水墨中国画，领悟徽派建筑理念所蕴含的价值观，我们急需去保护这些祖宗留下来的丰厚财产，为传承中国建筑，弘扬华夏文化而努力奔波。

参考文献

[1] 肖建新 . 《新安志》的区域历史文化研究价值 [J]. 史学史研究，2008（3）：105 - 113.

[2] 赵蓉 . 馆藏《桂溪项氏族谱》解读 [J]. 中文信息，2017（10）：66.

[3] 梁雪，王逢瑚 . 试论明清时期皖南古建筑兴盛发展的原因 [J]. 大众文艺，2012（6）：300.

[4] 王世华 . 徽商研究：回眸与前瞻 [J]. 安徽师范大学学报（人文社科版），2004（6）：631 - 643.

[5] 胥文玲 . 家族教育的历史传承——以闽北家族祠堂为例 [J]. 福建论坛（人文社会科学版），2011（12）：134 - 138.

[6] 金樱 . 论天人合一的徽派建筑和谐美 [J]. 艺海，2011（12）：177 - 178.

[7] 沈昕 . 宗族联姻与明清徽州地方社会——以祁门善和程氏为中心 [J]. 安徽大学学报（哲学社会科学版），2009，33（6）：125 - 129.

[8] 蓝雨 . 四水归堂：耕读历史的文化缩影 [J]. 上海房地，2013（12）：59.

［9］林辰松，戈晓宇，邵明，等．徽派建筑中天井设计的功能及原理研究［J］．建筑与文化，2016（7）：178－179.

［10］阴敏．粉墙黛瓦下的设计美学——苏州园林院墙的设计美［J］.江西建材，2016（12）：223－223.

［11］张正江．蔡元培论美育的作用和意义［J］．涪陵师范学院学报，2005，21（6）：154－158.

传承"三雕"优秀传统文化
践行社会主义核心价值观

摘　要：中国优秀传统文化博大精深，是世界文明中浓墨重彩的一笔，更是中华民族生生不息并不断发展壮大的智慧与力量的源泉。因此，在新的发展形势下，探究优秀传统文化的当代意义，对构建社会主义核心价值体系并实现文化强国的目标具有十分重要的意义。本文运用历史分析法、比较分析法、文献收集法以及问卷调查等方法，按照历史逻辑对中华优秀传统文化追根溯源，研讨皖南地区优秀雕刻艺术"三雕"——石雕、砖雕和木雕，力图探究社会主义核心价值观与中华优秀传统文化的内在关联，且在二者的内在关联之中立足当代并把握未来，将几千年来的优秀文化资源与现代价值观念对接，以弘扬中华优秀传统文化，彰显社会主义核心价值观的现代魅力。

关键词：三雕；社会主义核心价值观；优秀传统文化

"中华优秀传统文化中很多思想理念和道德规范，不论过去还是现在，都有其永不褪色的价值。"在文艺工作座谈会上，习近平总书记要求"以古人之规矩，开自己之生面"，在新的时代条件下传承和弘扬中华优秀传统文化，实现中华文化的创造性转化和创新性发展。从传统文化中汲取其精华，嵌入社会主义核心价值观体系，不仅优秀传统文化能得到传承、创新和发展，也能激发其社会教育功能。徽派"三雕"主要现存地为歙县、黟县、婺源三地，本文通过大学生体验式社会实践方式，调研探究徽派"三雕"蕴含的丰富文化底蕴，力图探索中华优秀传统文化与社会主义核心价值观的内在关联，从而更好地实现传统文化的现实教育意义。

实践团队主要成员：刘庆贺、王澄宇、申志洋。

指导老师：孙怡芳。

一、研究背景及意义

（一）研究背景

党的十八大报告提出，积极倡导、培育和践行富强、民主、文明、和谐、自由、平等、公正、法治、爱国、敬业、诚信、友善的社会主义核心价值观。2014年2月24日，习近平总书记在中共中央政治局就培育和弘扬社会主义核心价值观、弘扬中华传统美德进行第十三次集体学习时指出，"中华文化源远流长，积淀着中华民族最深层的精神追求，代表着中华民族独特的精神标识，为中华民族生生不息、发展壮大提供了丰厚滋养"[1]。习近平总书记多次强调"培育和弘扬社会主义核心价值观必须立足中华优秀传统文化"。这说明，党中央高度重视在中华优秀传统文化基础上构建的社会主义核心价值体系。

习近平总书记在北京大学做的题为"青年要自觉践行社会主义核心价值观"的报告中指出，青年是标志时代的最灵敏的晴雨表，时代的责任赋予青年，时代的光荣属于青年。社会主义核心价值观的提出，对当代大学生价值观的培育和践行提出了新要求和新期待，深入学习优秀传统文化并在此基础上加强社会主义核心价值观的学习，对当代大学生的社会主义核心价值观教育具有十分重要的意义。因此，我们就地取材，以徽州"三雕"——石雕、木雕和砖雕为题材深入探讨这一课题。

（二）调查地点

徽州，简称"徽"，古称歙州、新安。徽州一府六县，即歙县、黟县、休宁、祁门、绩溪、婺源，府治在歙县徽城，前四县现属安徽省黄山市，绩溪县今属安徽省宣城市，婺源县今属江西省上饶市。其中歙县、黟县、婺源三县为徽州"三雕"主要现存地，保存也相对较为完整。为了研究徽州"三雕"传承现状，本团队前往歙县、黟县、婺源三县开展调研。

歙县，隶属于安徽省黄山市，古名歙州，位于安徽省最南端，北倚黄山，东邻杭州，南接千岛湖，地形以山地丘陵为主，属于中亚热带与北亚热带过渡区。全县面积2 236平方千米。歙县于公元前221年由秦置县，宋设徽州府，府县同城1400年，是古徽州的政治、经济、文化中心。

黟县，隶属于安徽黄山市，是古徽州六县之一，位于安徽省南端、黄山风景区西南麓，黟县地形以山地丘陵为主，属北亚热带湿润季风气候，四季分明，气候温和。黟县总面积857平方千米，黟县是"徽商"和"徽文化"的发祥地之一，也是安徽省省级历史文化名城。

婺源县，今属江西省上饶市下辖县，是古徽州一府六县之一，位于江西东北部，与皖、浙两省交界，婺源代表文化是徽文化。徽州"三雕"便是发源于此，它是一种地方传统雕刻艺术，是具有徽派风格的木雕、石雕、砖雕三种地方传统雕刻工艺的总称。

（三）研究意义

本团队旨在探寻徽州"三雕"传承和发展现状，对其中的优秀传统文化进行新的解读，并与社会主义核心价值观进行融合，激发其在新时代的活力。

徽州"三雕"是安徽地区的艺术瑰宝，凝聚了古徽州人劳动和智慧的结晶，它的流传离不开徽商这一团体的兴盛，徽商精神中奉公守法、货真价实、童叟无欺、互惠互利等基本道德反映了平等、诚信和友善的社会主义核心价值观；也离不开古徽州匠人精益求精不断创新的精神，这一精神与十八大以来所提倡的"匠人精神"不谋而合。古徽州人在自身经商的成长、社会的关爱与家国天下情怀之间相辅相成，这与党的十八大以来关于推进社会主义核心价值观建设的意旨高度吻合。

在传统文化的视角下实施核心价值观教育，并就近取材，从徽州"三雕"入手，通过揭示"三雕"中传统文化与社会主义核心价值观的联系，使大学生深化价值观内涵的理解和认知，从中汲取营养，形成文化认同和价值认同，自觉践行核心价值观，实现核心价值观教育的目标。

二、徽州"三雕"基本概况及群众认知调研

徽州"三雕"，是指具有徽派风格的木雕、石雕、砖雕三种民间雕刻工艺。"无宅不雕花"，徽州城乡凡有建筑处，均可看到匠师的"三雕"艺术。"三雕"主要用于民居、祠堂、庙宇、园林等建筑的装饰，以及古式家具、屏联、笔筒、果盘等工艺雕刻。

徽州"三雕"源于宋代，至明清而达极盛。明代初期，"三雕"中的木雕便已初具规模，雕风朴素粗犷，以平面淡浮雕手法为主，一般只有平雕和浅浮雕，借助于线条造型，而缺乏透视变化，但强调对称，富于装饰趣味。明中叶以后，随着徽商财力的增强，炫耀乡里的意识日益浓厚，木

雕艺术也逐渐向精雕细刻过渡，多层透雕取代平面浅雕成为主流。

后来清代深浮雕和圆雕更加细腻繁复，更加善于运用镂空；同时构图、布局讲究艺术美感，吸收了新安画派的表现手法，亭台楼宇、人物神兽、花鸟虫鱼等皆玲珑剔透、错落有致、层次分明、栩栩如生，甚至有的图案是在几厘米厚的木板上雕刻出六七个层次，展现了工匠极高的艺术才能，不可谓不令人惊叹。

（一）徽州木雕、砖雕、石雕基本情况

徽州木雕带有明显的尚儒色彩，这种"亦儒亦商"的建筑木雕风格与文人士大夫和徽商的儒家思想有关。正是在徽商和文人士大夫的带动和参与之下，徽州木雕既古拙大气，又灵动雅致，而且还承担了儒家文化的社会教化功能，孝悌、忠义、中庸、及第便成了其常见主题。木雕在"三雕"中数量最多，内容广泛，多人物、山水、花草、鸟兽及八宝、博古；题材众多，有传统戏曲、民间故事、神话传说和渔、樵、耕、读、宴饮、品茗、出行、乐舞等生活场景。

砖雕是在徽州盛产的质地坚细的青灰砖上经过精致的雕镂而形成的建筑装饰，多用于装饰门罩、贴墙牌坊、屋脊上的人字封檐、庭院漏明窗以及隐壁、照壁上。徽州砖雕，历史悠久，雕刻精致，别具一格，名闻中外，其有四美，一美在于瓦当，二美在于门楼，三美在于套兽，四美在于镂窗与照壁。同木雕一样，明代的砖雕图案简洁，以平、浮雕为主。徽州砖雕造型多样，选材和题材都非常丰富广泛，大多数是以人物故事、戏曲图谱、民俗风情、神话传说、吉祥纹饰等为主。除此之外还有花鸟等动物题材，如狮子滚球等。砖雕形象中我们常常可以看到狮子这一动物，在徽州文化中，狮子是一种吉祥的动物，雕刻艺人巧妙地将狮子与徽州砖雕相结合，形象传神，寓意深远。

徽州地处万山之中，石材资源较为丰富，因此石雕在徽州城乡分布很广，类别也很多，石雕艺术十分精美，主要表现在祠堂、寺庙、牌坊、塔、桥及民居的庭院、门额、栏杆、水池、花台、漏窗、照壁、柱础、抱鼓石、石狮等上面。石雕内容多为象征吉祥的龙凤、仙鹤、猛虎、雄狮、大象、麒麟、祥云、八宝、博古和山水风景、人物故事等，主要采用浮雕、透雕、圆雕等手法，质朴高雅，浑厚潇洒。

徽州石雕在题材方面受到了极大的限制，由于其材料为石头，不易进行创作，遇到体积较大的石头时，则更是难上加难。因此，徽州石雕也就没有木雕和砖雕那般复杂，主要以动植物、书法文字等作为题材，山水花

186

鸟、草木虫鱼则是少之又少。徽州石雕在技艺与风格上以浮雕、浅层透雕和平雕为主,刀法精细古朴,没有木雕和砖雕的细腻烦琐。

(二)实地考察调研,促进"三雕"传承发展

徽州"三雕"在我国有着极其悠久的历史,在民间世代传承,具有完整的工艺流程,多用于建筑装饰,具有极高的艺术价值,饱含地方文化色彩,样式多样,取材广泛,融入生活,享誉中外。2006 年 5 月 20 日,徽州"三雕"经国务院批准被列入第一批国家级非物质文化遗产代表性项目名录。为此,我们围绕"'三雕'文化传承与发扬"的主题,向社会群体发放问卷进行调查。本次实地问卷调查共发放问卷 120 份,回收有效问卷 108 份,回收率 88.3%,主要针对当地居民、来访游客。

社会群众对徽州"三雕"的了解程度如图 1 所示,45% 的群众对徽州"三雕"表示一般了解,18% 的群众表示对徽州"三雕"很了解,而剩余 37% 的人则表示从来不知道。虽然现在已经有部分人对徽州"三雕"比较了解,但是仍然有超过半数人基本对"三雕"无深入了解。这说明,对于徽州"三雕"文化的发扬与传承任重道远。

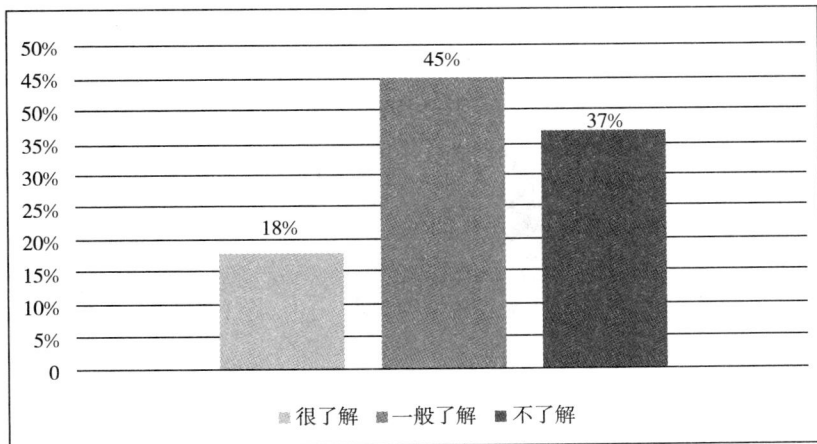

图 1　社会群众对徽州"三雕"的了解程度

了解"三雕"的途径如图 2 所示,45% 的群众表示通过网络等现代传媒了解到徽州"三雕",16% 的群众表示通过书籍报刊等传统方式了解到徽州"三雕",11% 的群众则通过口耳相传的方式获取到徽州"三雕"的相关信息。这说明,在徽州"三雕"文化宣传与传承方面,必须加大网络途径的宣传力度,才能最大限度地扩大受众面。

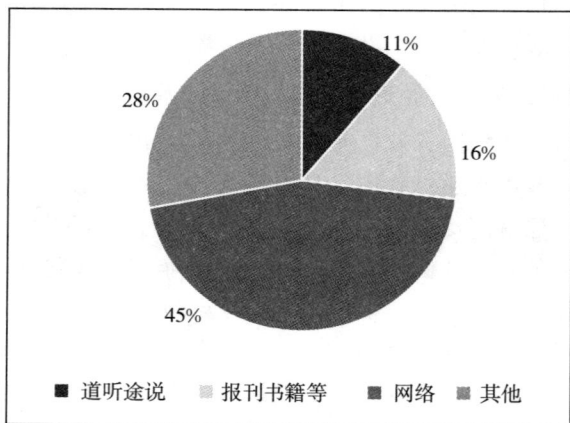

图 2　了解"三雕"的途径

群众对于游览的收获感想如图 3 所示，43％的群众表示从参观中了解到传统文化，同时有 38％的群众表示此次游览欣赏到了古人的智慧。从这些数据看，参观徽州"三雕"的群众大部分带着较强的目的性，优秀的传统艺术实物对于传统文化的发扬和继承起到良好的效果。所以，我们需要加强对这些传统艺术实物的保护。

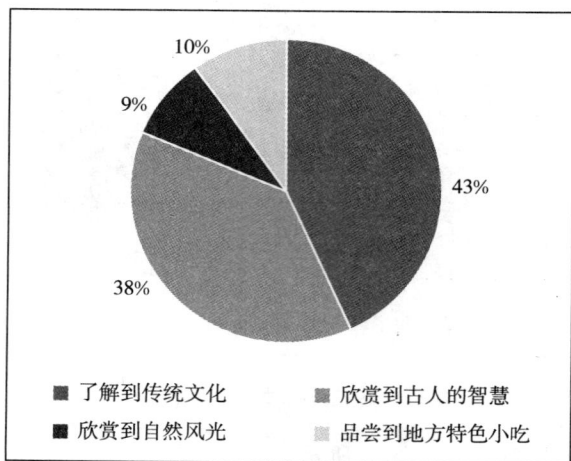

图 3　群众对于游览的收获感想

对"三雕"文化传承的看法如图 4 所示，68％的群众认为"三雕"传统技艺承载着深厚的优秀传统文化，很有传承的必要，13％的群众认为保持现有的供后人欣赏了解即可，仍有 19％的群众觉得"三雕"传统技艺已不适合现代，没有传承的必要了。从这些数据我们可以看出，对"三雕"传统文化须加大宣传力度，让更多的人了解到"三雕"的优秀传统内涵并加以继承发扬。

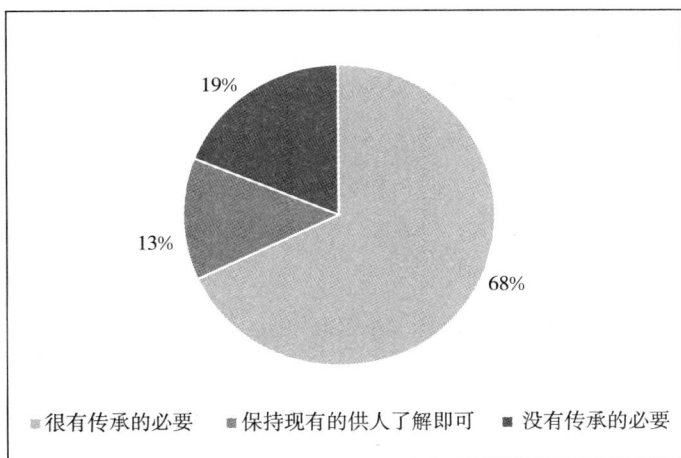

图 4　对"三雕"文化传承的看法

　　是否愿意体验"三雕"制作过程如图 5 所示，45％的群众表示非常愿意试一试，他们觉得会很有趣，38％的群众表示愿意试一试。数据显示大部分的群众对于能够体验"三雕"的制作过程充满了期待，只有少部分群众对此不感兴趣，由此可以看出，对于徽州"三雕"的传承还是很有必要

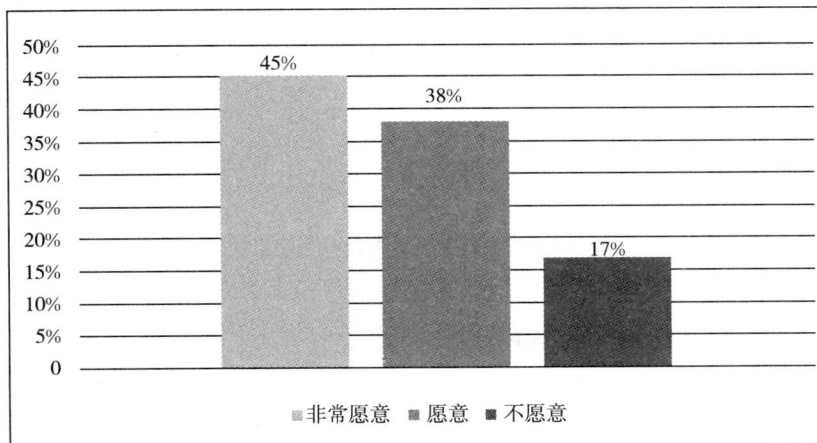

图 5　是否愿意体验"三雕"制作过程

的，而且也将会在传承中得到较好的发展。

通过实地调研，发放问卷并进行数据分析，在传承与发展"三雕"文化的认知方面，我们得出如下结论：大部分群众对"三雕"有一定的了解，一般通过网络等新媒体了解到徽州"三雕"；大部分游客能够欣赏到"三雕"所蕴含的传统文化和古人智慧，也觉得很有传承的必要。但因为调查都在"三雕"所在地，群众认知度较高，因而只具备较低的代表性，这也从侧面反映了"三雕"传统文化传承的任重道远；同时，在一定程度上也反映出，民众在了解了"三雕"传统技艺后，还是比较愿意去了解"三雕"所承载的传统文化，这为"三雕"文化在新时代的发扬与传承，与社会主义核心价值观的结合提供了可能。

三、社会主义核心价值观与徽州"三雕"价值观融合

党的十八大报告用"三个倡导"从国家、社会、个人三个层面精辟论述了社会主义核心价值观的精髓，社会主义核心价值观在国家层面提倡"富强、民主、文明、和谐"的价值要求，在社会层面提倡"自由、平等、公正、法治"的价值要求，在个人层面提倡"爱国、敬业、诚信、友善"的价值要求。这一论述进一步明确了社会主义核心价值观体系不同层次的具体要求。

党的十九大报告进一步指出，培育和践行社会主义核心价值观，"要以培养担当民族复兴大任的时代新人为着眼点，强化教育引导、实践养成、制度保障，发挥社会主义核心价值观对国民教育、精神文明创建、精神文化产品创作生产传播的引领作用，把社会主义核心价值观融入社会发展各方面，转化为人们的情感认同和行为习惯"[5]。

社会主义核心价值观这一重要论述从提出到不断发展成熟，是中国特色社会主义理论发展的崭新成果，它的提出完善、丰富和发展了马克思主义中国化的内涵，它所涵养的中华优秀传统文化等成了新时代国家文化软实力的灵魂。

（一）徽州"三雕"文化内涵概述

徽州"三雕"特有的"象征、寓意"的手法，是传统文化的一个重要特征。正如我国传统文化中的诗文，总是根深蒂固于"比兴"手法，借物言志，间接、含蓄地表达某个思想、某种愿望，形成中国古代文化传达内心思想的方式。徽州"三雕"在内容的选择上注重题材的人伦性表现和社

会教化意义，具有一定的象征性和教育性，蕴藏着深厚的文化积淀，它们用生动具体的形象语言表述着严谨、缜密的理性思考，体现着先秦儒家的思想，即理论核心"仁爱"。徽州的文人学者被儒家学说所陶冶，因此在徽派建筑细部的雕琢设计中，借图案的寓意或谐音来表达主题，将自然物象和对生活的愿望、理想加以主观化，渗透着儒家思想价值观和传统的道德标准，体现出深刻的文化内涵[6]。

（二）徽州"三雕"中的优秀传统文化与社会主义核心价值观的联系

中华优秀传统文化是滋养社会主义核心价值观的深厚沃土。习近平总书记在纪念孔子诞辰2565周年国际学术研讨会暨国际儒学联合会第五届会员大会开幕会上指出："中国人民的理想和奋斗，中国人民的价值观和精神世界，是始终深深植根于中国优秀传统文化沃土之中的，同时又是随着历史和时代前进而不断与日俱新、与时俱进的。"离开优秀传统文化的滋养，社会主义核心价值观将变成无源之水、无本之木。中华优秀传统文化是我们民族的"根"和"魂"。

社会主义核心价值观是对中华优秀传统文化的传承和升华。社会主义核心价值观是社会主义核心价值体系的内核，是对社会主义核心价值体系的高度凝练和集中表达。社会主义核心价值观不但汲取了中华传统文化的精华，还吸收借鉴了世界文明之有益成果，更深受马克思主义理论、中国特色社会主义实践及时代环境变化的影响[7]。用辩证的观点看，中华优秀传统文化和社会主义核心价值观是相互联系的辩证体、相互交融的有机体、相互共生的统一体。

1. 优秀传统文化融入社会主义核心价值观之富强

在一件件雕刻艺术中，徽州"三雕"的不少艺术作品如《福在眼前》《荷鹭图》《鸳鸯戏水图》和《郭子仪拜寿图》之类的精美雕刻，体现了徽州人"知足长乐""安贫乐道"的处世哲学和他们"人丁兴旺""四季平安""五谷丰登"的朴素理想，体现着他们对待幸福与痛苦的人生态度；福禄寿、如意、团花、生生不息等图案纹样，体现着他们坚定乐观、积极向上的审美理想，以及徽州民间祈求吉祥的心理和对美好生活的向往，而只有国家富强，才能为人民提供更美好的生活。

2. 优秀传统文化融入社会主义核心价值观之和谐

木雕作品《和合二仙》，作者运用圆雕、浅刻技法雕琢出两个活泼可爱的仙人，二人身着宽袖大衣，一人捧盒，一人捧一束荷花，寓意和谐。还有如楹联"遇事虚怀观一是，与人和气察群言"等也体现了"和谐"这一思想。而今天，我们再次从徽雕中所体会到的不仅是当时人们传播的儒家精神，即仁、义、礼、智、信，而且还可以感受到其中所包含的和谐思想。"仁"是儒家文化的核心，是儒家文化用以教化大众、培养各种道德修养的核心，"仁"是道德范畴，"礼"是儒家文化的外化形式，是施教的手段。"仁"是核心，"礼"是方法，但不是目的，目的是"和谐"，追求"和谐"是儒家文化的理想目标之一。"和谐"自古就是我们人类所追求的理想境界。中华民族的传统文化，是以崇尚"和谐"、追求"和谐"为基本价值取向的思想文化，以倡导、研究、阐释、传播、实施"和谐"理念为主要内容的文化形态、文化现象和文化性状[10]。

3. 优秀传统文化融入社会主义核心价值观之平等

徽州"三雕"中有不少创作题材体现了男女平等的思想，这在古代封建社会实属不易，如"清懿堂"八字墙砖雕。"清懿堂"位于黄山市歙县棠樾村西，始建于清嘉庆年间，由棠樾村大盐商鲍氏二十四世祖鲍启运设立，是专为鲍氏家族中的女性而建造的。祠堂坐南朝北布局，与朝南的男祠"敦本堂"相对而建，传达出"阴阳相对，两两相谐"的传统思想。当年鲍氏家族中的女人们不但可以入祠祭祀，还可在内共商女人间的大事；祠堂内还供奉有女性祖先的牌位，成为全国独一无二的女祠。"清懿堂"祠堂大门的八字墙砖雕，工艺精湛，独具特色，应属徽州砖雕艺术的精品。其雕刻手法独具匠心，传承了徽州装饰艺术精巧、美观的特点；雕刻的题材体现出了女权、妻权和母权等文化内涵[8]。

4. 优秀传统文化融入社会主义核心价值观之法制

廉政楹联是一种典型的廉政文化形态。在富足可观的古黟传统文化园囿里，一定量藏存于世的古代廉政楹联对于当今全面从严治党、推进党风廉政建设具有历史借鉴意义。黟县西递村瑞玉庭悬挂的楹联"寿本乎仁乐生于智，勤能补拙俭可养廉"，此联意指长寿本源于人的仁爱德性，快乐生成于人的智慧才华；勤劳能够弥补笨拙之短板，俭朴可以培养廉洁之美风。还有黟县西递村存联"勤能补拙才偏敏，廉不沾名品益高"，此联意为人们后天的勤奋能够弥补先天的缺陷，才气或者才华展现大多偏重于敏达聪慧；倡行廉洁而不去故意做作或用某种手段谋取名誉，这种品德节操更加显得高尚。这表明干事创业要讲究勤奋，当然倚才也很重要；做官从政得倡行廉洁，切莫沽名钓誉，须知保持高崇的品节更为要紧。此外，还有诸如"守身如执玉，积德胜遗金"等倡导人们洁身自好，不要轻易被诱惑。

5. 优秀传统文化融入社会主义核心价值观之爱国

爱国主义是中华民族、中华文化最稳定的文化基因。中国传统文化强调"天下兴亡，匹夫有责"（顾炎武语）、"先天下之忧而忧，后天下之乐而乐"（范仲淹语）的社会责任与担当，这与西方社会强调的个人主义是截然不同的。正是这种爱国主义精神在中国历史上最大限度地团结了各种社会力量，从而使中华民族虽历经数千年的风雨仍屹立于世界的东方。由此可知，爱国主义精神所生成的凝聚力、生命力是无法估量的。因此，在实现中华民族伟大复兴的中国梦过程之中同样离不开这种精神。而徽州文化的内核是以儒学为中心的传统文化，徽州建筑雕刻艺术中那些显现儒学文化本质精神的成分在今天仍然具有现实的意义。"忠"是儒家思想的精髓。表现"忠"的"岳母刺字""苏武牧羊""赵子龙救孤""桃园三结义""精忠报国"等，忠君爱国一直是古今士大夫的理想追求，而今日，社会主义核心价值观中也一样包含着爱国的思想。

6. 优秀传统文化融入社会主义核心价值观之敬业

2016 年 3 月 5 日的"两会"上，国务院总理李克强在《政府工作报告》中提到"工匠精神"，"工匠精神"首次在《政府工作报告》中出现，党和国家的高度重视可见一斑。"工匠精神"已经成为社会各行各业的精神引领，不仅要求从业者要具有高超和精湛的技艺，还要有严谨、细致、专注、负责的工作态度和精雕细琢、精益求精的工作理念。

徽州工匠刀工精巧，并具有较高的艺术修养。各种雕刻技法运用娴熟，有平面雕、深浮雕、浅浮雕、透雕、圆雕、漏雕、线刻等。在雕刻题材方面注重整体性、情节性；雕刻作品绘画性很强，构图与透视变化较多，布局巧妙，层次丰富。从雕刻装饰角度，讲究观赏视角，把花边的配置放于不同的平面，在统一中求变化，表现出高度的美感。徽州雕刻工艺风格追求变化多端：有的简约，有的粗放，有的严谨，有的率意，有的追求浑圆、线条柔和，有的追求块面、线条方硬，有的追求深度明暗效果，有的追求平面绘画效果……不同的雕刻呈现了多元化的工艺特征。徽州工匠们精湛的雕刻工艺提升了徽州雕刻的艺术审美价值，也将徽州传统建筑升华到一个新的美学境界。在一件件徽雕作品的背后展现的是徽州工匠们的敬业精神，也就是我们现在所倡导的涵盖了敬业精神的"工匠精神"。

7. 优秀传统文化融入社会主义核心价值观之诚信

商而好儒的徽商凭借以商从文、以文入仕、以仕保商的策略，带动了徽雕艺术在商、学互动中良性循环。一方面，徽商的世界观决定了徽雕艺术的内容及品味，为徽雕艺术奠定了丰厚的思想基础；另一方面，许多徽商本人既是儒学信徒又是金石收藏及书画、篆刻方面的行家，他们以商人的方式传承徽雕艺术；经商致富后，自然更加热衷于乡土艺术文化的建设。历代徽商所恪守的诚信治商的原则，成为现代市场经济走向成熟可以借鉴的重要思想。徽雕的思想内涵离不开"诚信"二字，诚信是徽商诚实、守信用、以义取利思想的体现，徽雕艺术也正基于此才得以传承并走向繁荣。在我国的市场经济正在走向成熟、社会信用体系的建设日益完善的当下，徽雕艺术表现的"诚信不欺"伦理观念，将给重铸诚信提供有益的启示。徽商的经营宗旨是"以德治商"，即注重诚信、注重自律、讲求商业道德、鄙视以欺诈手段获利。因此，徽商把商业信誉看作是无形资产，认为树立良好的商业信誉，并以此获得顾客的充分信赖才是商业兴旺发达的有力保证。

8. 优秀传统文化融入社会主义核心价值观之友善

程朱理学影响下的徽州，一草一木都带着理学的影响。《朱子家训》有言："见老者，敬之；见幼者，爱之。有德者，年虽下于我，我必尊之；不肖者，年虽高于我，我必远之。慎勿谈人之短，切莫矜己之长。仇者以义解之，怨者以直报之，随所遇而安之。人有小过，含容而忍之；人有大过，以理而谕之。勿以善小而不为，勿以恶小而为之。人有恶，则掩之；人有善，则扬之。"这些无不反映出与人为善、宽以待人的思想。徽州在程朱理学的影响下，宗族向来有敬老睦族、恤贫济困的举措。砖雕《送米图》雕刻的是一对老年夫妇居住瓦屋，子弟定期送米，老有所养，表现出古徽州人"友善"的思想。

四、当代大学生如何立足优秀传统文化加强社会主义核心价值观教育

徽州"三雕"作为徽州传统建筑文化中的精华，我们不应将它局限在徽州地区，要像当年的徽商一样，发扬吃苦耐劳、诚信为本的精神，扩大它的影响，拓展市场，使徽州"三雕"进一步走向全国、走向世界。在发展徽州"三雕"的过程中，也应提倡各地区之间的工艺交流。历史上徽州地区一府六县的格局尽管现在已经改变了，但这不应成为障碍，应在发展旅游、振兴徽文化的旗帜下，共同探讨，共同前进。

以开展弘扬传统文化活动为契机，我们试图挖掘"三雕"文化中的社会主义核心价值内涵，使其能适应新时期的发展，从而保护、继承、发展徽州"三雕"艺术，使其在新的时代中焕发出更强大的生命力。

高校是价值观教育的主阵地，其原因不言而喻。高校是培养人才、组织科学研究的首要场所，同时，对于大学生来说，确立正确的价值观，形成高尚的品格，肩负实现中国梦的伟大任务，是大学生全面发展的要求。大学生核心价值观教育，就是以当前核心价值观为内容，借助一定的载体和方法，对大学生群体进行相适应的教学和教育。大学生在结合自身特质的基础上，在实践的过程中进行核心价值观的内化，促进大学生核心价值观的培育，同时更好地促进个人的全面发展。一方面把优秀传统文化元素渗透到学校校园建筑、教学设施和大学生社会主义核心价值观培育中，大力营造传统文化继承发扬的硬环境；另一方面要以电视、广播、报刊、展板等传媒为平台，大力营造具有良好传统文化底蕴的软环境，使大学生时时处处感受到优秀传统文化的滋养，从而引导大学生的价值追求，提高大学生培育和践行社会主义核心价值观的实效性。

五、结语

中国传统文化的精华部分在历史的实践与发展中，以海纳百川的气度汇聚了世界多民族集体智慧，凝结成丰润的文化滋养，表达了中华民族对民富国强、丰衣足食、民主自由、正义公平、诚实守信、友爱和谐、和平美好的追求，影响和塑造着世代中国人的思想意识、精神面貌、价值取向和道德情操。社会主义核心价值观与中国优秀传统文化倡导的讲仁爱、举礼仪、重民本、尚和合、崇正义、倡公平、守诚信、求大同的价值观念一脉相承，延展了中国优秀传统文化中的思想精华和传统美德。社会主义核心价值观"三个倡导"的基本内容就是对这种影响和塑造的凝聚升华与萃取结晶；是对这些思想精华和传统美德的传承和创造性发展；是在新的历史条件下对传统文化精华的时代性解读；更是在新的历史条件下实现中华民族伟大复兴的中国梦，面向未来发展的前瞻性引导。社会主义核心价值观必将积淀为中华民族新的优秀内涵！

中华优秀传统文化有着独特的精神魅力，有着超越时空的永恒价值，作为中华民族的生活模式和思维样式，它与社会主义核心价值观之间存在着薪火相传的继承关系。中华优秀传统文化的生命力也只有与现实生活紧密联系，在不断创新的实践过程中，才得以焕发新貌和延续传承。以中华优秀传统文化涵养社会主义核心价值观，是一个复杂的系统工程，不可能一蹴而就。因此，我们要牢牢把握当代中国的社会生活实情，在大是大非问题上保持坚定的政治立场，厘清思想疑惑、破解价值难题，从而不断深化中华优秀传统文化的现代价值意蕴，不断提升社会主义核心价值观的时代感召力。

徽州"三雕"的制作过程体现了个人的精神品质，培养人们与人为善的优秀品质。我们当代大学生应该学会体会、认真领悟像徽州"三雕"这样的传统文化中所包含的价值内涵，为建设一个富强民主文明和谐的国家，为建成一个自由平等公正法治的社会而努力奋斗，为推进中国特色社会主义伟大事业、实现中华民族伟大复兴中国梦而添砖加瓦。

参考文献

[1] 习近平. 把培育和弘扬社会主义核心价值观作为凝魂聚气强基固本的基础工程 [N]. 人民日报，2014-02-26（1）.

[2] 李醒民. 价值的定义及其特性 [J]. 哲学动态，2006（1）：13-18.

[3] 郑晶晶. 社会主义核心价值观的中华优秀传统文化底蕴研究 [D]. 大连：大连海事大学，2017.

[4] 郭甄梓. 大学生社会主义核心价值观体系教育研究 [D]. 沈阳：东北大学文法学院，2012.

[5] 新华社. 习近平提出：坚定文化自信，推动社会主义文化繁荣兴盛 [OL]. http：//www.xinhuanet.com/politics/2017-10/18/c_1121820800.htm.

[6] 张庆熊. "劳动光荣"：以马克思劳动价值理论建构社会主义核心价值观 [J]. 毛泽东邓小平理论研究，2015（1）：62-68.

[7] 郭曰铎. 传承与升华：中华优秀传统文化和社会主义核心价值观的有机融合 [J]. 青岛科技大学学报（社会科学版），2014（12）：22-31.

[8] 杨泽银. 试析徽州砖雕的创作题材 [J]. 宿州学院学报，2016，31（8）：96-99.

[9] 曹舒婷. 谈古徽州门楼砖雕文化 [J]. 文教资料，2016（36）：110-112.

[10] 张启伟. 建设社会主义和谐文化的主要途径 [J]. 江南论坛，2010（10）：56-57.

[11] 程小武，朱光亚. 传承与困惑——徽州三雕调研有感 [J]. 东南文化，2005（2）：87-92.

对江南地区古代建筑及其雕刻艺术的探究

摘　要： 本文以江南地区的建筑雕刻艺术的寓意为切入点，立足于历史、文化、社会的大视野，探究影响江南地区古代建筑雕刻的时代背景、文化渊源、区域特色、社会因素、政治依托、经济支撑等因素，借助科学的分析方法对文化背景、社会因素的总体考察与研究，探究江南地区建筑雕刻的寓意以及雕刻风格的形成原因。

关键词： 江南；建筑；雕刻；寓意；特色

"江南好，风景旧曾谙。日出江花红胜火，春来江水绿如蓝。能不忆江南？"悠悠长江，孕育了江南地区灿烂丰富的文化。上起先秦，下迄当代，江南古建筑及其雕刻艺术，都在中国传统文化的历史发展长河中起到举足轻重的作用，形成了以苏杭为代表的江南民居文化圈。而江南建筑雕刻，作为建筑艺术中的一个不可分割的部分，对江南建筑起到了画龙点睛的作用。近年来，社会各界对古代建筑雕刻的关注度不断提高，建筑雕刻的艺术价值以及艺术影响也在全国引起较大反响。

一、研究背景及意义

（一）研究背景

本项目研究来源于 2013 年合肥工业大学宣城校区的中国传统文化探究项目"凝固的艺术——探究在建筑中的雕刻装饰的寓意"的部分研究成果，将其中对江南地区的部分研究成果提取，并加以整合，形成一篇完整的对江南古建筑及其雕刻艺术研究的调研报告。

本文以江南地区的建筑雕刻艺术的寓意为切入点，立足于历史、文化、社会的大视野，探究影响江南地区古代建筑雕刻的时代背景、文化渊源、区域特色、社会因素、政治依托、经济支撑等因素，借助科学的分析

实践团队主要成员：张云帆、黄顺意、盛泽民、乔昂、周雨等。

指导老师：陆佳。

方法对文化背景、社会因素的总体考察与研究，来了解探究江南地区建筑雕刻的寓意以及雕刻风格的形成原因。

（二）研究综述

在正式开展调研之前我们对中国建筑雕刻、江南建筑雕刻等相关研究成果进行了梳理。

1. 关于中国建筑雕刻整体性研究

商子庄所著《中国古典建筑——吉祥图案》[1]一书，以图片为本，寓意为精，通过对中国古建筑雕刻的不同分类，从动物、植物、瑞兽、人物等七个方面，描绘出了一幅巨大的建筑雕刻的图画。楼庆西编著的"中国古代建筑装饰五书"之《雕梁画栋》[2]《砖雕石刻》[3]《户牖之美》[4]，分析不同建筑部位和不同的雕刻艺术所带来的独特的美。庄裕光在《画栋雕梁》[5]《屋宇霓裳》[6]等著作中，用不同的雕刻材料和不同的区域特征，全方位立体式展现出了雕刻艺术在中国古代文化发展中起到的作用。另外，王其钧通过《中国民居》[7]一书，细致地介绍了中国各个地区的民居建筑风格和特色。

2. 关于江南建筑雕刻综合研究

庄裕光在《画栋雕梁》一书里阐述了江南建筑及雕刻特征的形成原因。王小斌所著的《徽州民居营造》[8]一书对徽州居民建筑中的装饰艺术，以及雕刻特色进行了独特的阐述，从徽文化的起源说起，从细处向读者介绍江南徽建筑的特点。丁俊清的《江南建筑文化丛书：江南民居》[9]一书对江南的建筑风格以及雕刻风格的阐释有着较大的代表性，能较好地反映出江南建筑及建筑雕刻的特点。

（三）研究意义

1. 理论意义

近年来，随着鉴宝类电视节目的兴起，人们对中国传统文化的关注度越来越高。而中国古代建筑雕刻，作为中国传统文化必不可分的一个组成部分，承担着越来越重要的地位和角色。

通过对大量数据的总结和研究，我们得出江南一带的雕刻艺术的特色特点以及形成规律，对于研究江南一带经济以及文化的发展有着十分重要的作用。通过此次研究，能更好地提高中国大学生的创新意识，以及团队协作能力。

2. 实践意义

随着人们对中国古代建筑雕刻关注的增加，也逐渐出现了许多"浑水摸鱼"的爱好者，他们不懂得真正地去欣赏建筑雕刻，不懂得其中蕴含的丰富文化内涵以及艺术内涵，而是一味地盲目跟风。

所以，立足于历史、文化、社会的大视野，探究影响江南地区古代建筑雕刻的时代背景、文化渊源、区域特色、社会因素、政治依托、经济支撑等因素，借助科学的分析方法对文化背景、社会因素的总体考察与研究，来了解中国江南地区古代建筑及其雕刻艺术的发展过程及成型原因，并加以总结和归纳，让越来越多的人从根本上去理解和喜爱中国古建筑及其雕刻艺术，是非常必要的。

二、研究内容和方法

本研究以"中国古代建筑装饰五书"等书本为依据，立足于实证研究，通过实地走访、网络调查以及数据处理，结合历史文献资料，着眼于大历史、大文化视域，"以古鉴今""以今带古""以论带史"，凸显江南古建筑及其雕刻的艺术价值以及文化价值，探究蕴藏在江南古建筑雕刻中的寓意，为研究中国古代建筑雕刻提供有效借鉴和参考。

（一）研究内容和研究思路

本课题设计分为六个部分，前两个部分是选题内涵及意义、调查的数据来源和研究方法；第三到第四个部分为调研主题内容，分别以资料梳理为"经"，以实践考察为"纬"，探究江南地区中国古代建筑及其雕刻艺术的寓意；第五部分从总体特征、形成规律和启示出发，全面总结，起到画龙点睛之效。

课题研究的主要内容与结构如图1所示，调研通过资料分析和实践考察实现；对素材和数据分析按照时期、区域和种类的不同进行，从而得出江南地区中国古代建筑及其雕刻艺术的特征、规律及启示。

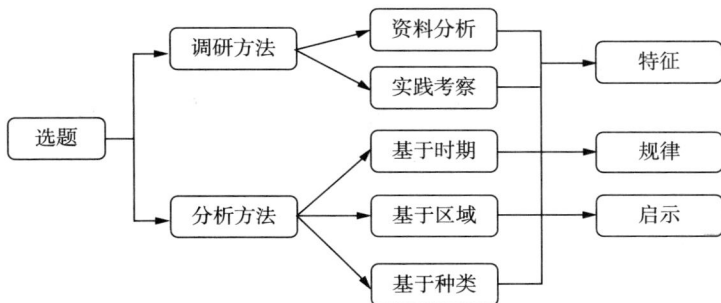

图 1　课题研究的主要内容与结构

（二）调查数据来源

数据来源包括资料统计和实践考察两种。首先，对以《中国古代建筑装饰艺术丛书》和"中国古代建筑装饰五书"为主的书籍进行全面研究，以时期、区域和种类作为重点的考察对象探讨其中的演变情况、基本特征、形成原因和内在规律；其次，通过总结出的数据、图表，以实地考察的形式，到具有特色和代表性的江南城市进行重点考察，通过实地的数据收集以及资料整理，结合前期对一些历史资料的总结，两相对比，得出更具有说服力的结论。

数据处理上，对不同时期的建筑雕刻，采用网络调查的方式，通过百度、谷歌和雅虎三个门户网站的点击率指标，分析人们对不同时代的名人的关注度。通过得到的关于区域、时期、种类的数据，进行数据整理和统计，并利用 Excel 软件制作区域分布图、种类个数情况分布表以及区域分布图等相关图表，结合多学科理论方法进行系统诠释，课题总体研究思路和调查研究样本选择如图 2 所示。

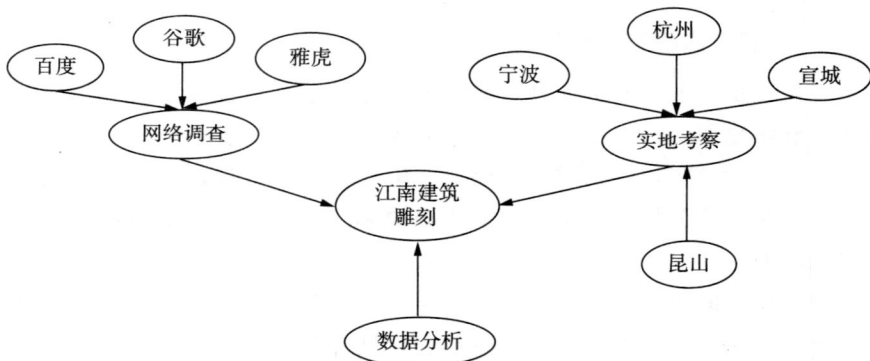

图 2　课题总体研究思路和调查研究样本选择

（三）建筑雕刻的分类方法

我们把建筑雕刻根据两种不同的分类方法进行数据研究以及数据统计，按内容种类把建筑雕刻分别分为：植物类、动物类、人物类、风景类和瑞兽类，按材料种类把建筑雕刻分别分为：木雕、砖雕、石雕、檐雕以及琉璃等。

（四）主要调查方法

本研究采取数据分析、网络调查、实地考察等方法进行研究。

1. 数据分析。对以《中国古代建筑装饰艺术丛书》和"中国古代建筑装饰五书"为主的书籍进行研究，以时期、区域和种类作为重点的考察对象探讨其中的演变情况、基本特征、形成原因和内在规律。

2. 网络调查。对不同时期的建筑雕刻，采用网络调查的方式，通过百度、谷歌和雅虎三个门户网站的点击率指标，分析人们对不同时代的名人的关注度。

3. 实地考察。主要以安徽宣城、江苏昆山、浙江杭州、浙江宁波等地为考察地点，实践团队成员利用寒暑假相继走访调查，通过对当地保留下来的古代建筑照片进行大量的收集，探寻该地区建筑雕刻分布的内在规律。

（五）理论分析方法

1. 文献资料综合归纳法。全面掌握国内外有关的研究文献以及历史资料，借鉴相关的研究框架和具体的研究方法，为本研究提供全面的参考资料。

2. 数据分析法。通过对资料的总结和整理，提取出符合本研究的资料，并进行相应的数据统计，绘制成折线、柱形表，以形象直观的表现形式展现给读者。

3. 逻辑与历史相统一的方法。既尊重历史，诠释江南建筑雕刻形成特色的原因以及影响因素；又注重因地制宜，透析历史原因对江南建筑雕刻形成特色的内在规律。

4. 比较分析法。通过对江南各个地区不同时期的比较，得到更全面、更可靠的资料。

三、江南地区古代建筑雕刻艺术的寓意

（一）五种视角看雕刻

1. 徽州古宅看檐雕

正所谓"七山一水一分田，一分道路和家园"，由于徽州地处盆地，山多田少，徽州人除从事男耕女织的传统农业外，同时依靠经商和读书另谋出路。这便造就了远近闻名的徽商。自魏晋南北朝起，徽商便已经出现在人们的视野中，到明清时期，徽商大量涌现，徽州十户九商，至清代更有"海内十分包，徽商藏三分"之说。

徽商发迹之后，纷纷返乡兴建家宅以展现其实力底蕴，这便造就了具有独特风格和魅力的徽州建筑及其雕刻。

徽州建筑木雕带有明显的尚儒色彩，这种"亦儒亦商"的建筑木雕风格与文人士大夫和徽商的儒家思想有关。而正是在徽商和文人士大夫的带动和参与之下，徽州建筑木雕既古拙大气，又灵动雅致，而且还承担了儒家文化的社会教化功能，孝悌、忠义、中庸、及第便成了其常见主题。

徽州古宅的檐雕遍布于民宅、祠堂、书院、戏台等建筑。这些经过雕刻的部位一般不用彩漆，只用桐油，古朴而典雅。也有少数雕刻后上色涂漆的，以红、黑、金三色为主，色调同样沉着内敛。雕刻技法采用圆雕、浮雕、镂空雕等，雕刻精细、技法纯熟。

2. 浙江建筑看木雕

浙江一带的古代建筑以及木雕装饰保存最完整的地区分布在杭州、宁波、东阳、温州、金华等地。浙江木雕的发展，很大程度上促进了中国的木雕的发展。本文以浙江东阳为代表进行简单介绍。

东阳木雕的兴盛和当地的人文和地理环境有很大的关系，首先东阳地处浙江中部，气候温润，盛产木材，为木雕的发展提供了足够的自然资源。其次，东阳的地理位置较为封闭，民风质朴，保留了许多传统的观念和建筑方式。

东阳的雕刻拥有十多种雕刻手法，包括浮雕、镂空雕、圆雕、半圆雕、透空双面雕、阴雕等，尤其以综合数种雕刻技法和平面多层次的雕刻见长，这些技法因地制宜、因材施艺，具有实用性和艺术性。

东阳建筑雕饰讲究"刻画要吉利，才能合人意；活中要有戏，百看才不腻"，所以东阳的木雕十分注重细节，雕刻精细处缕缕细发、片片瓦砾、花之脉络、兽之鳞甲都依稀可见。

就建筑木雕的具体布局而言，东阳建筑雕饰讲究"明精暗减"，从而形成了"粉墙黛瓦"的马头墙、镂空的"牛腿"浮雕廊、阴刻雀替的"龙须梁"。其中"牛腿"指的是中国传统建筑中位于梁柱之间的三角形木质构件，其上雕工之复杂，正所谓"百工牛腿"，这便是东阳木雕最精彩的地方，一般采用圆雕和镂雕相结合的技法，雕刻层次较多，常有精品。

3. 福建建筑看石雕

由于闽东、闽南等沿海地区及闽中地处平原，自然条件较好，交通便利，福建一带的古建筑风貌精致纤细，装饰意味更浓，尤其以泉州、漳州以及惠安为主，下面以惠安石雕为例进行介绍。

惠安石雕源于中原，是一种与建筑艺术相生相伴的工艺，有独具特色的艺术风格，是南派石雕艺术的代表。惠安石雕含碑石加工、环境园林雕塑、建筑构件、工艺雕刻、实用器皿五大系列，具体表现形态为圆雕、浮雕、线雕、沉雕、影雕、透雕、微雕和组合雕等八大类上千个品种，主要为实型艺术品。惠安传统石雕工艺，俗称"打巧"，其工艺流程主要包括捏、镂、摘、雕四道工序。

很多地方都有精美绝伦的惠安石雕，诸如泉州东西塔、台湾龙山寺、厦门南普陀、福州涌泉寺、南安蔡浅古民居、南京中山陵、厦门集美鳌园、北京人民大会堂、北京毛主席纪念堂、江苏淮安周恩来纪念馆、北京中华世纪坛、台湾凤山五百罗汉、崇武"鱼龙窟"岩雕群，还有马来西亚马六甲海峡的郑和雕像、日本鉴真和尚像和那霸市"福州园"等，不胜枚举。

4. 门楼墙式看砖雕

中国古代建筑砖雕取材于自然界唾手可得之"土"，与"水"相合成为泥筋，再以木生火，烧制成坯，借金之力，雕琢成型。它一方面以精美的外在形式、丰富的寓意，恰到好处地展现了中国建筑的艺术美；另一方面作为有实用功能的建筑结构，较好地呈现了建筑物的功能之美。

门楼是住宅的脸面，各地区的建筑大都对门楼进行极力装饰。装饰讲究的门楼，砖雕通常在通景、方框、门边、垂花、挂落以及檐下斗拱等建筑构件上。但不同的地域，门楼的砖雕风格特点却不尽相同。如苏州一带雕花门楼是浙江砖雕艺术最集中的表现；贵州郑远万寿宫山门牌坊式门楼，朴实又略显优雅；北京颐和园无尽意轩脊架式门楼包含一种最考究的垂花门，十分优美；天津杨柳青石家过道式门楼进深较大，门头雕饰精美。

5. 牌坊影壁看琉璃

在中国古建筑中，被推崇、被列为高规制的建筑物一般有一个显著的特点：都有琉璃构件。元代剧作家王实甫在《西厢记》中写道"焚王宫殿月轮高，碧琉璃瑞烟笼罩"，清初诗人唐孙华也在《东岳庙》诗中说"我来瞻庙貌，碧瓦琉璃光"，可见琉璃在古人眼中是至善至美之物。

琉璃牌楼屋檐挑出的部分娇小，斗拱、雀替等大部分檐下仿木结构都相对简化，以琉璃贴饰，釉色与屋顶相烘托。如香山卧佛寺内的琉璃牌楼，为三间七楼式，七楼皆为黄的琉璃瓦，檐下为青色斗拱，斗拱下面贴饰黄绿色琉璃构件，釉色以黄色为主，兼杂绿色，非常和谐。

琉璃影壁的壁座多为须弥座，分为贴饰琉璃和不贴饰琉璃两种情况。不贴饰琉璃装饰的壁座，保留石雕须弥座流畅大气的装饰效果；贴饰琉璃的壁座，一般素面无纹以釉色鲜明为特点，或仅在圭脚部分雕刻"云"或

"万"字等简单纹样。

（二）三种雕刻分类看建筑雕刻寓意

1. 瑞兽、灵禽篇

（1）二龙戏珠。二龙戏珠的图案从西汉时期就已经出现，关于二龙戏珠的来历，《庄子》记载"千金之珠，必在九重之渊而骊龙颔下"。关于龙珠，有若干种说法，《述异记》认为"凡有龙珠，龙所吐者"；也有人认为"珠"是指太阳，其寓意为：祈福吉祥，寓意吉祥，平安喜庆。二龙戏珠图如图 3 所示，拍摄于江苏昆山周庄古镇。

图 3　二龙戏珠图

（2）鹤。鹤纹在影壁、垂花门、长廊、藻井中十分常见。鹤的形态有时是对舞，有时是飞翔，有时是回旋。《诗经·小雅》中有"鹤鸣于九皋，声闻于天"，鹤的寓意为长寿，被认为是超凡脱俗的禽类，高洁、优雅，所以被文人雅士认为是志向高远，不与凡夫俗子同流合污的品格象征。鹤纹图如图 4 所示，拍摄于江苏昆山周庄古镇。

（3）鹿鹤同春。杨慎《升庵外集》有"北之语合鹤迥然不分，故有绘六鹤及椿树为图者，取六合同春之意"。鹿鹤同春，寓意国泰民安，是对美好生活的祈愿。鹿鹤同春图如图 5 所示，拍摄于浙江宁波天一阁。

图 4　鹤纹图

（4）太平有象。《汉书·王芥传》中有"天下太平，五谷成熟"的记载，追求天下太平，成为历代帝王们和百姓们的愿望。大象是瑞兽，寿命可达 200 多年，太平有象的图案，借用"瓶"和"平"的谐音，加上象的吉祥寓意，构成太平有象的图案，寓意太平景象，百姓安乐。太平有象图如图 6 所示，拍摄于浙江杭州灵隐寺。

图 5　鹿鹤同春图

图 6　太平有象图

（5）喜上眉梢。喜上眉梢的图案借用喜鹊报喜的"喜"字，"梅梢"与"眉梢"同音，借用谐音手法，组成喜上眉梢吉祥图案。寓意是欢喜从眉眼上表现出来了，意为喜事已经来临。喜上眉梢图如图 7 所示，拍摄于浙江杭州灵隐寺。

图 7　喜上眉梢图

2. 人物篇

（1）八仙过海。八仙是指民间广为流传的道教八位神仙，明朝时，吴

205

元泰所著的《八仙出处东游记》广为流传。传说中，八仙分别代表着男、女、老、少、富、贵、贫、贱，人们根据八仙过海的故事，寓意着神仙降临，意为美好的祝福，同时也含有百姓们对得道成仙、长生不老的期盼。八仙过海图如图8所示，拍摄于江苏昆山周庄古镇。

图8　八仙过海图

（2）天官赐福。天官是道教的神灵，道教传说中的"三元大帝"之一，在《梁元市旨要》中记载"上元为天官赐福之辰"。在不少祠堂建筑中，都有天官赐福的塑像。天官赐福是大吉大利、长寿幸福、吉祥如意、生活美满的象征，也是对未来生活的美好祝愿。天官赐福图如图9所示，拍摄于浙江杭州灵隐寺。

图9　天官赐福图

（3）百子图。又称百子迎福图，图案以百子为中心，把这百子安排在不同的场景、不同的季节，且有着不同的寓意。南宋词人辛弃疾的词中有这样的句子"恰如翠幕高堂上，来看红衫百子图"。它是吉祥的图案，寓意着早生贵子，多子多福。百子图如图10所示，拍摄于宣城泾县新四军旧址。

图10　百子图

3. 植物篇

（1）梅、兰、竹、菊四君子。梅花、兰花、竹、菊花被称为"四君子"。梅花在寒冬开放，被誉为"清新隽雅""冰肌玉骨""凌寒留香"，不为贫穷而改变；"芷兰生幽谷，不以无人而不芳"，所以兰花向来被认为是高洁雅致的象征；竹挺拔修长，被视为虚心、傲骨的象征；菊花在深秋开放，不畏寒霜，被赋予了傲骨、雅致的品性。梅、兰、竹、菊四君子寓意有：洁身自好、品行高洁、坚贞不屈、虚心正直。梅、兰、竹、菊四君子图如图11所示，拍摄于江苏昆山周庄古镇。

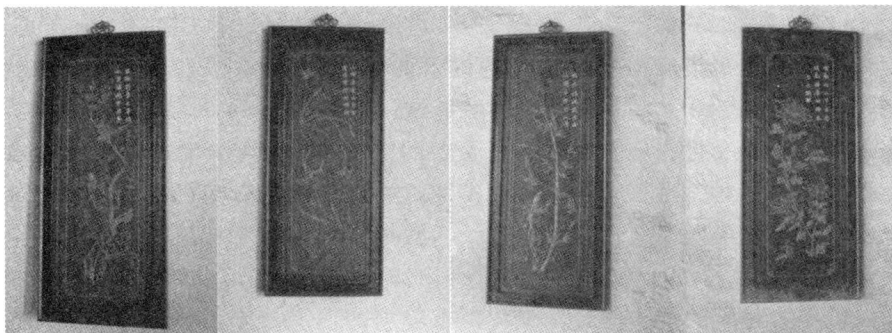

图11　梅、兰、竹、菊四君子图

（2）万年如意。其借用谐音组成吉祥图案，万年青四季常青，如意有不同的形状，较为常见的如意形状如灵芝。寓意为吉祥如意、事事如意。万年如意图如图 12 所示，拍摄于江苏昆山周庄古镇。

（3）一品清廉。一品清廉的图案由莲花构成，是百姓们对身居高位的官员们的赞颂，希望他们身居高位，且能从政清廉。《群芳谱》赞叹莲花"出淤泥而不染，花之君子也"，寓意为希望身居高位的人能执法清廉。一品清廉图如图 13 所示，拍摄于安徽宣城泾县新四军旧址。

图 12　万年如意图

图 13　一品清廉图

四、探究江南地区建筑雕刻风格的形成原因

（一）基于不同的地域分析

对不同地域的建筑雕刻的种类数量进行统计分析，可以看出，江南不同地区的建筑雕刻有着不同的特点。而这些建筑雕刻的特点都与该地区的环境气候、文化氛围、人文风貌有着密不可分的关系。

1. 皖南地区

皖南地区是指安徽长江以南地区，面积约 3.65 万平方千米，人口约 997 万，包括芜湖、马鞍山、铜陵、宣城、池州、黄山市。皖南是安徽省重要的经济、文化和旅游中心，是著名的江南鱼米之乡，物产丰饶、人文荟萃、历史悠久。沿江工业区蓬勃发展，皖江经济带崛起腾飞，人文景观丰富。皖南地形以山地丘陵为主，大多数地区为长江流域，徽州地区为新安江流域。

皖南古建筑的代表便是位于黄山市境内的西递、宏村，村中数百栋古民居鳞次栉比，其中的"承志堂"是黟县保护最完好的古民居，其正厅的横梁、斗拱、门花、窗棂上的木雕，工艺精湛，层次繁复，人物众多，堪称徽派"三雕"艺术中的木雕精品。

皖南地区的地貌多以丘陵、平原为主，地处长江以南，人文气息浓厚，植被种类丰富，故建筑雕刻多以精美的木雕为主，雕刻的部位一般不用彩漆，只用桐油，古朴而雅致。雕刻技法采用圆雕、浮雕、镂空雕等，雕刻精细、技法纯熟。而且受徽商文化的影响，建筑雕刻以动物、瑞兽类为主，多含有招财进宝、财源满堂的寓意。

2. 江苏地区

江苏地区辖江临海，扼淮控湖，经济繁荣，教育发达，文化昌盛；地跨长江、淮河，京杭大运河从中穿过，拥有吴越、金陵、淮扬、中原四大文化；地理上江苏跨越南北，气候、植被也同时具有南方和北方的特征。

江苏是中国南部的一个经济文化中心，由于其地理位置的优越性，它在许多方面兼有南北两方面的文化特征。故其建筑雕刻艺术，受到吴越、金陵等文化和风格的影响，在一定程度上有着多元化的发展特征，是江南地区建筑雕刻的代表性地区。

3. 浙江地区

浙江地区地处中国东南沿海长江三角洲南翼，东临东海，南接福建，西与江西、安徽相连，北与上海、江苏接壤。境内最大的河流为钱塘江，因水流曲折，称之"江"，又称浙江，省以江名，简称"浙"。

浙江是吴越文化、江南文化的发源地，是中国古代文明的发祥地之一，是典型的山水江南、鱼米之乡，被称为"丝绸之府""鱼米之乡"。由于该地区在水土方面的特质，其在木雕、石雕方面有着独特的造诣，尤其以东阳木雕为代表。

我们对皖南地区、江苏地区和浙江地区的砖雕、木雕、石雕分别通过资料采集和实地调研的方式展开了统计。江南各个地区的各个种类雕刻的数据统计见表1所列，江南地区古代建筑雕刻的数量分布如图14所示。

表1 江南各个地区的各个种类雕刻的数据统计　　　单位：个

	砖雕	木雕	石雕	合计
皖南地区	13（实地） 185（资料）	31（实地） 223（资料）	22（实地） 218（资料）	692
江苏地区	15（实地） 352（资料）	21（实地） 298（资料）	13（实地） 287（资料）	986
浙江地区	6（实地） 246（资料）	8（实地） 275（资料）	21（实地） 284（资料）	840

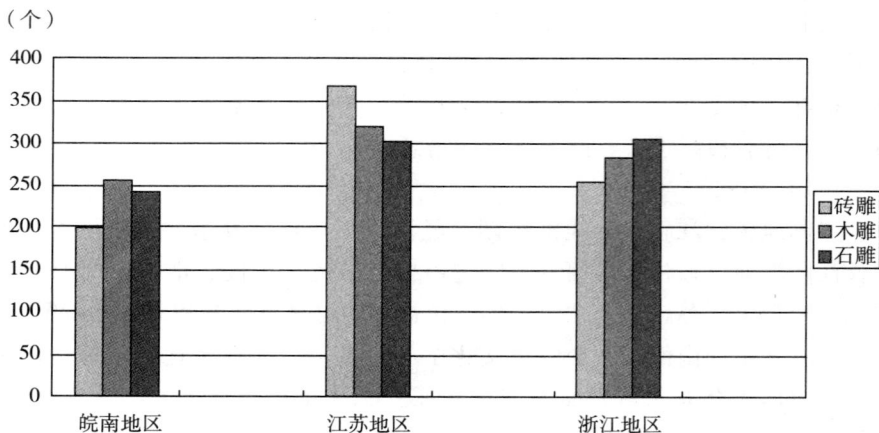

图 14　江南地区古代建筑雕刻的数量分布

（二）基于不同时期的分析

1. 秦汉

秦汉时期的经济文化中心在汉中、咸阳等地，由于郑国渠的开凿，秦国在农业上得到了长足的发展，而在这时，江南地区刚刚出现在历史舞台上。王翦带领秦国军队打败楚国，进入江南地区，从真正意义上开启了江南文化。

2. 魏晋南北朝

魏晋南北朝时期北方战乱，人口大量南迁。大批具有丰富生产经验和先进技巧的农民、手工业者和知识分子南下，他们带来了中原先进的生产工具、技术和知识文化，从而大大推动了江南地区的经济发展。魏晋南北朝时期，江南的农业相比于秦汉已不可同日而语。

由于经济的发展和人们生活水平的提高，江南地区古代建筑雕刻技术得到了蓬勃发展。从我们的统计数据来看，该地区的建筑雕刻在此时期开始大大增长。

3. 隋唐五代

隋唐时期，江南地区的经济发展令人瞩目，而由经济发展带来的古代建筑雕刻的发展，也逐渐成熟，江南地区开始形成了独具特色的建筑雕刻风格，即多以风景、植物雕刻为主。在江南植被丰富、物产丰饶的大环境下，以精美的木雕为代表的江南地区的建筑雕刻，已经深入中国老百姓的生活之中。

4. 宋元

宋元之时，中国古代经济发展重心已南移于东南，即长江以南的安徽、江苏、浙江、福建、广东和江西。随着经济的稳定发展，江南地区的建筑雕刻也已经成熟。

在该时期，已经形成了以雕刻为职业的雕刻家族，其中以伏、文二家族最具代表性。宋代石刻多处像龛上都镌有雕工的名字，其中出现最多的是文氏和伏氏两家族。文氏家族包括文椎简及其子文居安、文居礼、文惟一，以及文惟一之子文居道、文孟周、文促璋等。伏氏家族署名的主要有伏元俊及其子伏世能、伏元信、伏小元、伏小八等。在古代，大型的雕塑作品很多都是由匠人家族集体完成，他们往往几代传承，以优秀的技艺及良好的信誉赢得了雇主的信任。

5. 明清

明清时期的建筑雕刻已经深入普通百姓的家庭，其数目也是呈上升的趋势，且制作工艺以及制作手法也逐渐提升，成为人们生活中必需的一个装饰品。其中著名代表雕刻家有泥人张。

泥人张原名张长林，字明山，是清末工艺家、雕塑家，祖籍河北省深州，定居天津。父辈善作泥塑，明山青出于蓝而胜于蓝，技艺更精，时人称为"泥人张"。泥人张的彩塑人物形象逼真，性格鲜明，注重表现人物的心理，尤其擅长为人作小照，代表作有《渔樵问答》《蒋门神》等，是清末时期著名的雕刻家。

从时间的维度，我们进行了数据统计，江南地区不同时期雕刻数目采集样本数据见表2所列，江南地区不同时期雕刻数目资料采集图如图15所示。

表2　江南地区不同时期雕刻数目采集样本数据

时期	雕刻样本采集数目（资料收集）（个）	网络采集（个）	做工精美度
秦汉	47	98	差
魏晋南北朝	135	179	中
隋唐五代	265	237	良
宋元	249	362	优
明清	324	416	优

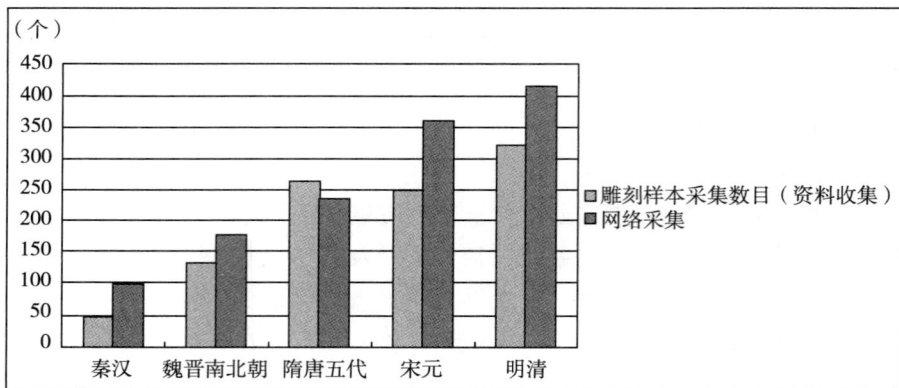

图 15　江南地区不同时期雕刻数目资料采集图

五、总结与思考

（一）江南地区建筑雕刻的总体特征

江南地区地处长江以南，环境优美，降水充沛。建筑雕刻以木雕为主。但在不同的区域，呈现出明显的变化规律。从地域上看，其特征是从西向东，雕刻风格由以木雕为主的雕刻风格，慢慢地向多元化过渡，砖雕、石雕、木雕并存，且雕刻种类受当地的民俗风格以及文化氛围的影响，呈现出较强的区域性和地区性。皖南地区的建筑以及雕刻风格，以徽派建筑为代表，具有丰富的艺术价值，雕刻多以山水风景为主，形成了具有地方魅力的建筑雕刻风格。

通过对不同历史时期建筑雕刻的数目，以及形成原因的研究，得出如下结论：建筑以及建筑雕刻的发展，受当时经济水平的影响较大，随着经济水平的提高，百姓对建筑雕刻的数量以及风格愈发在意；而雕刻家们的分布，也出现集团化、区域化的分布，出现以雕刻为职业的雕刻家族，为当地建筑雕刻的发展提供着宝贵的文化资源，也促进着当地雕刻艺术的发展。

（二）影响江南地区建筑雕刻的形成原因的重要因素

1. 自然环境和地理位置是孕育江南地区建筑雕刻文化的前提

从自然环境看，江南地区是中国南北交通要地，自古就为南北对峙的主要战场。自从南宋迁都临安以后，政治经济中心开始转移到南方。江南地区不仅在军事上，而且在经济上，都占据着重要的地理位置，具有不可替代的战略地位。皖南地区、江苏地区、浙江地区三块区域在地理位置、地理结构、环境气候等许多方面都有很大的差别，导致在江南地区不同区域的建筑雕刻文化有着不同程度的多元化发展趋势。

2. 人文底蕴、经济水平是造就江南地区建筑雕刻的基础

江南地区的传统文化发展可以追溯到先秦时期。春秋战国时代，淮河流域就涌现出许多风流人物，道学、儒学、农学广为传播。江南地区文风较盛，崇尚耕读传家，多出文人学士，自古就有"人文郁起，为海内望，郁郁乎盛矣"美誉，成为一个既出人才又能锻炼人才的地方。所谓"十户之村，不废诵读"，贯穿着人才的脱颖而出，凸显代代江南子弟对儒家修身、齐家、治国、平天下理想的执着，和"百年树人"的坚定信念，折射出代代相袭的厚重文化积淀。深厚的文化底蕴，无疑成为江南经济发展的助推器、政治文明的导航灯和社会和谐的黏合剂。

而经济的快速发展，正是推动江南地区建筑雕刻文化发展的催化剂，随着经济水平的不断提高，人们对住宅环境的物质需求在不断提升，对建筑雕刻的审美水平也在不断提升，这样大大促进了雕刻家们雕刻水平的提高。因此，隋唐以后，中国涌现出一大批优秀的雕刻艺术家，推动了建筑雕刻技术的发展。

由此看出人文底蕴、经济水平是造就江南地区建筑雕刻的基础。通过上述分析可以得出，人才的区域分布与整体社会政治、经济、军事和文化教育等紧密相连，并影响着雕刻技术水平的发展。

（三）对江南地区古代建筑雕刻保护的思考与展望

江南地区如今已经形成了独具特色的建筑、建筑雕刻文化圈。在当地旅游业的保护下，该地区建筑文化得到了较为完整的保存，但仍有许多古建筑未被完整地保护，导致许多建筑雕刻，尤其是木雕，在长年累月的风沙侵蚀之下，逐渐地磨损破败继而消失。通过本次调研，我们发现有很多保护工作亟待加强，有些地方对保护工作重视不够，建议政府部门多对这些具有历史文化价值的艺术品进行更加完善的保护，让中国的传统文化能够更加完整地传承下去。

参考文献

[1] 商子庄. 中国古典建筑——吉祥图案 [M]. 北京：新世界出版社，2009：1-3.

[2] 楼庆西. 户牖之艺 [M]. 北京：清华大学出版社，2011：1-5.

[3] 楼庆西. 雕梁画栋 [M]. 北京：清华大学出版社，2011：1-4.

[4] 楼庆西. 砖雕石刻 [M]. 北京：清华大学出版社，2011：1-10.

[5] 庄裕光. 画栋雕梁 [M]. 北京：机械工业出版社，2013：1-6.

[6] 庄裕光. 屋宇霓裳 [M]. 北京：机械工业出版社，2013：1-3.

[7] 王其钧. 中国民居 [M]. 北京：中国电力出版社，2012：1-4.

[8] 王小斌. 徽州居民营造 [M]. 北京：中国建筑工业出版社，2013：2-9.

[9] 丁俊清. 江南建筑文化丛书：江南民居 [M]. 上海：上海交通大学出版社，2008：1-10.

后　记

　　《体验传统文化魅力　肩负文化传承重担》这本汇集了合肥工业大学宣城校区大学生研习和传承中华优秀传统文化的社会实践成果的集子终于出版了！

　　党的十八大以来，围绕传承和弘扬中华优秀传统文化，习近平总书记发表了一系列重要论述，特别强调"要讲清楚每个国家和民族的历史传统、文化积淀、基本国情不同，其发展道路必然有着自己的特色；讲清楚中华文化积淀着中华民族最深沉的精神追求，是中华民族生生不息、发展壮大的丰厚滋养；讲清楚中华优秀传统文化是中华民族的突出优势，是我们最深厚的文化软实力；讲清楚中国特色社会主义植根于中华文化沃土、反映中国人民意愿、适应中国和时代发展进步要求，有着深厚历史渊源和广泛现实基础"（出自《凝聚在共同理想和信念的旗帜下》一书，章节：意识形态工作是一项极端重要的工作）。在大学生中广泛开展中华优秀传统文化教育和实践，有助于大学生继承和弘扬中华优秀传统文化，有助于大学生培养良好的思想品德，有助于大学生增强文化自信。

　　合肥工业大学宣城校区充分利用区域内丰富的中华优秀传统文化资源优势，持续开展了丰富多样的传统文化实践育人活动。本书从学校多年的学生社会实践活动中攫取了部分传统文化实践内容编撰而成，共分为文房四宝篇、家风家教篇、安徽地方戏曲篇和徽派建筑篇四个部分：文房四宝篇是以宣笔、徽墨、宣纸、歙砚为研习考察对象；家风家教篇是以部分皖南典型的优秀家风家教为研习考察对象；安徽地方戏曲篇是以非物质文化遗产徽剧、黄梅戏、花鼓戏和皮影戏等为研习考察对象；徽派建筑篇是以徽派建筑的建筑风格、雕刻艺术和建筑保护等为研习和考察对象。通过社会实践的亲身感悟，大学生们体会到了中华优秀传统文化的博大精深，增强了文化自豪感和文化自信；感知到了文化传承过程中的艰难和不易，增强了传承和弘扬中华民族优秀传统文化的责任感和使命感。

本书记载了校区近年来大学生传统文化教育实践的相关活动，承载了参与实践同学的热情和活动轨迹、参与编撰者的付出和艰辛。本书主要由陈发祥、陈君、梅启梦、黄艳、宣丽等同志负责组稿和编撰，其中文房四宝篇由黄艳编撰、家风家教篇由陈君编撰、安徽地方戏曲篇由梅启梦编撰、徽派建筑篇由宣丽编撰。本书总体策划、编撰提纲、编撰进度、人员调度与分工、初审及统稿工作等由陈发祥负责，书稿最后定稿由陈发祥完成。

本书是安徽省高校人文社会科学研究基地招标项目"大学生思想政治教育三支队伍工作的一体化平台建设研究"（项目编号：SK2015A050）在实践中的应用成果。本书在策划编撰过程中得到了合肥工业大学宣城校区"大学生思政教授工作室"各位教授的指导和帮助。本书编撰得以完成是基于逾百万字的学生社会实践报告、总结等素材，很多同学为编撰工作提供了大量帮助，在此，对他们的支持和辛勤付出表示感谢！本书编撰过程中得到校区团委同志的大力支持，他们无私地提供了我们所需的一手材料，在此，对他们的支持和贡献表示感谢！本项目初期还得到了檀江林教授、吴丽兵教授等学者的指导，在项目实施过程中得到了宣城市相关部门同志和校区部分老师的支持和鼓励，在此一并表示感谢！正是有了这些来自方方面面的大力支持和无私奉献，才有了我们今天的成果。

由于编者水平有限，本书在编撰过程中一定存在许多不足之处，敬请广大读者批评指正！

编委会

2020 年 8 月